油气与新能源蓝皮书
BLUE BOOK OF PETROLEUM

中国油气与新能源产业发展报告

（2024）

ANNUAL REPORT ON CHINA'S PETROLEUM, GAS AND NEW ENERGY INDUSTRY (2024)

中国国际石油化工联合有限责任公司
中国社会科学院数量经济与技术经济研究所 / 编著
北京大学能源研究院

主　编 | 王　佩　胡安俊　孙　慧
副主编 | 石宝明　王　恰　王炜玮

中国经济出版社
CHINA ECONOMIC PUBLISHING HOUSE
·北京·

图书在版编目（CIP）数据

中国油气与新能源产业发展报告．2024／中国国际石油化工联合有限责任公司，中国社会科学院数量经济与技术经济研究所，北京大学能源研究院编著．--北京：中国经济出版社，2024.11. -- ISBN 978-7-5136-7877-3

Ⅰ．F426.2

中国国家版本馆 CIP 数据核字第 2024FM4601 号

策划编辑　海　毅
责任编辑　孙晓霞　井　铭
责任印制　马小宾
封面设计　任燕飞

出版发行　中国经济出版社
印 刷 者　北京富泰印刷有限责任公司
经 销 者　各地新华书店
开　　本　710mm×1000mm　1/16
印　　张　18.75
字　　数　277 千字
版　　次　2024 年 11 月第 1 版
印　　次　2024 年 11 月第 1 次
定　　价　98.00 元
广告经营许可证　京西工商广字第 8179 号

中国经济出版社　**网址** http://epc.sinopec.com/epc/　**社址** 北京市东城区安定门外大街 58 号　**邮编** 100011
本版图书如存在印装质量问题，请与本社销售中心联系调换（联系电话：010-57512564）

编委会

研创单位简介

中国国际石油化工联合有限责任公司

中国国际石油化工联合有限责任公司（以下简称联合石化公司）成立于1993年2月，是中国石油化工股份有限公司的全资子公司，总部位于中国北京。目前，联合石化公司是全球领先的大型国际石油贸易公司之一，在全球100多个国家和地区开展业务，经营规模接近4亿吨，是中国最大的贸易公司。

作为一家能源贸易企业，联合石化公司以高度负责任的态度做好能源安全保供，并积极致力于能源转型，经营活动包含原油贸易、成品油贸易、天然气贸易、物流仓储、碳交易和电交易等业务板块。目前，公司原油进口量近2亿吨，约占我国原油进口量的40%，为保障国家能源安全作出了积极贡献。

联合石化公司在中国青岛、宁波等地拥有子公司，境外机构分布在美国、英国、新加坡、中国香港等地。公司拥有一支专业化的市场战略研究团队，研究范围涵盖油气贸易领域和新能源领域。

公司致力于依靠油气碳电贸易方面的专业优势，服务于能源和大宗商品领域，实现与客户的共同成长。

中国社会科学院数量经济与技术经济研究所

中国社会科学院数量经济与技术经济研究所（以下简称数技经所）是集数量经济与技术经济理论方法和应用研究于一体的综合性国家级学术机构，注重多学科交叉融合，注重发挥学科特色服务国家战略，主要研究领域包括宏观经济、发展战略、政策评估、科技创新、数字经济、能源安全与绿色低碳、模型方法等方面。

数技经所能源团队建立和维护中国能源模型系统（CEMS），主要用于能源发展和双碳技术经济路径规划。与中国石油集团经济技术研究院、中国石油大学（北京）等国内外智库机构联合建设全球能源转型智库合作平台，与联合国、世界银行、国际能源署、国际能源宪章等国际组织和国外智库保持多方面的学术合作与交流，参与过国家多项有关政策、规划的起草工作，并承担了多项地方政府与企业能源和低碳发展规划的制订。

自 2012 年起，数技经所联合多家国际智库共同发起“全球能源安全智库论坛”，每年举办一次，至今已成功举办 12 届。该论坛宗旨为推动全球智库在能源安全方面的研究与学术交流，传播可持续发展的理念，促进全球能源安全合作与政策协调。

自 2017 年起，数技经所每年举办“一带一路”低碳能源国际研修班，为来自相关国家的学员提供政策与项目培训，推动“ 一带一路”倡议框架下的投资与经贸交流。

北京大学能源研究院

北京大学能源研究院（以下简称北大能源研究院）是北京大学下属的独立科研实体。北大能源研究院以国家能源发展战略需求为导向，立足能源领域全局及国际前沿，利用北京大学学科门类齐全的优势，聚焦制约我国能源行业发展的重大战略和科技问题，按照“需求导向、学科引领、软硬结合、交叉创新、突出重点、形成特色”的宗旨，推动能源科技发展，促进传统能源向清洁能源转型，开展专业级教育，致力于打造具有国际水平的能源智库和能源科技研发推广平台。

北大能源研究院主要研究方向包括能源战略与政策、智慧能源、页岩油气、地热、新能源及能源国际合作等领域，初步形成了“软硬结合”的学科特色。目前北大能源研究院已经开展了碳中和与能源转型路径、油气清洁勘探开发技术、智慧油田、天然气市场化改革政策、全球能源治理等领域的研究，逐步搭建了由院士、教授、研究员、兼职教授、特聘研究员及博士后、博士等中青年学者组成的能源研发平台。

前言

PREFACE

2023年以来，全球能源市场发生深刻调整。中东地缘政治局势动荡，国际原油价格高位震荡，原油贸易流向发生改变，全球天然气贸易格局重塑。与此同时，我国加快构建新型能源体系，可再生能源消费占比逐步提高，国内碳市场逐步发展完善，绿电交易规模逐步扩大。本书紧紧围绕世界油气产业和新能源产业发展变化，对全球石油产业、天然气产业、新能源产业、低碳市场、电力市场等进行了深刻剖析，以期观大势、谋新局、创新篇，为行业人士和研究人员提供更多专业参考。

从石油业发展来看，2023年，国际油市在宏观面与基本面的博弈下整体围绕70～95美元/桶宽幅波动，全年呈现"跌—涨—跌"的走势。上半年，主要经济体通胀压力浮现叠加欧美爆发银行业危机，油价于6月触及最低点71.84美元/桶；此后，中东地缘局势注入风险溢价，叠加"欧佩克+"延长减产引发供应担忧，油价反弹回升。进入2024年，地缘局势动荡与"欧佩克+"延长减产影响延续，总体支撑油市偏强运行。当前，全球能源转型步伐加快，电动汽车的发展、可再生能源的广泛应用以及经济结构转变等因素使传统能源消费受到抑制。与此同时，产油国产能仍在进一步扩张。中长期来看，国际石油市场或将面临需求提前达峰、供应转向过剩的局面。

从天然气发展来看，俄乌冲突后，全球天然气市场格局发生深刻变革。2023年，天然气市场整体处于寻求再平衡的过程，天然气价格大幅回落并逐渐接近正常水平。全球天然气贸易格局重塑，欧洲大量进口液化天然气（Liquefied Natural Gas，LNG）以填补俄罗斯管道气缺口，但LNG进口显著放缓，全球LNG贸易增量从欧洲重新回到亚洲。从中长期来看，能源转型将继续推动天然气需求增长，但新能源对天然气消费的替代作用逐渐显现。我国天然气管网融合上中下游市场化程度不一，基础设施效能未能充分发挥，通过优化天然气基础设施建设、形成天然气管网集中调度体系、建立灵活的站管库服务规则等，持续推动天然气管网融合发展。

从新能源发展来看，加快规划建设新型能源体系，是保障国家能源安全、实现经济社会高质量发展的重要支撑。新型能源体系是以化石能源清洁开发利用和高比例非化石能源为特点，多能融合、集中式和分布式并重的能源体系。天然气和氢能均具有的清洁低碳、灵活性强、可转化、易储运等多重特性，决定了其必然在新型能源体系中发挥关键支撑作用。积极推进地热能规模化开发，有序推动地热能发电发展，正受到越来越多的关注和重视。风力发电是一种利用风能发电的新能源技术，对于改善能源结构、应对气候变化和增强国家能源安全性发挥着重要作用。新型能源体系中可再生能源比例较高，其间歇性和难以调度性决定了新型能源体系需要大规模灵活性支撑电源。

从电力市场发展来看，我国电力市场自改革以来，已初步形成多元竞争格局，电力的商品属性逐渐显现，绿色电力消费意识得到有效激发，市场优化配置资源的作用得到加强，市场化交易电量规模不断扩大。预计未来我国统一电力市场的建设步伐将进一步加快，以中长期交易为基础，围绕现货交易为目标，有效结合辅助服务、虚拟电厂、可调负荷等多样化电力交易种类，进一步完善和丰富我国多层次电力市场体系。在绿电交易方面，随着绿电交易规模的扩大，新能源装机规模所占比重不断提高，我国未来将继续构建以新能源为主体的新型电力系统，提高绿电、绿证耦合程度，打通碳电市场协同机制，进一步推进我国电力绿色低碳转型。

当前我国化石能源仍然占据主导地位，但随着清洁能源的发展和政策推动，非化石能源的消费量不断增加，一次电力及可再生能源的占比从 2012 年的 9.7% 上升到 2023 年的 17.9%。近年来，我国深入推动能源革命，提出“双碳”目标，并积极优化能源结构，新型能源体系建设取得重要进展。习近平总书记在党的二十大报告中强调，要积极稳妥推进碳达峰碳中和，坚持先立后破，深入推进能源革命，加快建设新型能源体系。二十届三中全会也对我国健全绿色发展机制作出明确指引，发展绿色低碳产业，加快规划建设新型能源体系，积极稳妥推进碳达峰碳中和，仍是未来一个时期我国能源转型发展的重要方向。当前和未来一段时间，大力实施可再生能源替代行动，同时兼顾绿色低碳与能源保供的平衡，仍是我国能源发展的主要思路。

目录

CONTENTS

宏观篇

石油篇

天然气篇

新能源篇

电力篇

宏 | 观 | 篇

中国能源转型现状与前景

刘　强[1]

摘　要　本文回顾了“十四五”以来中国能源转型的进展，并指出目前面临的问题和未来发展的要求，在此基础上提出了三项针对性的政策建议：①发展低成本天然气发电，提高电网灵活性和绿色能源比例；②建设适应新型能源体系要求的电力交易体系；③发展绿色能源技术，引领我国产业技术再次升级。

关键词　新型能源体系；韧性；电力灵活性

① 刘强，中国社会科学院数量经济与技术经济研究所能源安全与新能源研究室主任。

能源消耗是主要的温室气体排放来源，迫切需要加速全球能源转型。中国正在探索一条全新的绿色低碳增长之路，持续下大力气推进化石能源转型。截至2023年底，全国可再生能源发电装机容量已突破14亿千瓦，约占全国发电总装机容量的50%；新能源汽车产销量已经连续8年稳居世界第一，保有量超过全球的50%；充换电基础设施全球数量最多，服务范围最广，品种类型最全；燃煤发电、电解铝等重点行业能效水平已进入世界先进行列。

2014年6月，习近平总书记在中央财经领导小组第六次会议上提出了"四个革命、一个合作"能源安全新战略，也是中国能源转型的指导思想，即推动能源消费革命，抑制不合理能源消费；推动能源供给革命，建立多元供应体系；推动能源技术革命，带动产业升级；推动能源体制革命，打通能源发展快车道；全方位加强国际合作，实现开放条件下能源安全。

党的二十大报告提出"加快规划建设新型能源体系"，是中国能源转型的具体化措施。这是推动实现经济社会高质量发展的重要支撑，是保障国家能源安全，力争如期实现碳达峰、碳中和的内在要求，也是顺应发展大势、把握能源转型变革的必要条件。

一、"十四五"以来能源转型取得的重要进展

(一)《"十四五"现代能源体系规划》发布

2022年3月22日，国家发展改革委、国家能源局联合印发《"十四五"现代能源体系规划》（以下简称《规划》）。《规划》指出了"十四五"

时期现代能源体系建设的主要目标：一是能源保障更加安全有力。到2025年，国内能源年综合生产能力在46亿吨标准煤以上，原油年产量回升并稳定在2亿吨水平，天然气年产量在2300亿立方米以上，发电装机总容量约30亿千瓦。二是能源低碳转型成效显著。单位GDP二氧化碳排放5年累计下降18%。到2025年，非化石能源消费比重提高20%左右，非化石能源发电量比重在39%左右，电气化水平持续提升，电能占终端用能比重在30%左右。三是能源系统效率大幅提高。节能降耗成效显著，单位GDP能耗5年累计下降13.5%。到2025年，灵活调节电源占比在24%左右，电力需求侧响应能力为最大用电负荷的3%～5%。四是创新发展能力显著增强。新型电力系统建设取得阶段性进展，“十四五”期间能源研发经费投入年均增长7%以上，新增关键技术突破领域在50个左右，人均年生活用电量在1000千瓦时左右，天然气管网覆盖范围进一步扩大。

从各环节来看，国家将大力推进大型风光基地项目建设，全力提升风电、光伏在新能源发电量中的占比，预测“十四五”期间风电及光伏装机增量将超过6.5亿千瓦，年均新增装机容量超过1.3亿千瓦，风机大型化、光伏高效化将成为技术发展主线；大力推进新型电力系统建设及特高压大规模投资建设，柔性直流输电将成为重要输电方式，有序推进电网智能化和数字化，进一步提高配电网自动化的程度；加快新型储能技术的规模化应用；规划氢能成为未来我国能源体系必不可少的一部分；因地制宜开发大水电和核电；积极推动新能源汽车的发展，配套充电桩的建设速度将进一步加快；煤炭在“十四五”期间托底保供并向清洁化转型。

（二）清洁能源快速增长

《2023年国民经济和社会发展统计公报》显示，初步核算，2023年中国能源消费总量达57.2亿吨标准煤，较上年增长5.7%。煤炭消费量增长5.6%，原油消费量增长9.1%，天然气消费量增长7.2%，电力消费量增长6.7%。

煤炭消费量占能源消费总量的比重为55.3%，较上年下降0.7个百分点；天然气、水电、核电、风电、太阳能发电等清洁能源消费量占能源消费总量的比重为26.4%，较上年上升0.4个百分点。

随着风电、光伏大规模建设的推进，“十四五”期间非化石能源实现了快速发展。非化石能源发电装机首次超过煤电，可再生能源装机规模突破10亿千瓦。2023年我国新增电力装机容量约3.3亿千瓦，总装机容量达到29.20亿千瓦、同比增长13.9%，再创历史新高，尤其是可再生能源成为保障电力供应的新生力量。截至2024年3月底，全国可再生能源装机容量达到15.85亿千瓦，同比增长26%，约占我国总装机容量的52.9%。其中，风电和光伏发电之和突破11亿千瓦。

从可再生能源发电量来看，2024年第一季度，全国可再生能源发电量达6875亿千瓦时，约占全部发电量的30.7%。其中，全国规模以上水电发电量2102亿千瓦时，全国水电平均利用小时数为555小时；风电发电量2636亿千瓦时，同比增长16%；光伏发电量1618亿千瓦时，同比增长42%[1]。

风电和光伏发电装机容量均突破3亿千瓦，风、光发电量占总发电量的比重超过10%。2023年，风电、光电完成投资额同比增长超34%。光电完成投资额超6700亿元，河北、云南、新疆3个省份的集中式光伏完成投资额同比增速均超100%。风电完成投资额超3800亿元，辽宁、甘肃、新疆3个省份的陆上风电投资加快释放，山东、广东2个省份的新建大型海上风电项目投资集中释放。我国已成为世界清洁能源发展不可或缺的力量。2023年，全球可再生能源新增装机容量5.1亿千瓦，其中我国贡献超过50%。

能源新业态投资增势强劲。综合能源完成投资额快速增长，西北地区一批源网荷储一体化和多能互补项目加快推进。山东、湖南、广东、重庆、甘肃、新疆6个省份的电化学储能投资高速增长。内蒙古、新疆2个省份的一批绿电制氢项目有序推进[2]。

2023 年，新能源汽车国内销量 829.2 万辆，同比增长 33.5%，桩车增量比为 1∶2.4，基本满足新能源汽车快速发展的需求。

充电服务网点密度持续增加，充电便利性大幅提升。我国充电基础设施新增 338.6 万台，同比增长 30.6%；截至 2023 年底，我国充电基础设施累计达 859.6 万台，同比增长 65%。我国已建成世界上数量最多、辐射面积最大、服务车辆最全的充电基础设施体系。换电基础设施建设加快，2023 年，我国新增换电站 1594 座，累计建成换电站 3567 座[3]。

（三）电力市场改革提速

2015 年，我国发布《关于进一步深化电力体制改革的若干意见》，启动了新一轮的电力行业改革。改革最基本和最重要的内容是构建一个“公平、规范、高效、竞争、开放、非歧视”的电力批发市场，实现电力市场化交易。它还包括建立相对独立的电力交易所、完善电力系统发展的整体规划和政府监管的关键领域等方面的内容。

2021 年 10 月，经历了夏秋相交季节的电力短缺之后，电力市场改革进一步提速。国家发展改革委宣布了对燃煤发电上网电价的市场化改革（第 1439 号文件），并扩大了电力交易覆盖范围。第 1439 号文件规定煤电必须通过电力市场实行市场化交易，并扩大了市场化电价的波动范围，从以前的 +10% 和 -15% 扩大到 ±20%。这使得煤炭价格进一步传导到电价上，并部分抵消燃煤电厂的亏损压力。燃煤发电全部市场化交易，所有工商业用户直接或通过电网公司从市场购买电力。这极大地扩大了电力交易的覆盖面。

2021 年 11 月，我国出台了《关于加快建设全国统一电力市场体系的指导意见》，为我国的电力部门改革制定了明确的路线图，旨在建立一个由中长期市场、现货市场和辅助服务市场组成的多层次电力市场体系，并逐步将省级和区域电力市场纳入全国市场，鼓励跨省和跨区域电力资源的市场化配置，大幅增加绿色电力交易。这一过程将分两个阶段进行，在

2025 年前建立体系，并在 2030 年前完成建设。

与此同时，监管机构正着手扩大现货交易试点。2022 年，14 个现货交易试点省份开始了连续交易。在未来几年，将持续推进现货交易试点的深化和进一步推广工作。同时，至少在 2025 年前，中长期交易仍将是主要的交易类型，现货市场将在 2030 年前全面发展。电力市场化改革的推进将促进各省份更有效地利用发电资源和电网，建立脱碳电力系统，并激励清洁能源的发展。

2023 年 2 月 15 日，国家发展改革委、财政部、国家能源局联合下发《关于享受中央政府补贴的绿电项目参与绿电交易有关事项的通知》，明确稳妥推进享受国家可再生能源补贴的绿电项目参与绿电交易，更好实现绿色电力环境价值。该通知规定，享受国家可再生能源补贴的绿色电力，参与绿电交易时高于项目所执行的煤电基准电价的溢价收益等额冲抵国家可再生能源补贴或归国家所有；发电企业放弃补贴的，参与绿电交易的全部收益归发电企业所有。由国家保障性收购的绿色电力可统一参加绿电交易或绿证交易。绿电交易产生的溢价收益及对应的绿证交易收益等额冲抵国家可再生能源补贴或归国家所有。享受国家可再生能源补贴并参与绿电交易的绿电优先兑付补贴。这意味着此后会有更多的绿色电力参与到市场化交易中来，绿电交易规模将呈几何级增长。

2022 年 12 月 23 日，国家发展改革委发布《关于进一步做好电网企业代理购电工作的通知》，提出要逐步优化代理购电制度。各地要适应当地电力市场发展进程，鼓励支持 10 千伏及以上的工商业用户直接参与电力市场，逐步缩小代理购电用户范围。随着制度的健全完善，百万数量级工商业电力用户将全部进入市场。

随着售电侧改革的不断深入，在未来的顺价模式下，售电企业不再扮演仅赚取差价的“中介”角色，售电企业差异化服务将成为主流。随着市场化改革的不断推进，供应侧的成本压力必然会传导给用户侧。在售电市场竞争愈加激烈、价差空间透明化的当下，同质化的盈利模式将难以为继。此外，电力用户日益增长的多样化需求也迫使售电企业必须尽快开辟新的业务，为客户提供精准的服务，如开展负荷聚集、虚拟电厂建设、绿电交易、综合能源服务等，这些服务都将成为新的效益增长点。

（四）调节能力、储备能力增强

在“双碳”背景下，随着新能源大规模接入电网，电力系统也面临着电力电量平衡、系统安全稳定、新能源高效利用等多重挑战。储能以其灵活调节能力，支撑光电风电大规模并网，被视为新型电力系统的必要环节。

中国的新型储能逐步从研发示范进入商业化发展初期，新型储能的市场应用规模稳步扩大。2021 年，中国新型储能的装机规模已超过 400 万千瓦，新型储能技术在提高效率、降低成本、延长寿命以及提高安全性方面都取得了长足的进步，对能源转型的支撑作用初步显现。新型储能的应用场景和商业模式不断拓展，新能源加储能、基地电源配储能、“互联网 + 储能”“分布式智能电网 + 储能”等多元化的应用场景不断涌现。新型储能的政策体系和市场机制初步建立，政府在创新规划、应用项目管理、参与电力市场和调度运行等方面，出台了一批有利于储能发展的新机制、新政策。

《规划》从三个方面推动建设现代能源体系。一是增强能源供应链安全性和稳定性。从“十四五”时期开始，中国从战略安全、运行安全、应急安全三个维度加强能源综合保障能力，预计到 2025 年中国的一次能源综合生产能力将达到 46 亿吨标准煤，以满足经济社会发展和保障民生的需要。二是推动能源生产消费方式绿色低碳变革。“十四五”是中国实现碳达峰的关键期、窗口期，中国将重点做好增加清洁能源供应能力的“加法”和减少能源产业链碳排放的“减法”，推动形成绿色低碳的能源消费模式。到 2025 年，非化石能源消费比重将提高到 20% 左右。三是提升能源产业链现代化水平。“十四五”时期，中国进一步把科技创新作为能源发展的第一动力，增强能源科技创新能力，加快能源产业数字化和智能化升级，推动能源系统效率大幅提高，全面提升能源产业基础高级化和产业链现代化水平。

随着储能鼓励政策不断出台，新型储能独立市场主体地位逐渐明晰。所谓新型储能，是指利用除抽水蓄能外的物理储能、电化学储能、电磁储能、相变储能和其他新兴储能技术，具备独立计量、控制等技术条件，被接入调度自动化系统且可被电网监控和调度，符合相关标准规范要求，具有法人资格的独立储能主体。发电侧、用户侧、电网侧新型储能均可参与市场交易。新型储能具有响应快、配置灵活、建设周期短等优势，可在电力运行中发挥顶峰、调峰、调频、爬坡、黑启动等多种作用，是构建新型电力系统的重要组成部分。对此，国家发展改革委办公厅、国家能源局综合司在《关于进一步推动新型储能参与电力市场和调度运用的通知》中要求，新型储能可作为独立储能参与电力市场，且鼓励配建新型储能与所属电源联合参与电力市场，加快推动独立储能参与电力市场配合电网调峰，为储能参与电力市场提供了多种可能性。

2022 年 6 月，国家发展改革委等九部门发布《关于印发“十四五”可再生能源发展规划的通知》。该通知明确了新型储能独立市场主体地位，完善了储能参与各类电力市场的交易机制和技术标准。

2022 年 12 月，国网经营区《新型储能主体注册规范指引》发布。该规范指引适用于国家电网有限公司经营区内新型储能主体的市场注册、信息变更、注销等业务管理工作。这是电力交易机构首次从实施层面统一，明确将新型储能作为独立于发电企业、售电公司和用户的注册类型。这意味着新型储能参与电力市场将成为常态。

随着政策层面打通了储能商业模式，储能运营商可参与电力现货市场交易，通过峰谷价差等方式扩大盈利空间。

目前，独立储能电站收入主要来自三个方面，即现货市场电能量交易收入、容量市场补偿收入、容量租赁市场租金收入。国家发展改革委办公厅、国家能源局综合司发布的《关于进一步推动新型储能参与电力市场和调度运用的通知》指出，独立储能电站向电网送电的，其相应充电电量不承担输配电价和政府性基金及附加。以山东为例，山东新型储能参与市场，以独立主体身份参与现货交易，通过充放电，获得电价差收入；此外，在现货市场，以发电身份为系统提供可用容量，收取容量费用或补偿。

未来，将有更多省份对储能的市场地位明晰和政策加持，促进新型储能公平参与电力市场，储能参与电力市场将成为常态。

“十四五”以来能源发展主要成就见表1。

表1 “十四五”以来能源发展主要成就

指标	2020年	2023年	年均/累计变化（%）
能源消费总量（亿吨标准煤）	49.8	57.2	4.7
能源消费结构占比			
其中：煤炭（%）	56.8	55.3	〔-1.5〕
石油（%）	18.9	18.3	〔-0.6〕
天然气（%）	8.4	8.5	〔0.1〕
非化石能源（%）	15.9	17.9	〔2.0〕
一次能源生产量（亿吨标准煤）	40.8	48.3	5.8
原煤产量（亿吨）	39.02	47.1	6.5
原油产量（万吨）	19476.86	20902.6	2.4
天然气产量（亿立方米）	1924.95	2324.3	6.5
发电量（亿千瓦时）	77792.57	94564.4	6.7
其中：火电（亿千瓦时）	53302.48	62657.4	5.5
水电（亿千瓦时）	13552.09	12858.5	-1.7
核电（亿千瓦时）	3662	4347.2	5.9
风电（亿千瓦时）	4665	8858.7	23.8
太阳能发电（亿千瓦时）	2611	5841.5	30.8
进口煤炭（万吨）	30331	47441.6	16.1
进口原油（万吨）	54201	56399	1.3
进口天然气（万吨）	10123	11997	5.8
发电装机容量（亿千瓦）	22	29.1965	9.9
其中：水电（亿千瓦）	3.7	4.2154	4.4

续表

指标	2020年	2023年	年均/累计变化（%）
煤电（亿千瓦）	10.8	11.65	2.6
气电（亿千瓦）	1.0	1.22	6.9
核电（亿千瓦）	0.5	0.5691	4.4
风电（亿千瓦）	2.8	4.4134	16.4
太阳能发电（亿千瓦）	2.5	6.0949	34.6
生物质发电（亿千瓦）	0.3	1.03	50.9
西电东送能力（亿千瓦）	2.7	3.2（2022）	8.9
油气管网总里程（万千米）	17.5	18（2022）	1.4

注：①〔〕内为四年累计数。②水电包含常规水电和抽水蓄能电站。

资料来源：①国家统计局，《中国统计年鉴2021》。②国家统计局，中华人民共和国2023年国民经济和社会发展统计公报［EB/OL］. https：//www. gov. cn/lianbo/bumen/202402/content_ 6934935. htm. ③中国电力企业联合会 . 2020年中国电力工业经济运行报告［EB/OL］. http：//lwzb. stats. gov. cn/pub/lwzb/zxgg/202107/W020210723348607080875. pdf.

在可再生能源跃升式发展背景下，我国亟须通过市场机制创新，推动能源电力生产方式绿色转型。

我国加快全国统一电力市场体系建设，多层次统一市场体系已基本形成，适应新能源高比例发展的市场机制逐步完善。中长期、辅助服务市场已实现全覆盖。电力现货市场建设稳妥推进，23个省份启动电力现货市场运行。

据国家能源局统计，2023年全年市场化交易电量达5.67万亿千瓦时，同比增长8%，占全社会用电量的61.3%，通过辅助服务市场挖掘调峰潜力超1.17亿千瓦、增加清洁能源消纳1200亿千瓦时。

二、“十四五”以来能源转型面临的挑战与发展要求

（一）大规模发展波动性可再生能源对系统韧性提出了更高的要求

一方面，以新能源为主体的能源供给结构将提升总体安全保障水平。根据发展规划，未来风能、太阳能、生物质能、地热能、核能等新能源将

成为供能主力，到2050年发电装机将占总装机的78%，发电量将占全国用电量的75%，新能源总量占一次能源总量的比重达51%。煤油气等化石能源及水电等非化石能源将作为重要能量补充来源和供应能力保障来源，根据自身特点在平时储备、响应尖峰负荷和应急供应保障上发挥作用。2050年石油进口量有望降至2亿吨，较当前水平下降60%；天然气进口量有望降为1500亿立方米左右，能源总体对外依存度降至10%以下，大大缓解了进口安全保障压力。

另一方面，波动性的风能、太阳能装机快速增长将给能源体系带来巨大的挑战。传统的靠电网控制火电和水电机组出力的调度模式，需要面临更为复杂的出力与负荷之间的匹配难题。现在的技术方案是通过源网荷储协调互动来平衡电网，对储能提出了很高的要求。新型能源体系中，分布式发电与供热、用户侧储能、智能微电网、主动配电网、氢储能等新业态不断发展，产销者、聚合商、电热冷气一体化能源服务等新商业模式不断涌现，系统供需平衡将由以传统集中供能的源随荷动模式为主向多能源网荷储协调互动转变。

未来极端天气和极端事件发生的频率和强度都可能上升，这对能源系统韧性提出了更高要求。在单个风电和光伏电源出力不稳定、易受天气影响的现实情况下，整个能源系统灵活调度、协调运行对保障能源供应安全将发挥越来越大的作用。同时，能源系统与数字技术深度融合后，通过建立主被动防御结合的防控体系，系统常态化运行安全和极端情况下运行稳定得到了有效保证。

（二）新型能源体系必须综合平衡电能与非电能的比例

根据相关规划，我国将大幅提高电气化比例，提高电能在能源消费形式中的占比。新能源的主要利用方式是转换为电能，有些还可进一步转换为氢能作为燃料。为适应能源利用方式的转换，电和氢在终端能源中的比例将持续提高。2050年，我国终端电气化率需提高到50%以上，氢能占比需提高到10%以上。

电能无疑是最适合传输的能量形式，在消费过程中无疑也是最清洁的形式。然而，电能在生产、传输过程中都会有能量损失。相较之下，清洁的液体能源（如生物柴油、绿色甲醇等）和气体能源（如氢、天然气）在能量密度和能源效率上也有很强的竞争力。新型能源体系建设中的储能会降低整个能源体系的能量效率，比如用电制氢再用氢发电，势必有大量的能量消失在转换过程中。在发电过程中，单纯依靠风、光能源是不可行的，发电需要的稳定的基础电力容量只有煤电或者天然气发电能提供，水电与核电并不能提供。这是因为水电受季节性和气候条件的制约，而核电本身也需要燃煤或燃气作为备用电源来保障运行安全。

（三）新型能源体系要求高度智能的数字化控制能力

新型能源体系建设需要数字化全面赋能。数字化是促进系统集成的重要技术手段，推动数字技术深度赋能源网荷储各环节，实现电、热、冷、气多网融合、多能互补、全局调度优化，可显著提升能源资源综合利用率。数字化还可将能源网络上的高价值数据转化为生产要素，培育新产业，创造更多经济价值，利用数字技术的正外部性抵消部分传统能源系统转型成本。

2023年3月，国家能源局发布《国家能源局关于加快推进能源数字化智能化发展的若干意见》，提出能源领域加快数字化智能化发展，以数字化智能化技术加速发电清洁低碳转型，以数字化智能化电网支撑新型电力系统建设，核心在于提高传统能源的灵活性改造和新能源的消纳水平。主要内容包括：发展新能源和水能功率预测技术，统筹分析有关气象要素、电源状态、电网运行、用户需求、储能配置等变量因素。加强规模化新能源基地智能化技术改造，提高弱送端系统调节支撑能力，提升分布式新能源智能化水平，促进新能源发电的可靠并网及有序消纳，保障新能源资源充分开发。加快火电、水电等传统电源数字化设计建造和智能化升级，推进智能分散控制系统发展和应用，助力燃煤机组节能降碳改造、灵活性改造、供热改造“三改联动”，促进抽水蓄能和新型储能充分发挥灵活调节作用。推动数字技术深度应用于核电设计、制造、建设、运维等各领域各环节，打造全面感知、智慧运行的智能核电厂，全面提升核安全、网络安全和数据安全等保障水平。推动实体电网数字呈现、仿真和决策，探索人工智能及数字孪生在电网智能辅助决策和调控方面的应用，提升电力系统多能互补联合调度智能化水平，推进基于数据驱动的电网暂态稳定智能评估与预警，提高电网仿真分析能力，支撑电网安全稳定运行。推动变电站和换流站智能运检、输电线路智能巡检、配电智能运维体系建设，发展电网灾害智能感知体系，提高供电可靠性和对偏远地区恶劣环境的适应性。加快新能源微网和高可靠性数字配电系统发展，提升用户侧分布式电源与新型储能资源智能高效配置与运行优化控制水平。提高负荷预测精度和新型电力负荷智能管理水平，推动负荷侧资源分层、分级、分类聚合及协同优化管理，加快推动负荷侧资源参与系统调节。发展电碳计量与核算监测体系，推动电力市场和碳市场数据交互耦合，支撑能源行业碳足迹监测与分析[4]。

“十四五”以来，能源体系尤其是电力体系的数字化水平取得了长足进步。南方电网已经开始探索“车网互动”，在深圳等地实现电动汽车向电网的反向售电。但是目前的数字化水平远不能适应新型能源体系建设的要求。未来需要提高数字化发展水平，通过数字化更好地匹配不同区域、不同时段的生产者和不同特点负荷消费者的电力行为，有效降低对储能的需求，实现能量效率和经济效率的最优化。

（四）新型能源体系要求完备的新能源装备产业链

以新能源为基础的新型能源体系越来越接近于制造业，它高度依赖新能源装备和数字化的上下游产业链。建设新型能源体系会减轻对化石能源资源禀赋的依赖，同时会对技术领先、链条完整的新能源装备制造业提出更高要求。“十四五”以来，我国初步建成了全球布局的新能源装备产业链。从产业发展客观规律看，全球新能源产业进入快速发展阶段。构建既可服务好国内大市场，又可参与国际市场竞争的新型能源体系，是我国能源产业未来发展的重点方向，也是最终达成能源强国目标的必由之路。

三、政策建议

（一）发展低成本天然气发电，提高电网灵活性和绿色能源比例

提高绿色能源电力消纳，目前采用的手段主要有燃煤发电灵活性改造、抽水蓄能和其他各种储能建设、风光富余电力制氢、燃气电力和核电的灵活性调峰、分布式和微网电力、虚拟电厂等。近年来，“弃风弃光”现象大幅减少，风光电力利用率和发电小时数有了较大幅度的提高。

为了顺利实现碳达峰碳中和目标，有效实现绿色能源转型，需要进一步建设好能源基础设施网络，推进电网基础设施智能化改造和智能微电网建设，提高电网对绿色能源的接纳、配置和调控能力。其中，提高电力系统的灵活性是问题的关键所在。

受资源禀赋等因素限制，煤电是我国当前调峰辅助服务的“主力军”。随着我国新能源大规模快速发展，对电力系统的灵活调节能力要求越来越高，煤电由常规主力电源向基础保障性和系统调节性电源并重转型的步伐加快，“压低谷、顶尖峰”的“担子”越来越重。我国煤机深调能力“先天不足”，即使做了灵活性改造，其调节能力也有限。西北地区为解决绿色能源电力外送搭建了较多的火电机组，实际上并没有提高绿色能源电力的比率。

与欧盟、澳大利亚等先进国家和地区相比，我国的绿色能源电力总体比率仍然偏低。我国电力消费中，2023 年风电和光伏电力的比例为 12.3%，而欧盟、澳大利亚风光电力合计在 30% 以上。要实现碳达峰碳中和的目标，仅靠目前的燃煤电力灵活性改造和储能设施建设是远远不够的，必须有更高灵活性的电力容量来提高新能源电力的总体比率。

随着现货市场的深入推进，诞生于21世纪初、具有明显行政特色的灵活性电力容量已不能支撑新型电力系统建设的需要。厘清煤电深调之因，推动灵活性电力容量融入现货市场，才能更好地规划设计建设我国新型电力系统。

从技术和经济两个角度来看，大规模储能并不现实，成本也高。因此，灵活性改造是提高绿色能源电力消纳的首选方向。从主流机组的技术特性看，燃气轮机发电机组无疑是最好的灵活性电力模式（见表2）。

表2 三种火电机组对比

发电方式	完全启停时间（小时）	运行功率区间	功率调节难度
传统煤电机组	4~12	50%~100%	功率调节难
灵活性改造煤电	2~4	20%~100%	功率调节较难
燃气轮机	0.5	0~100%	功率调节较灵活

资料来源：《中国煤电机组调峰运行现状分析》，富燃科技官网，国海证券研究所。

由于我国天然气产量做不到像美国那样充裕，目前尚需进口45%左右的消费量。因此，关于燃煤机组还是燃气机组提供灵活性电力的争论一直存在（见表3）。从我国煤炭、天然气、水电和风光电力的综合禀赋看，在开采成本较低的西部天然气产地附近和东部沿海能够承受较高气价的地区建设燃气电厂作为灵活性电力容量，可以有效地降低灵活性调节电力的成本，并大幅提高西部地区的风光电力上网和外输能力。

表3 燃气机组与燃煤机组发电成本对比

机型	燃料价格	燃料成本（元/千瓦时）	固定成本（元/千瓦时）	总成本（元/千瓦时）	标杆电（元/千瓦时）
9F燃气机组	2.6元/米^3	0.539	0.12	0.659	0.665
600兆瓦燃煤机组	500元/吨	0.245	0.14	0.385	0.453

资料来源：闫海波，李海波，蒋韬．电力体制改革下天然气发电产业的挑战与机遇［J］．燃气轮机技术，2019，32（3）：5–9.

目前国内的天然气价格，各省份每立方米天然气最高门站价格由高到低依次是上海、广东2.88元，浙江2.87元，江苏2.86元，安徽2.79元，河南、广西2.71元，北京、天津2.70元，辽宁、河北、山东2.68元，湖北、湖南、江西2.66元，山西2.61元，吉林、黑龙江2.46元，云南、贵州 2.41 元，四川 2.35 元，重庆、海南 2.34 元，宁夏 2.21 元，甘肃 2.13 元，陕西、内蒙古 2.04 元，青海 1.97 元，新疆 1.85 元。很明显，西部的川渝地区、陕甘宁青新地区天然气成本较低，如果采用井口价，就更有成本优势。如果以井口价 1.2 元每立方米计算，9F 燃气机组的发电成本降为 0.375 元/千瓦时，低于相对应的燃煤机组发电成本。因此，本文建议，掌握川渝和西北地区天然气资源的中国石油天然气集团有限公司、中国石油化工集团有限公司可以参与燃气调峰电厂的建设，从而为能源行业开辟一条油气产业参与绿色能源电力发展的道路，同时能够有效提高绿色能源电力消纳的能力。

（二）建设适应新型能源体系要求的电力交易体系

近年来，全国统一电力市场体系建设取得积极进展，目前已基本建成“统一市场、协同运作”的电力市场架构，形成了衔接省间、省内，覆盖全国范围、全类型周期、不同交易品种的市场体系，电力市场化交易正在成为配置电力资源的最主要方式。

2022 年 1 月，国家发展改革委、国家能源局发布《关于加快建设全国统一电力市场体系的指导意见》（以下简称《意见》），目的是实现电力资源在更大范围内共享互济和优化配置，提升电力系统稳定性和灵活调节能力，推动形成有更强新能源消纳能力的新型电力系统。《意见》明确提出，到 2025 年，全国统一电力市场体系初步建成，国家市场与省（区、市）/区域市场协同运行，电力中长期、现货、辅助服务市场一体化设计、联合运营，跨省、跨区资源市场化配置和绿色电力交易规模显著提高，有利于新能源、储能等发展的市场交易和价格机制初步形成。到 2030 年，全国统一电力市场体系基本建成。

在构建适应新型电力系统的市场机制上，《意见》强调要提升电力市场对高比例新能源的适应性，因地制宜建立发电容量成本回收机制，探索开展绿色电力交易，健全分布式发电市场化交易机制。

对于电力系统，区域电力调配和互济能力是电力市场的主要作用点。随着第一批、第二批电力现货试点先后在 14 个省份展开以及省间现货工作的推进，市场化交易电量明显提升，全国统一电力市场体系的构建进入新的阶段。

为助力新能源消纳，华东能源监管局建立健全华东区域内绿电交易规则，明确绿电交易价格由发电企业与电力用户或售电公司通过市场化方式形成。积极衔接区域内外绿电资源，推动扩大跨省绿电交易规模。2023 年前 9 个月，长三角区域共有 2382 家企业购买可溯源绿电交易电量 108.8 亿千瓦时，是上年同期的 4 倍[5]。

新能源发电方面，其特点是预测难度大、出力波动性大，对市场供需双方而言，以年为单位的中长期电力交易合约不适合新能源品种，因为它无法反映出力的波动性和电价峰谷差。交易周期短且灵活的现货市场更有利于新能源从中获利。但是在实操层面上，当前新能源入市后面临的市场电价波动影响着新能源入市的积极性。省内新能源各电源出力曲线雷同，同一性导致零电价甚至是负电价，对电网产生逆调峰的影响，山东省级电网 2022 年全年负电价出现概率为 48%。未来需要从市场机制角度扩展新能源省间现货交易，利用不同地区负荷曲线的差别，包括跨时区特性，从更大时空层面平滑新能源发电曲线，实现尖峰时刻余缺互济。

煤电方面，全国统一电力市场体系可以更好地挖掘煤电存量机组调峰潜力。新能源入市已是大势所趋，新能源品种特性将拉低平均电价，对于实施现货市场的省份，新能源大发时市场电价降低甚至为负，刺激本省及外省火电降低出力，挤压煤电的利润空间。未来煤电亟待转向顶峰出力，需要通过参与辅助服务和容量机制/市场获得合理的收益。这需要针对煤电机组进行大量灵活性改造。目前市场化改革缓慢，缺少成本疏导机制，使得发电企业当前对灵活性改造积极性不高。未来需要通过市场价格信号更好地激发存量煤电机组的积极性和潜力。

目前，电力市场最大的结构性问题是东部电力负荷区各省份的电力消费曲线过于相近，即电力富余的时候都富余，而电力紧张的时候又都紧张，所以即使从全年总量上看部分省份貌似存在互补，但是仍然无法建立有效的交易机制。因此，电力市场的建设除加强交易机制外，还应从根本上解决问题，建设从电力生产大省到消费大省的输电通道，同时保障生产大省在冬夏两个用电高峰期有足够的备用电量。目前来看，北方的蒙东地区和黑龙江可以与辽宁、吉林，蒙西和山西可以与北京、天津、河北、山东建立这样的交易机制和路线。建议有关部门开展相关的政策研究和传输能力建设，并研究相应的交易机制。

（三）发展绿色能源技术，引领我国产业技术再次升级

当前，新一轮科技革命和产业变革深入发展，全球气候治理呈现新局面，新能源和信息技术紧密融合，生产生活方式加快转向低碳化、智能化，能源体系和发展模式正在进入非化石能源主导的崭新阶段。能源是人类生活与生产活动的基础性需求，更是工业文明产生的基础性产业，融合新质生产力的绿色能源将是未来人工智能、数字经济、高端制造、智慧交通等所有新生业态的基础性支撑。

绿色能源发展与国际竞争力的基础是制造业，在绿色能源技术和数字技术的带动下，能源产业尤其是绿色能源产业与制造业日益深度融合，共同推动了新质生产力的形成与发展。2023 年，作为新能源产品的新能源汽车、太阳能电池产量同比分别增长 35.6%、44.5%；太阳能工业用超白玻璃、单晶硅等绿色材料产品产量均增长 30% 以上。

在中国制造提质增效、转型升级的过程中，能源绿色化和经济数字化互为补充、相互促进。一方面，能源本身在绿色化的同时日益依赖数字化技术；另一方面，绿色能源需求推动了相关组件制造业的快速发展，形成了能源行业与制造业的良性互动。

经过持续攻关和积累，我国多项绿色能源技术和装备制造水平已全球领先，建成了世界上最大的清洁能源供应体系，“新三样”（新能源汽车、锂电

池和光伏产品）还在国际市场上形成了强大的竞争力，绿色能源发展已经具备了良好基础，我国成为世界能源发展转型和应对气候变化的重要推动者。

我们要看到，这一切的基础是技术进步，能源行业逐渐摆脱资源约束的同时，对技术的依赖日益加深。我们要瞄准世界能源科技前沿，聚焦能源关键领域和重大需求，合理选择技术路线，发挥完整产业链的规模优势，加强关键核心技术联合攻关，强化科研成果转化运用，把能源技术及其关联产业培育成带动我国产业升级的新增长点，促进绿色能源新质生产力发展。重点绿色能源产业技术链条包括燃煤与燃气电力灵活性改造、绿色氢能技术、绿色甲醇技术、燃料电池核心材料、固态和化学储能技术、智能电网控制技术、分布式与微电网、气象大数据预测系统建设与应用、建筑等多场景多能融合、油气田与风光电力集成、能化共轨技术、高温超导电力传输等。

参考文献

[1]中国石油新闻中心．全国可再生能源装机超 15 亿千瓦[EB/OL]. http://news.cnpc.com.cn/system/2024/05/06/030131242.shtml.

[2]中国政府网．2023 年能源投资保持快速增长[EB/OL].[2024－02－23]. 人民日报,https://www.gov.cn/lianbo/bumen/202402/content_6933537.htm.

[3]中国政府网．截至 2023 年底我国累计建成充电基础设施 859.6 万台[EB/OL]．[2024－03－18]．人民日报,https://www.gov.cn/lianbo/bumen/202403/content_6939863.htm.

[4]国家能源局．国家能源局关于加快推进能源数字化智能化发展的若干意见[EB/OL]．[2023－03－28]. https://www.gov.cn/zhengce/zhengceku/2023－04/02/content_5749758.htm.

[5]王铁辰．能源监管效能持续提升 促进绿色低碳转型[N]．经济日报,2023－11－22(6).

城市群碳减排及人与自然和谐共生的现代化①

胡安俊②

摘　要　二氧化碳是影响人与自然和谐共生的核心变量，城市群是我国二氧化碳排放的主体区域，也是经济和技术实力较强的区域，城市群碳减排是人与自然和谐共生的现代化的必然选择。面对艰巨的碳减排任务，城市群碳减排需要把握重点城市群和重点产业。基于城市群是否碳达峰、碳排放量、碳减排动力和能力，长三角、山东半岛、长江中游、呼包鄂榆、粤闽浙沿海、珠三角6个城市群是2030年前碳减排的重点城市群。各个城市群的碳排放具有显著的产业集中性，聚类分析发现电力、蒸汽和热水业等10个产业构成碳排放的主体，是碳减排的重点产业。推动城市群碳减排，还需要完善市场机制以及优化政府作用，结合高排放城市群和高排放产业的特点，加快创新型减排，实现绿色生态与产业升级的“双赢”。

关键词　人与自然和谐共生的现代化；城市群；碳减排

---

①　本文获得国家社科基金项目“增强国内大循环内生动力和可靠性与提升国际循环质量和水平研究”（22VRC082）的资助。

②　胡安俊，中国社会科学院数量经济与技术经济研究所、中国社会科学院经济大数据与政策评估实验室研究员，主要研究方向为人工智能发展规律及其对经济社会和资源环境的影响。

一、引言

党的二十大报告强调以中国式现代化全面推进中华民族伟大复兴。其中，人与自然和谐共生的现代化是中国式现代化的重要内容。人与自然和谐共生是在充分吸收中华优秀传统文化的基础上，对人与自然关系的重新审视，揭示了保护生态环境就是保护生产力、改善生态环境就是发展生产力的道理。在全球温室效应持续加强的背景下，二氧化碳是影响人与自然和谐共生的核心变量。城市群是我国二氧化碳排放的主体区域，也是经济基础和技术实力较好的区域，城市群的碳减排是人与自然和谐共生的现代化的必然选择，有序推进城市群碳减排决定着人与自然和谐共生的现代化的进程与质量。

城镇化是现代化的应有之义，经过改革开放 40 多年的发展，城市群成为我国城镇化的主体空间形态，城市群的碳排放受到学术界的大量关注，相关学术研究集中在碳减排的必要性、碳排放格局、动力与空间转移等方面。彭文斌等[1]以长株潭城市群为例，较早对碳减排的必要性和相关政策进行了探讨。陈操操等[2]、王伟利等[3]、韦彦汀等[4]讨论了京津冀、长三角、成渝等 14 个城市群的碳排放格局。臧宏宽等[5]、岳书敬[6]、王少剑等[7]探讨了京津冀、长三角和珠三角城市群的碳达峰问题。苏王新等[8]、宋梅等[9]使用因素分解法探讨了碳排放的驱动因子，认为经济增长、人口因素、产业结构、能源结构和效率、国际贸易、外商直接投资等构成主要的驱动因素。高国力等[10]以我国 19 个城市群为例，系统分析了城市群碳排放的驱动因素，并对城市群碳达峰压力、碳减排潜力和动力进行了分析。陈传龙等[11]则基于多区域投入产出模型，测算了我国19个城市群之间的碳转移及责任分担。

中国经济发展水平较低，碳排放基数很大，能源供给结构高碳，而且在碳减排过程中需要平衡增长、生态、就业等多重矛盾，如何通过碳减排实现人与自然和谐共生的现代化，是一项十分艰巨的任务，只有抓好主要矛盾、把握空间和产业重点，方能实现有序推进。既有研究大多以某个城市群为例开展研究，对我国城市群的整体性探讨较少；关于城市群整体的研究则对哪些城市群是碳减排的重点、城市群中哪些产业是碳减排的重点等问题分析不足。为此，本文按照“为什么”“怎么办”的逻辑顺序，首先阐释了城市群碳减排是实现人与自然和谐共生的现代化的必然选择，然后按照“抓主要矛盾”的方法论，通过使用218个地级及以上城市和42个细分产业的碳排放数据，定量刻画了碳减排的重点城市群和各个城市群碳减排的重点产业，从而为有序推进碳减排和实现人与自然和谐共生的现代化提供更为具体的抓手。

二、城市群碳减排是人与自然和谐共生的现代化的必然选择

随着全球二氧化碳排放量的不断攀升，持续增强的温室效应已经激活了地球气候系统的9个敏感成员，包括北极海冰面积减少、格陵兰和南极西部冰盖加速消融和失冰等。敏感成员的激活导致气候效应的正反馈机制和级联效应发生作用，进而推动更多的敏感成员越过临界点，加剧全球气候恶化。二氧化碳已成为影响人与自然和谐共生的核心变量。

城市群是我国二氧化碳和污染物排放的主体区域，城市群碳减排是实现人与自然和谐共生的现代化的关键。《“十四五”规划和2035年远景目标纲要》从国家层面认定了19个城市群，这19个城市群涵盖了218个地

级及以上城市，占地面积 292.04 万平方千米，相当于全国的 30.42%①。2020 年，这 19 个城市群聚集了全国 80.63% 的常住人口和 83.92% 的城镇人口，承担了全国 69.91% 的工业颗粒物、80.71% 的工业二氧化硫、86.78% 的工业碳氧化物和 78.55% 的二氧化碳排放（见表 1）。因为工业颗粒物、工业二氧化硫、工业碳氧化物等污染物的排放过程与二氧化碳的排放过程具有高度的一致性，所以降低碳排放也会降低污染物排放。城市群是我国二氧化碳排放的主要空间载体，城市群的碳减排成为推进人与自然和谐共生的现代化的关键。

表 1　2020 年 19 个城市群各项指标及占全国比重

项目	数据	比重(%)	项目	数据	比重(%)	项目	数据	比重(%)
地级及以上城市	218 个	73.40	工业二氧化硫	158.93 万吨	80.71	货物出口额	17.30 万亿元	97.37
面积	292.04 万平方千米	30.42	工业碳氧化物	294.27 万吨	86.78	普通高等学校	2471 所	92.24
常住人口	11.39 亿人	80.63	二氧化碳排放	77.19 亿吨	78.55	普通本专科在校生	3080 万人	93.29
城镇人口	7.57 亿人	83.92	GDP	88.98 万亿元	87.58	普通高等学校专任教师	171.41 万人	94.04
工业颗粒物	204.62 万吨	69.91	货物进口额	13.90 万亿元	98.06	专利授权量	326.00 万件	95.22

注：除普查年份，《中国城市统计年鉴》使用的是户籍人口。为了使用常住人口，本文采用 2020 年数据。与之对应，除碳排放外的其他指标均为 2020 年数据。基于数据的可获得性，碳排放为 2019 年数据。

资料来源：《中国城市统计年鉴 2021》，中国碳核算数据库（CEADs）。

城市群具有支撑碳减排的良好经济基础和技术实力。2022 年，我国年人均可支配收入仅为 3.69 万元，碳排放基数很大，约占全球碳排放量的 30%，能源供给结构以煤炭为主，而且在碳减排过程中还需要平衡经济增长、就业稳定、环境改善、产业升级、安全运行等多维目标，多重矛盾相

① 由于粤闽浙沿海城市群还没有出台区域规划，该处城市群的地域范围使用海峡西岸经济区的范围。其他城市群的地域范围使用地级及以上城市的范围。

互交织、十分复杂。因此，通过碳减排实现人与自然和谐共生的现代化是一项十分艰巨的任务。碳减排是一个绿色转型的过程，本质上是使用低碳或零碳技术替代原有高碳技术。在此过程中，低碳或零碳技术需要与行业特有的技术、知识、经验紧密结合，复杂度高、成本投入大、回收周期长，具有巨大的不确定性。因此，绿色转型需要在具有较好的经济基础和技术支持的区域进行。2020 年，我国 19 个城市群贡献了全国 87. 58% 的 GDP、98. 06% 的货物进口额和 97. 37% 的货物出口额，拥有全国 92. 24% 的普通高等学校、93. 29% 的普通本专科在校生、94. 04% 的普通高等学校专任教师，产生了全国 95. 22% 的专利授权量。城市群是经济活动、人才要素和科技活动的主要聚集区，具有支撑碳减排的良好经济基础和技术实力，完全有可能在实现碳减排的同时，带来一场重大技术变革，实现增长与生态的“双赢”[12]。

概括起来，二氧化碳是影响人与自然和谐共生的核心变量，城市群既是二氧化碳排放的主要承载区，也是推进碳减排的良好经济和技术支撑区，城市群的碳减排是人与自然和谐共生的现代化的必然选择。

三、城市群碳减排的空间重点

中国城市群碳减排任务艰巨，实现城市群碳减排需要把握好主要矛盾，接下来本文分别从碳减排的重点城市群与重点产业两个方面展开分析。我国 19 个城市群的碳排放水平差异较大，碳排放阶段各不相同，根据 2030 年前实现碳达峰的目标，2030 年前我国碳减排的重点城市群是那些尚未实现碳达峰、碳排放量大、碳减排动力和能力强的城市群。

（一）城市群的碳达峰

碳达峰主要使用“历史的达峰判断”方法，该方法认为，若区域的碳排放值在 5 年或者更久远的时间已经达到了最高水平，即实现了碳达峰[13]。①从城市群整体看，2001—2019 年我国 19 个城市群的碳排放量及其占全国碳排放量的比重均呈先增长后下降的态势，碳排放量从2001年的22.25亿吨增长到2013年的87.01亿吨，之后下降到2019年的77.19亿吨。与之相对应，碳排放量占全国碳排放量的比重从2001年的63.14%提高到2013年的94.13%，之后下降到2019年的78.55%（见图1）。2013—2019年，我国19个城市群整体碳排放峰值的出现已经超过5年，且2020年我国政府向国际社会承诺2030年前实现碳达峰和2060年前实现碳中和的目标，并为此设立了相关机构，逐步形成“1+N”碳减排政策体系。根据“历史的达峰判断”方法，我国19个城市群已经于2013年整体实现了碳达峰。②从各个城市群看，2001—2019年除呼包鄂榆和长三角城市群的碳排放量总体不断增长外，其他17个城市群的碳排放量都呈现先上升后下降的态势。具体而言，北部湾、哈长、成渝、滇中、辽中南、关中、京津冀、中原、天山北坡、兰州—西宁10个城市群分别于2012—2014年达到了碳排放的峰值，根据“历史的达峰判断”方法，它们实现了碳达峰。而黔中、长江中游、珠三角、山东半岛、山西中部、宁夏沿黄、粤闽浙沿海、呼包鄂榆、长三角9个城市群的碳排放峰值都出现在2015年及以后年份，根据“历史的达峰判断”方法，它们还未实现碳达峰（见表2）。

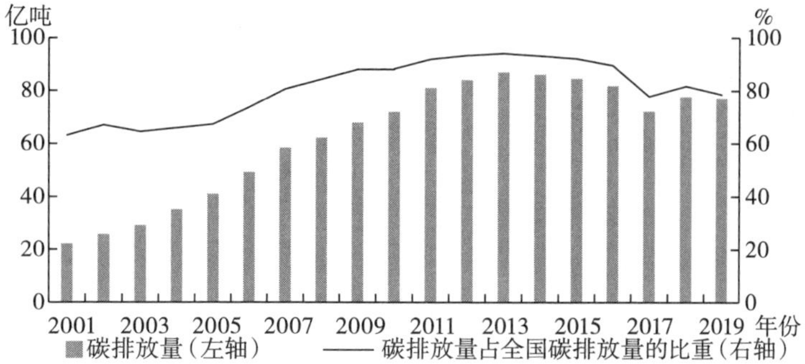

图1　2001—2019年我国19个城市群的碳排放量及其占全国碳排放量的比重

资料来源：中国碳核算数据库（CEADs）。

表2　2001—2019 年我国 19 个城市群碳排放峰值年份

城市群名称	碳排放峰值年份	城市群名称	碳排放峰值年份
北部湾	2012	黔中	2015
哈长	2012	长江中游	2015
成渝	2012	珠三角	2016
滇中	2013	山东半岛	2016
辽中南	2013	山西中部	2017
关中	2013	宁夏沿黄	2018
京津冀	2013	粤闽浙沿海	2018
中原	2013	呼包鄂榆	2019
天山北坡	2013	长三角	2019
兰州—西宁	2014		

（二）城市群碳排放的空间格局

从空间维度看，我国城市群的碳排放具有较大的集中性和稳定性。从碳排放量最多的城市群看，2001—2003 年是京津冀城市群，2004—2019 年是长三角城市群，2001—2019 年它们的碳排放量占城市群整体碳排放量的比重（Top1）比较稳定，均值为 18.25%。从碳排放量最多的 5 个城市群看，2001—2014 年一直是长三角、中原、京津冀、山东半岛和长江中游城市群，2015—2019 年一直是长三角、中原、京津冀、山东半岛和呼包鄂榆城市群，前后两个时间段只是把长江中游城市群替换为呼包鄂榆城市群。2001—2019 年它们的碳排放量占城市群整体碳排放量的比重（Top5）总体稳定，均值为 64.72%。从碳排放量最多的 10 个城市群看，2001—2019 年主要集中在长三角、中原、京津冀、山东半岛、长江中游、呼包鄂榆、成渝、哈长、粤闽浙沿海、辽中南、珠三角 11 个城市群。2001—2019 年碳排放量最多的 10 个城市群占城市群整体碳排放量的比重（Top10）也比较稳定，均值为 87.10%，已经占到城市群整体碳排放量的绝大部分（见图 2）。

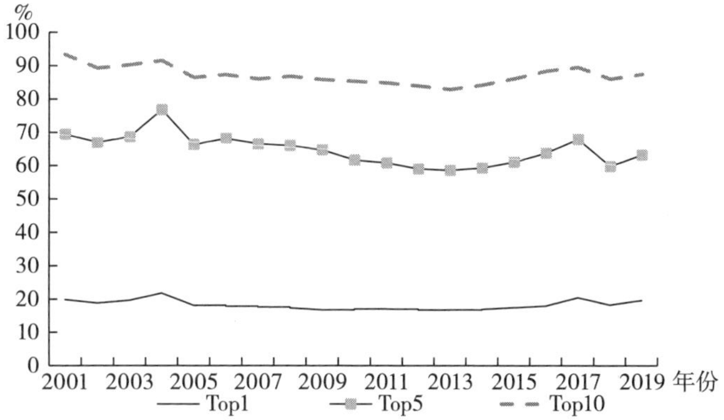

图 2　2001—2019 年碳排放量最多的 1 个、5 个和 10 个城市群占城市群整体碳排放量的比重

（三）城市群碳减排的动力与能力

碳减排的动力与能力是平稳有序推进碳减排的重要支撑。经济发展水平是反映碳减排动力的直接指标，经济发展水平较高的城市群对生态环境的要求较高，具有较大的碳减排动力。科技水平是反映碳减排能力的重要指标，科技水平较高的城市群具有更高的技术水平，具备较强的碳减排能力。选择人均 GDP 反映经济发展水平，选择人均专利授权量反映科技水平，考察城市群碳减排的动力与能力。总体而言，19 个城市群的人均 GDP 与人均专利授权量高度相关，人均 GDP 较高且人均专利授权量较多的城市群具有较强的碳减排动力与能力。

概括起来，还未实现碳达峰、碳排放量较多、人均 GDP 较高的城市群为长三角、山东半岛、长江中游、呼包鄂榆、粤闽浙沿海、珠三角 6 个城市群。这些城市群的碳排放量较多，分别位列第 1、第 2、第 5、第 6、第 7、第 8，碳排放量之和占城市群整体碳排放量的 59.14%。长三角、珠三角、呼包鄂榆、粤闽浙沿海、长江中游、山东半岛 6 个城市群的人均 GDP 分别位列第 1、第 2、第 3、第 6、第 7、第 8，人均专利授权量分别位列第 2、第 1、第 19、第 3、第 6、第 5（呼包鄂榆城市群具有较高的人均 GDP

和较少的人均专利授权量，较少的人均专利授权量与其高碳能源占主导地位的产业结构有关，高碳能源区域是需要重点减排的区域），具有较好的经济实力和技术基础，具备较强的碳减排动力与能力，它们是碳减排的重点城市群（见图3）。

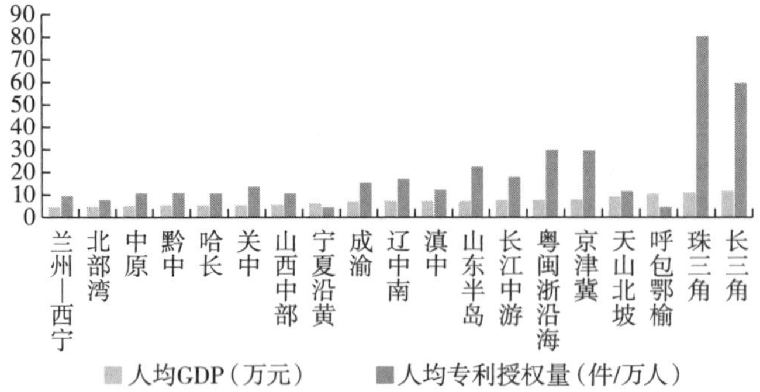

图3　2020年我国19个城市群的人均GDP和人均专利授权量比较

资料来源：《中国城市统计年鉴2021》。

四、城市群碳减排的产业重点

城市群的碳减排需要抓好高排放产业这一主要矛盾。基于数据的可获得性，本文使用2017年城市层面42个细分产业（涵盖了三次产业）的碳排放数据，依次分析19个城市群中42个产业的碳排放比重及其次序。研究发现：各个城市群绝大多数产业的碳排放比重很小，少数产业的碳排放比重很大，产业的碳排放比重呈现指数分布，这表明各个城市群的高排放产业具有显著的集中性（见图4）。从19个城市群碳排放最大的产业看，高度集中在4个产业上，即生产和供应的电力、蒸汽和热水业，黑色金属冶炼及压延加工业，石油加工炼焦业，煤炭开采和选矿业，碳排放比重均值高达40.06%。

聚类分析发现，各个城市群的高排放产业高度集中。其中，17个城市群碳排放最多的5个产业的碳排放累计百分比都超过了80%，宁夏沿黄城

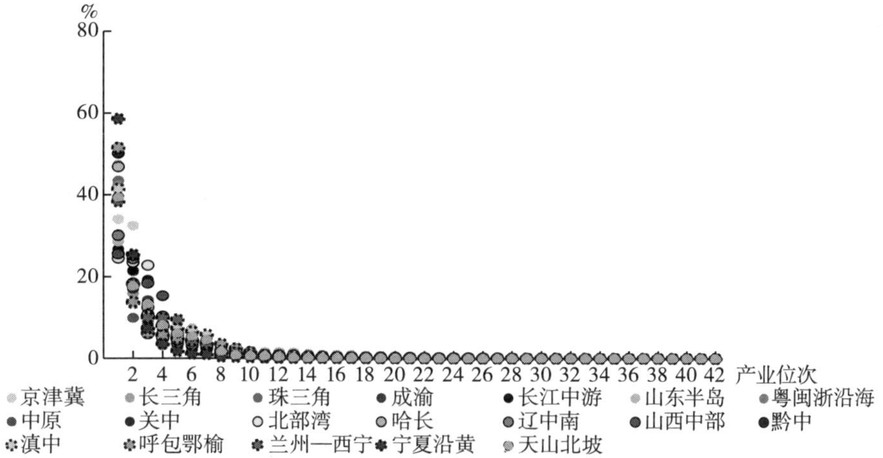

图4 2017年19个城市群42个细分产业碳排放比重的指数分布格局

资料来源：Wind数据库。

市群碳排放最多的4个产业的碳排放累计百分比超过90%，山东半岛城市群碳排放最多的6个产业的碳排放累计百分比也接近80%（见表3）。这些高排放产业共涉及10个，呈现较大的集中性。其中，生产和供应的电力、蒸汽和热水业分布于19个城市群，非金属矿产分布于17个城市群，运输仓储邮电服务业分布于14个城市群，黑色金属冶炼及压延加工业、石油加工炼焦业都分布于13个城市群，化学原料和化学制品分布于7个城市群，煤炭开采和选矿业、有色金属冶炼及压延加工业、石油和天然气开采业、批发零售贸易和餐饮服务业4个产业只在较少的城市群分布。这些产业的碳排放决定了各个城市群碳排放的总体格局，是各个城市群碳减排的重点产业。

表3 2017年19个城市群的高排放产业

城市群名称	碳排放累计百分比接近和超过80%的产业	碳排放累计百分比（%）
京津冀	黑色金属冶炼及压延加工业，生产和供应的电力、蒸汽和热水业，非金属矿产，运输仓储邮电服务业，煤炭开采和选矿业	87.78
长三角	生产和供应的电力、蒸汽和热水业，非金属矿产，黑色金属冶炼及压延加工业，运输仓储邮电服务业，化学原料和化学制品	85.12

续表

城市群名称	碳排放累计百分比接近和超过80%的产业	碳排放累计百分比（%）
珠三角	生产和供应的电力、蒸汽和热水业，运输仓储邮电服务业，非金属矿产，化学原料和化学制品，石油加工炼焦业	81.82
成渝	生产和供应的电力、蒸汽和热水业，非金属矿产，运输仓储邮电服务业，煤炭开采和选矿业，黑色金属冶炼及压延加工业	81.45
长江中游	生产和供应的电力、蒸汽和热水业，非金属矿产，黑色金属冶炼及压延加工业，化学原料和化学制品，运输仓储邮电服务业	82.07
山东半岛	生产和供应的电力、蒸汽和热水业，非金属矿产，化学原料和化学制品，黑色金属冶炼及压延加工业，石油加工炼焦业，运输仓储邮电服务业	79.37
中原	生产和供应的电力、蒸汽和热水业，非金属矿产，煤炭开采和选矿业，黑色金属冶炼及压延加工业，有色金属冶炼及压延加工业	83.13
粤闽浙沿海	生产和供应的电力、蒸汽和热水业，非金属矿产，运输仓储邮电服务业，黑色金属冶炼及压延加工业，石油加工炼焦业	85.33
呼包鄂榆	生产和供应的电力、蒸汽和热水业，黑色金属冶炼及压延加工业，有色金属冶炼及压延加工业，运输仓储邮电服务业，石油加工炼焦业	82.00
宁夏沿黄	生产和供应的电力、蒸汽和热水业，石油加工炼焦业，煤炭开采和选矿业，非金属矿产	94.87
滇中	生产和供应的电力、蒸汽和热水业，黑色金属冶炼及压延加工业，非金属矿产，石油加工炼焦业，运输仓储邮电服务业	80.40
辽中南	黑色金属冶炼及压延加工业，生产和供应的电力、蒸汽和热水业，运输仓储邮电服务业，非金属矿产，石油加工炼焦业	81.50
关中	生产和供应的电力、蒸汽和热水业，非金属矿产，石油加工炼焦业，运输仓储邮电服务业，有色金属冶炼及压延加工业	85.78
北部湾	石油加工炼焦业，非金属矿产，生产和供应的电力、蒸汽和热水业，运输仓储邮电服务业，批发零售贸易和餐饮服务业	84.91
哈长	生产和供应的电力、蒸汽和热水业，石油加工炼焦业，非金属矿产，运输仓储邮电服务业，化学原料和化学制品	85.70

续表

城市群名称	碳排放累计百分比超过 80% 的产业	碳排放累计百分比（%）
天山北坡	石油加工炼焦业，黑色金属冶炼及压延加工业，生产和供应的电力、蒸汽和热水业，石油和天然气开采业，化学原料和化学制品	84.68
兰州—西宁	生产和供应的电力、蒸汽和热水业，石油加工炼焦业，非金属矿产，有色金属冶炼及压延加工业，黑色金属冶炼及压延加工业	85.97
山西中部	煤炭开采和选矿业，生产和供应的电力、蒸汽和热水业，石油加工炼焦业，黑色金属冶炼及压延加工业，非金属矿产	88.83
黔中	生产和供应的电力、蒸汽和热水业，非金属矿产，有色金属冶炼及压延加工业，运输仓储邮电服务业，化学原料和化学制品	86.03

五、城市群碳减排的政策保障

城市群有序推进碳减排，需要完善市场机制，优化政府服务，形成良好的减排环境。同时，以高排放城市群和高排放产业为重点，根据城市群与产业的特点，制定适宜的减排策略。城市群的碳减排过程是一次深刻的技术变革过程，要以减排为动力，主动加快技术升级，实现创新型减排，从而变相减小减排阻力，最终实现绿色生态与产业创新的“双赢”。

第一，完善市场机制，优化政府作用，形成良好的碳减排环境。①完善市场机制，形成激励企业节能减排的微观环境。建立完善碳核算体系，明确碳预算，完善碳市场。发挥养老金等资金池的作用，构建零碳金融体系，加大对企业绿色转型的资金支持力度。在此基础上，积极开展碳排放权交易并征收碳税，激励企业发明和使用低碳或零碳技术、提高能源利用效率，实现绿色转型升级。②优化政府作用，完善就业服务，减少转型“阵痛”。坚持稳中求进的工作基调，抓住第三次工业革命对物联网基础设施的巨大需求，适度超前加大投资，增强绿色新政的就业吸纳能力。加强员工技术培训，提升员工在新经济、新产业、新业态、新模式的就业能力。妥善解决失业职工帮扶、内部退养费用缺口等问题，减少转型“阵痛”[14]。

第二，根据城市群特征，制定碳减排策略，建设绿色城市群。①建设绿色电力供给体系，形成绿色低碳产业体系。长三角、山东半岛、长江中游、粤闽浙沿海、珠三角5个城市群要扩大储能技术的研发和应用，增加风电、光伏等可再生能源的利用比例，重点建设绿色电力供给体系。呼包鄂榆城市群则重点延长产业链条，壮大以绿色低碳为特色的现代化产业体系。②形成自主减排责任体系。鼓励城市群内各个城市提出合乎本地实际且有一定挑战性的减排目标，形成碳减排与产业升级相统一的激励计划。③统筹考虑碳排放的空间转移，着力促进碳公平。长三角和珠三角城市群是净碳转出型城市群，而山东半岛、长江中游、呼包鄂榆、粤闽浙沿海等城市群则是净碳转入型城市群[11]。坚持“谁消费谁负责”和“共同但有区别”的原则，适当增加净碳转入型城市群的碳排放指标和碳减排资金，为低碳转型提供更多支持。④抓住城市更新的宝贵契机，构建多中心组团式的空间形态，营造“楔环结合、廊带成网”的生态空间格局，减少碳排放。

第三，根据高排放产业的特征，稳步推进碳减排，并实现产业创新升级。①生产和供应的电力、蒸汽和热水业。作为高排放产业，电力产业需要构建“横向多能互补，纵向源网荷储协调”的新型电力系统，从源头上减少碳排放。蒸汽和热水的生产和供应业需要增加可再生能源使用比例，并依托智能化设备提高使用效率，从而减少碳排放。②非金属矿产、黑色金属冶炼及压延加工业、石油加工炼焦业、化学原料和化学制品、有色金属冶炼及压延加工业五大制造业面临落后产能较多、高端产品供给不足等共性问题。除了化解落后产能矛盾和优化产业布局，还重点通过试点企业示范和领先企业引领，稳步推进五大制造业的数字化智能化转型，将节能减排与产业升级结合起来，大幅改善“高端产品不足、低端产品过剩”的局面。③煤炭开采和选矿业、石油和天然气开采业。煤炭开采和选矿业要合理限制煤矿超设计产能配置装备和能力，提升智能化开采水平，降低生产过程的碳排放。同时，充分利用矿井余热资源，提高能源利用效率。石油和天然气开采业要大力发展虚拟开发技术、航空遥测技术、地球物理技术、阵列感应成像测井技术、海洋开发技术等，提高开采效率，降低碳排放水平。④运输仓储邮电服务业、批发零售贸易和餐饮服务业。运输仓储业，既要加快推动运输动力低碳化，又要努力优化运输结构，减少碳排放。邮电服务业，要着力提升算力、优化算法、提高算效，实现低碳排放与产业升级双赢。批发零售贸易和餐饮服务业要大幅推广绿色和可重复使用的包装，鼓励节约，倡导绿色消费，减少碳排放。

此外，积极发展二氧化碳捕集、利用和封存技术以及生物质能碳捕集与封存技术，强化森林、草原、湿地、荒漠的修复和治理，增强生态碳汇能力，也是减少碳排放的有益举措。

参考文献

[1] 彭文斌，张敏，邝嫦娥．“两型社会”视角下的长株潭城市群低碳经济研究[J]．经济研究导刊，2010(8)：84－85.

[2] 陈操操，蔡博峰，孙粉，等．京津冀与长三角城市群碳排放的空间聚集效应比较[J]．中国环境科学，2017，37(11)：4371－4379.

[3] 王利伟，马尧天，欧阳慧．我国城市群低碳化布局的基本特征及影响因素[J]．宏观经济研究，2017(5)：125－133.

[4] 韦彦汀，李思佳，张华．成渝城市群碳排放时空特征及其影响因素[J]．中国环境科学，2022，42(10)：4807－4816.

[5] 臧宏宽，杨威杉，张静，等．京津冀城市群二氧化碳排放达峰研究[J]．环境工程，2020，38(11)：19－24.

[6] 岳书敬．长三角城市群碳达峰的因素分解与情景预测[J]．贵州社会科学，2021(9)：115－124.

[7] 王少剑，莫惠斌，方创琳．珠江三角洲城市群城市碳排放动态模拟与碳达峰[J]．科学通报，2022，67(7)：670－684.

[8] 苏王新，孙然好．中国典型城市群城镇化碳排放驱动因子[J]．生态学报，2018，38(6)：1975－1983.

[9] 宋梅，常力月，郝旭光．长江中游城市群碳压力时空演化格局及驱动因素分析[J]．环境经济研究，2021，6(2)：23－40.

[10] 高国力，文扬，王丽，等．基于碳排放影响因素的城市群碳达峰研究[J]．经济管理，2023(2)：39－58.

[11] 陈传龙，李泽浩．中国城市群碳转移及责任分担[J]．热带地理，2022，42(11)：1855－1865.

[12] 刘世锦．加快发展数字化、绿色化的实体经济[J]．中国改革，2022(1)：9－10.

[13] WRI. Mitigation Goal Standard[EB/OL]. [2014－11－19]. https://www.wri.org/research/mitigation－goal－standard.

[14] 胡安俊，孙久文．碳排放的产业空间版图、省际转移与中国碳达峰[J]．经济纵横，2022(5)：73－82.

全球碳市场发展趋势研究

任　娜　龚凯军　赵　盈　赵静舒①

摘　要　近年来，全球碳市场继续呈现新的变化。从国际来看，欧盟碳市场机制改革方案落地实施，支撑2023年欧盟碳价格首破百欧元大关，2024年经济下行压力叠加配额拍卖量增加令市场承压，但欧盟气候政策雄心不减对碳价格构成支撑，预计欧盟碳价多数在60～90欧元/吨波动。从国内来看，2023年我国全国碳市场呈现量价齐升的局面，考虑到制度逐步完善、覆盖行业逐步增加，叠加有望"一年一履约"，企业交易活跃度增加，2024年全国碳配额价格总体攀升，不排除个别时间突破100元/吨大关。地方碳市场受宏观经济以及地方区域性政策影响较大，预计2024年我国地方试点市场碳价震荡调整。为促进我国碳市场更好地发展，建议进一步提升全国碳市场流动性和交易活跃度，开展碳排放数据信息化建设，推动我国碳市场与国际碳市场接轨。

关键词　欧盟碳市场；全国碳市场；CCER

---

①　任娜，硕士，中国国际石油化工联合有限责任公司，主要研究方向为石油市场价格趋势、碳市场发展趋势；龚凯军，硕士，中国国际石油化工联合有限责任公司市场战略部业务副经理，主要研究方向为国际石油市场和油价走势；赵盈，硕士，中国国际石油化工联合有限责任公司业务副经理，主要研究方向为国际石油市场和油价走势、碳交易；赵静舒，学士，中国国际石油化工联合有限责任公司市场战略部业务经理，主要研究方向为国际石油市场和油价走势。

受全球经济增长放缓、地缘政治矛盾加剧、气价震荡回落影响，2023年中国和美国碳配额价格走高，全球其他地区碳价大多数呈下跌态势。2023年全球碳市场成交规模为125.63亿吨，同比基本持平，其中欧盟碳市场总成交量为91.05亿吨，占比约为72%，仍是全球规模最大的碳市场（见表1）；全球碳市场成交额为8812亿欧元，其中欧盟碳市场占87%。

表1　全球主要碳市场成交情况　　单位：亿吨

国家/地区	2018年	2019年	2020年	2021年	2022年	2023年
欧盟	77.54	67.77	80.96	122.14	92.77	91.05
英国				3.35	5.12	6.07
北美	11.26	16.73	20.1	26.8	24.88	24.28
韩国	0.51	0.38	0.44	0.51	0.39	0.89
新西兰	0.23	0.3	0.3	0.81	0.6	0.17
中国	1.03	1.3	1.34	4.12	1.12	2.94
CERs	0.15	0.12	0.16	0.38	0.42	0.22
总量	90.72	86.6	103.3	158.12	125.31	125.63

资料来源：Refinitiv，Unipec Research & Strategy（URS）。

一、国际碳市场发展趋势

（一）欧盟碳市场

1. 2023年欧盟碳配额价格高位震荡

作为全球规模最大、发展最成熟的碳市场，欧盟碳排放权交易体系（EU ETS）自2005年开始运行，是欧盟温室气体减排的基石，也是欧盟应对气候变化最核心的政策工具，在实现减排目标的过程中发挥了重要作用。2023 年 4 月，欧盟正式通过并批准实施“Fit for 55”新法案，包括 EU ETS 改革、碳边境调节机制（CBAM）等一系列法规；10 月，CBAM 启动 MRV（监测、报告、核查）机制实施工作，相关进口企业开始申报数据；2024 年始，新增航运业纳入 EU ETS 体系，开始履约 40% 排放量。欧盟碳市场主要特征如下：

一是 2023 年欧盟碳价格高位震荡，波动重心整体上移。2023 年洲际交易所（ICE）欧盟碳配额（Europe Union Allowance，EUA）期货首行均价为 85.28 欧元/吨，同比上涨 4.04 欧元/吨（见图 1）。2023 年第一季度，欧洲气价回落至低位运行，电厂及机构逐步建仓，发电保值需求带动交易量上涨，同时，欧盟气候新政策即将落地提振市场信心，叠加履约期临近进一步刺激需求，EUA 价格一度突破并站稳 100 欧元/吨大关，屡创历史新高。此后，随着全球金融市场流动性匮乏、风险放大，且欧洲全年气候较为温和，发电量预期逐步下调，加之冬季气候偏暖，天然气库存充足、价格下滑，导致气电对煤电替代经济性明显好转，EUA 需求显著下滑，欧洲碳价进入下行通道，至 12 月最低碳价跌至 66 欧元/吨。进入 2024 年，欧洲碳市场延续下跌行情，EUA 期货首行一度下探至 50 欧元/吨。

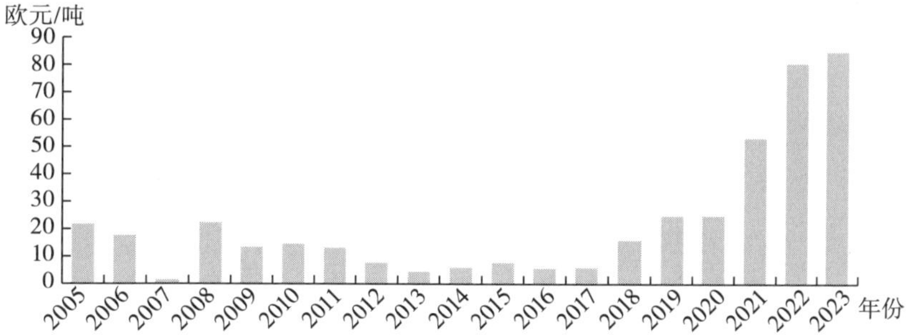

图 1　2005—2023 年欧洲碳配额期货年度均价

资料来源：路透社，Unipec Research & Strategy（URS）。

二是短期市场前景低迷，成交活跃度维持低位。一级市场方面，2023 年，EUA 一级市场拍卖总量为 5.23 亿吨，同比增长 6.5%；拍卖价格平均为 83.24 欧元/吨，同比上涨 3.06 欧元/吨。二级市场方面，2023 年，洲际交易所EUA期货合约成交总量为74.7亿吨，日均成交量为2917万吨，同比基本持平。从持仓量来看，在全球高利率、高风险、高波动的金融市场环境下，2023年EUA期货合约日均持仓量为5.66亿吨，较2022年的7.2亿吨大幅下降（见图2）。

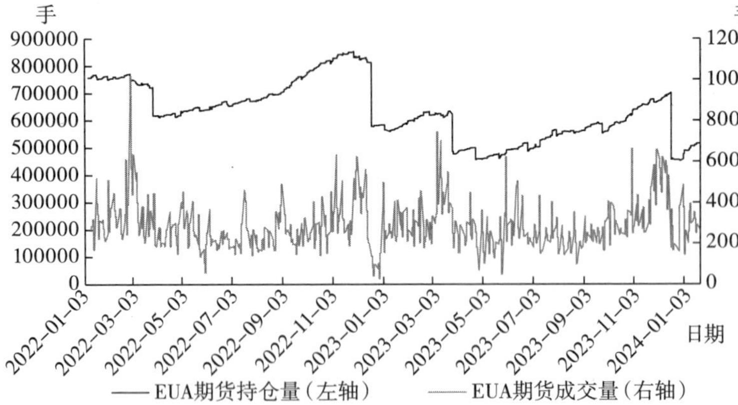

图2　EUA期货持仓量和成交量

资料来源：路透社，Unipec Research & Strategy（URS）。

2. 2024年欧盟碳配额价格影响因素分析

一是供需基本面偏弱仍为EUA市场主基调。需求方面，欧盟碳市场电力行业免费配额比例不足10%，电厂在一级市场和二级市场都是重要参与者。随着天然气价格低位趋稳，欧洲电厂煤改气经济性显现；此外，欧洲天气预期整体较温和，新能源发展势头迅猛，叠加欧盟REPowerEU能源提效方案执行效果超预期，电力行业排放需求萎缩。工业领域在2026年之前以免费配额为主，而欧元区制造业指数依旧低迷，对EUA需求也造成一定影响。供应方面，根据欧洲能源交易所（EEX）公布的2024年初始配额拍卖日程（9—12月拍卖数量待调整），EUA拍卖量约6.77亿吨，EUAA（航空业）拍卖量约669万吨，按照9—12月欧盟向市场稳定储备机制（MSR）吸纳7600万~8100万吨预估，2024年市场净拍卖量在6.03亿~6.08亿吨，远高于2023年的5.23亿吨。

二是欧盟气候雄心预期提振市场信心。2024年开始，航运业纳入欧盟碳市场履约，2024 年、2025 年仅分别需要清缴碳排放的 40%、70%，2026 年该行业配额供需将出现缺口；2026 年开始，CBAM（欧盟碳边境调节）机制执行碳泄漏补差，相关行业的免费碳配额相应逐年取消；随着工业减排难度逐步加大，减排边际成本抬升，欧盟“Fit for 55”的配额总量下降幅度的激进路线图实施也将进一步抽紧配额储备。机构预测，2027—2030 年，欧盟碳市场流通配额总数将降至 8.33 亿吨以下，将启动通过 MSR 储备向市场注入流动性，届时配额稀缺性成为主要矛盾，市场普遍看好中长期 EUA 价格。短期来看，欧洲国家制造业回流和经济发展意愿强烈，低碳发展仍是欧盟的主要施政方向，欧盟各项低碳转型扶持基金也需要碳配额拍卖作为主要资金来源，欧盟对碳价有一定托底意愿。

2024 年，欧洲经济增长动力不足，发电行业排放预期低，以及配额拍卖量增加，对欧盟碳价格构成顶部压力；与此同时，欧盟气候政策继续推进，碳市场改革措施逐步落地，以及全球金融市场趋向宽松，将给碳价提供底部支撑。综合来看，预计 2024 年欧盟碳配额价格运行区间为 60～90 欧元/吨，中长期上涨趋势不变。

（二）其他国际碳市场

韩国碳市场于 2015 年开市，凭借完备的法律体系、灵活的市场机制等优势，成为全世界范围内仅次于欧盟、英国、中国的第四大国家级碳市场。韩国碳市场初期覆盖了电力、钢铁、水泥、建筑、炼油、石化、航空、废弃物处理八大行业，覆盖行业的企业总排放量达 12.5 万吨/年，或单一业务场所排放量达 2.5 万吨，则会被纳入控排企业管理。

韩国碳市场分三个阶段实施：第一阶段（2015—2017 年）配额全部免费发放，配额总量年度递减系数设置为 4.12%，分配方法主要采用历史法；第二阶段（2018—2020 年）采取 3% 有偿拍卖方式，配额总量年度递减系数为 4.7%，引入并扩大基准线法适用行业范围；第三阶段（2021—2025 年）拍卖比例提至 10%，配额总量年度递减系数调整为 0.96%，并引导机构、个人入市，开展衍生品交易，由政府指定银行作为做市商，大幅提升市场流动性。

韩国碳市场配额总量在6亿吨左右，年交易量约0.6亿吨，总体上仍呈现出明显的履约期特征。开市以来，配额收紧、流动性不足、惜售等因素一度将韩国碳价推涨至28000韩元/吨（约21美元/吨）高位；近年来，配额价格基本在10美元/吨上下波动（见图3）。韩国碳市场交易场所设在韩国交易所大宗商品交易板块，拥有碳配额、碳信用、碳抵消、国际碳信用、国际碳抵消五大品种，交易量主要集中在首行碳配额。

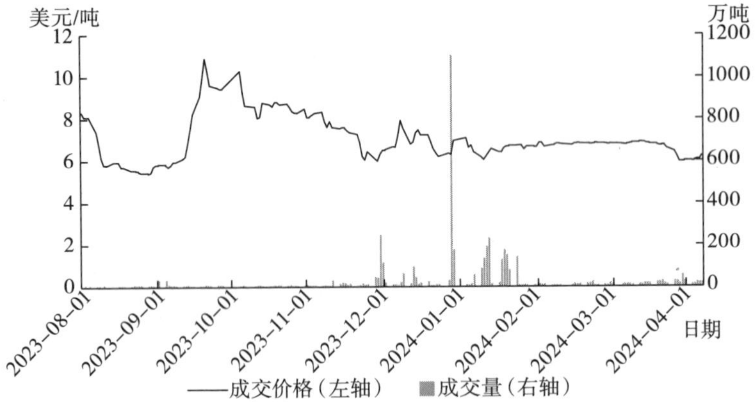

图3　韩国碳市场配额成交情况

资料来源：KRX（韩国交易所），Unipec Research & Strategy（URS）。

1. 加利福尼亚州—魁北克碳市场

北美地区尚未有统一的碳市场，但有两个大型的区域碳市场。加利福尼亚州—魁北克碳市场于2013年开市，主要纳入交通、工业、发电、农林、油气生产等行业，覆盖温室气体排放量约5亿吨，年交易量达20亿吨，是欧盟之外交易量最大的市场。加利福尼亚州—魁北克碳市场法律和行政约束力强，分配和抵消机制灵活，激发了市场活力。

加利福尼亚州—魁北克碳市场免费配额分配量由初期的90%逐步过渡到当前的30%～50%，拍卖成为获取初始配额的主要方式。每个季度举行一次拍卖，拍卖时间分别为2月、5月、8月、11月，年度拍卖量基本均分至每个季度，每次拍卖量在6000万～9000万吨。近年来，加利福尼亚州—魁北克碳市场总量逐步收紧，配额拍卖价格不断上涨。2023年初，配额拍卖均价为 28 美元/吨，第四季度拍卖价格已飙升至 38.6 美元/吨，年内涨幅超 10 美元/吨，2024 年第一季度更是一举突破 40 美元/吨大关，至 41.7 美元/吨，创开市以来最高拍卖价格（见图 4）。

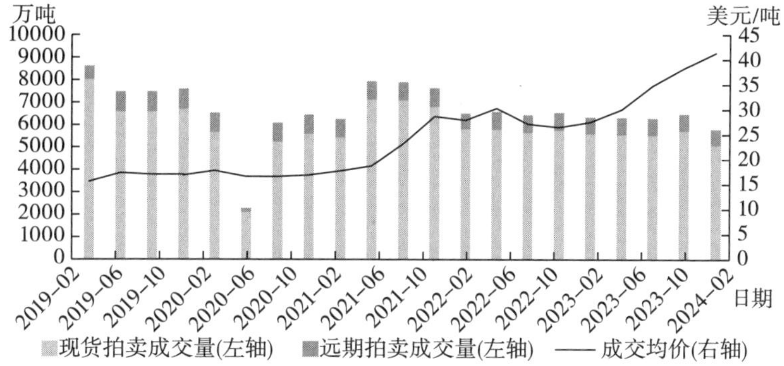

图 4　加利福尼亚州—魁北克碳市场拍卖情况

资料来源：California Air Resources Board，Unipec Research & Strategy（URS）。

2. 美国区域温室气体减排市场（RGGI）

RGGI 市场是全球唯一的完全有偿分配市场，仅纳入成员州装机容量 25 兆瓦以上且化石燃料占比大于 50% 的火电厂，并要求所有纳管企业安装二氧化碳排放跟踪系统。RGGI 市场于 2009 年开市，覆盖康涅狄克、特拉华、缅因、马里兰、马萨诸塞、新罕布什尔、新泽西、纽约、罗得岛、佛蒙特、弗吉尼亚 11 个州，温室气体排放量约占区域内温室气体排放总量的 14%。RGGI 市场 3 年一履约，设有成本控制储备机制，存量配额交易受到部分限制。近年来，配额总量削减系数有所放大，推动拍卖价格持续上行。RGGI 市场也是每季度举行一次拍卖，拍卖时间分别为 3 月、6 月、9 月、12 月。2023 年拍卖总量为 8759 万吨，拍卖均价为 13.5 美元/吨（见图 5）。

（三）国际减排量市场

2023 年，全球最大的四个第三方独立自愿减排机制核证减排标准（VCS）、黄金标准（GS）、美国碳注册登记处（ACR）、美国气候行动储备方

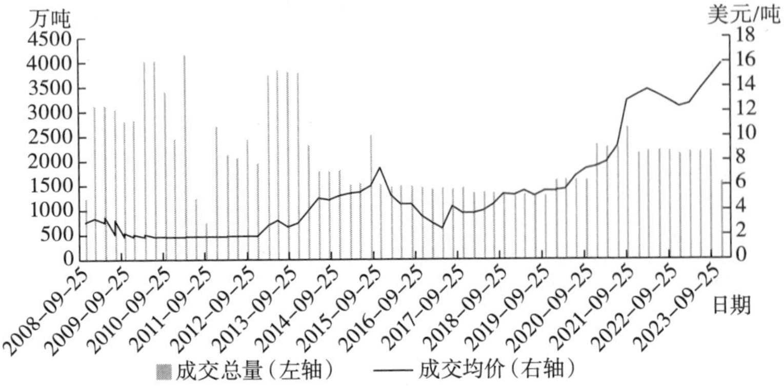

图5 RGGI碳市场拍卖情况

资料来源：北美区域温室气体倡议，Unipec Research & Strategy（URS）。

案（CAR）总计签发减排量约为2.33亿吨，同比增长4%，增量主要来自黄金标准和美国碳注册登记处；总计注销减排量约为1.64亿吨，同比增长6%（见表2），增量主要来自美国碳注册登记处和美国气候行动储备方案。

表2 2023年国际自愿减排市场签发和注销情况

项目类型	签发量（2023年）（万吨）	签发量（2022年）（万吨）	同比变化（%）	注销量（2023年）（万吨）	注销量（2022年）（万吨）	同比变化（%）
VCS	12138	13641	-11	11529	11515	0
GS	6095	4311	41	2961	2828	5
ACR	3736	2932	27	1140	641	78
CAR	1347	1534	-12	807	465	74
总计	23315	22418	4	16437	15449	6

资料来源：Verra、CDM、ACR、CAR等，Unipec Research & Strategy（URS）。

2023年国际自愿减排市场价格持续下行。2023年1月，知名媒体The Guardian发布对Verra的调查报告，称90%的雨林碳抵消是一文不值的。受此影响，Verra林业碳汇项目的有效性遭质疑，导致碳抵消市场需求骤减，VCS价格呈现单边下跌态势。为了应对外界的质疑，Verra在2023年4月中旬发布了修订后的REDD+项目方法学草案，因已签发的减排量也可能因为方法学的修订而重新计算，故市场交易商持观望状态，碳信用价格的下行压力继续向其他自愿减排机制传导。尽管自愿碳市场诚信委员会（ICVCM）在 2023 年 3 月底正式发布了核心碳原则（CCP）及项目级评估框架，为全球碳抵消行业树立了新的质量标准，但基于 CCP 原则的碳减排项目及其碳信用的估值并无明显改善，市场依然低迷。芝加哥商品交易所（CME）碳中和期货合约 GEO 和基于自然减排项目的全球碳中和期货合约 N－GEO市场价格震荡下跌。2023 年 N－GEO 期货合约首行价格平均为 1.83 美元/吨，远低于 2022 年的 9.40 美元/吨，价格从年初的 4.08 美元/吨持续下跌至年底的 0.2 美元/吨（见图 6）。

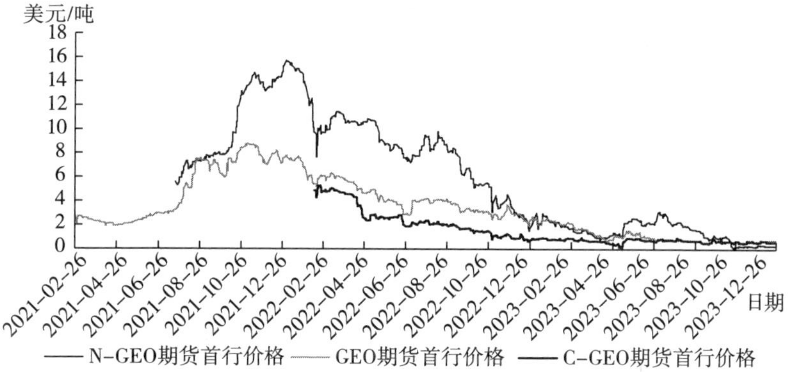

图 6 自愿减排量期货合约首行价格

资料来源：路透社，Unipec Research & Strategy（URS）。

二、中国碳市场发展趋势

（一）全国碳市场走势回顾

2023 年是全国碳市场履约大年，企业需要清缴 2021—2022 年的碳排放配额。受此影响，2023 年全国碳配额呈现量价齐升的局面，市场活跃度明显好于过去两年。截至 2023 年 12 月 31 日，全国碳市场累计运行 598 个交易日，碳排放配额累计成交量 4.42 亿吨，累计成交额 249.19 亿元。

1. 碳配额价格创上市以来新高

2023 年，全国碳市场价格整体呈“先平稳波动、后震荡上涨”趋势。2023 年上半年，全国市场碳价震荡维持在 50～60 元/吨；下半年受履约政策明朗、碳配额逐步下发以及履约期临近影响，碳价逐渐走高。

2023 年全国碳市场成交均价为 73.42 元/吨，同比大幅上涨 15.35 元/吨（见图 7），较上一个履约年大幅上涨 26.81 元/吨。其中，10 月 24 日全国碳价涨至 81.43 元/吨，创全国碳市场上线以来的最高水平；11 月，市场传言“五大电力”有望释放盈余配额，导致价格回落至 67.91 元/吨；12 月，全国碳市场价格整体呈窄幅震荡后大幅拉涨趋势，收盘价在中上旬维持在 67.91～72.7 元/吨，此后随着履约临近收盘价一度突破 80 元/吨，12 月收盘均价为 73.66 元/吨。

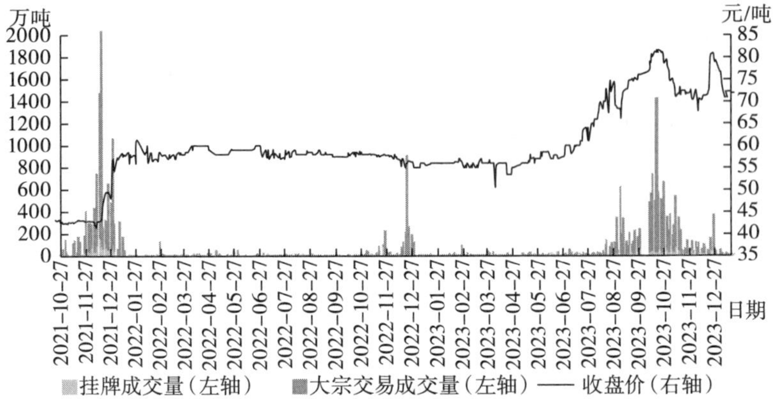

图 7　全国碳市场收盘价及成交量

资料来源：上海环境能源交易所，Unipec Research & Strategy（URS）。

2. 交易活跃度明显增加

2023 年是全国碳市场第二个履约期，超六成重点排放单位参与交易，较第一个履约周期增加了 26%，且企业交易管理意识逐步加强，多数企业提前制订交易计划并开展交易，2023 年交易高峰出现在 10 月，较第一个履约周期提前两个月。

2023 年，全国碳市场总运行 242 个交易日，全国碳市场总成交量为

2.12 亿吨，同比增加 1.61 亿吨。其中，挂牌协议成交量为 3500 万吨、大宗交易成交量为 1.77 亿吨。“碳排放额 19～20”（2019 年和 2020 年发放的碳配额）成交量为 4753 万吨，占全年成交量的 22%；“碳排放额 21”成交量为 4168 万吨，占全年成交量的 19%；“碳排放额 22”成交量为 1.23 亿吨，占全年成交量的 58%。2023 年上半年成交量延续 2022 年走势，较为清淡；从 2023 年 8 月开始，控排企业纷纷入市交易，成交量逐步上涨，其中 10 月 18 日成交量为 1435 万吨，创 2021 年 12 月以来新高。

（二）地方试点碳市场走势回顾

2023 年，我国八大地方试点碳市场平稳运行，福建、湖北和广东是成交量排名前三的市场，北京、广东和上海是挂牌均价排名前三的市场（见表 3）。

表 3　2023 年我国地方碳市场成交情况

地方碳市场	成交量（万吨）	同比变化（万吨）	挂牌均价（元/吨）	环比变化（元/吨）	履约时间
北京	368	-6	102.00	6.05	10 月 31 日
上海	223	-96	62.84	6.73	11 月 30 日
湖北	1118	379	46.05	-1.58	12 月 20 日
广东	988	-457	75.58	-0.96	7 月 20 日
天津	575	30	32.63	-1.33	6 月 30 日
重庆	679	-539	34.74	-3.69	12 月 15 日
深圳	383	-148	60.55	43.79	8 月 31 日
福建	2620	1854	32.45	-0.51	6 月 30 日
总计	6954	1017	55.86	6.07	

资料来源：上海环境能源交易所、北京绿色交易所等，Unipec Research & Strategy（URS）。

广东市场：2023 年，广东碳价整体呈震荡回落趋势，全年挂牌均价为 75.58 元/吨，同比下跌 0.96 元/吨，为地方市场中配额价格第二高的市场；全年累计成交量为 988 万吨，同比大幅减少 457 万吨。2023 年因水泥、钢铁等行业经营状况不及预期，部分企业出售手中盈余配额以回流资金，年底前广东碳价一度跌至 60 元/吨；后因部分机构投机性交易拉动，价格再度回升 65 元/吨左右。

湖北市场：2023 年，湖北碳价整体呈震荡回落趋势，全年挂牌均价为 46.05 元/吨，同比下跌 1.58 元/吨；全年累计成交量为 1118 万吨，同比增加 379 万吨，其中 12 月，由于履约期政策临近，湖北地方碳市场盘面活跃度大幅提升。2023 年湖北碳市场举行两次拍卖，总计成交 110 万吨，成交价格分别为 42.25 元/吨和 42.03 元/吨；2023 年，湖北碳市场明确纳管企业可以使用绿电抵消碳排放，此外，武汉碳普惠减排量首次进入湖北抵消市场。湖北碳市场价格基本在 30 ~ 50 元/吨波动，仅在年底履约前交易活跃，呈现明显的季节性特点。

上海市场：2023 年，上海碳价整体呈震荡上涨趋势，全年挂牌均价为 62.84 元/吨，同比上涨 6.73 元/吨，为地方市场中配额价格第三高的市场；全年累计成交量为 223 万吨，同比减少 96 万吨。2023 年，上海推出新增绿电使用抵消政策，缺口在 50 万吨及以上的纳管企业被允许进行配额预支。此外，2023 年上海碳市场举行两次拍卖，累计发放 266 万吨碳配额。总体来看，上海碳市场成交价较为平稳，市场成交一直不温不火。

北京市场：2023 年，北京碳价整体呈大幅震荡上涨趋势，全年挂牌均价为 102 元/吨，同比大幅上涨 6.05 元/吨，部分时点盘面价格一度飙升至 140 元/吨，为地方市场中配额价格最高的市场；全年累计成交量为 368 万吨，同比减少 6 万吨。此外，2023 年北京碳市场第二年举行拍卖，2023 年 8 月第一次拍卖总计成交 150 万吨，统一成交价为 105 元/吨；2023 年 10 月第二次拍卖总计成交 2.8 万吨，统一成交价为 125.34 元/吨。政府拍卖大幅扭转了北京碳市场有价无市的局面，企业履约效率大幅提高，市场交易活跃度有所提升。

（三）我国碳市场展望

2024 年第一季度，生态环境部已经开始对电解铝等重点行业的配额分配方法、核算报告方法、核算要求指南、扩围实施路径等开展了专题研究评估论证，全国碳排放权交易市场的扩围或将加快实施。此外，《碳排放权交易管理暂行条例》于2024年5月1日起实施，叠加全国碳市场第三个履约期“一年一履约”，有望增加企业交易需求，预计2024年全国碳配额价格将在70～100元/吨高位震荡。地方碳市场受宏观经济以及地方区域性政策影响较大，考虑到短期内地方市场不发生重大政策调整，叠加2024年我国经济有望平稳向好，预计北京碳市场继续高位运行，上海、广东、福建市场碳价或震荡调整。

（四）我国CCER市场情况

经过6年多的暂停后，2023年10月，生态环境部、国家市场监督管理总局正式公布《温室气体自愿减排交易管理办法（试行）》，标志着我国核证自愿减排量（CCER）正式重启。生态环境部发布造林碳汇、并网光热发电、并网海上风力发电、红树林营造四项温室气体自愿减排项目方法学，并明确由北京绿色交易所提供我国CCER的集中统一交易与结算服务，负责全国温室气体自愿减排交易系统的运行和管理。2024年1月22日，北京绿色交易所启动CCER市场首日交易，这是我国历史上首次启动CCER市场交易，首日交易量约为37.5万吨，成交均价约为63.51元/吨，交易项目为地方碳市场交易系统结转的旧有CCER量。

我国CCER于2015年在试点碳市场上线交易，在2017年被暂停交易，此后各个试点碳市场只能交易已备案的存量CCER。据咨询机构碳道统计，截至2023年11月底国内CCER累计签发量约7730万吨，各个试点碳市场累计使用量约3080万吨，全国碳市场累计使用量约3600万吨，自愿注销量累计约300万吨，国内CCER现货存量累计不足800万吨。按照生态环境部有关要求，2025年1月1日起存量减排量将不可用全国碳市场抵消碳配额清缴。首批签发出来的四类方法学中，并网光热发电和并网海上风力发电项目预估减排量较大，但预计主要用于各大电力集团自身进行后续全国碳市场抵消工作；造林及红树林项目对林地的要求较为苛刻，预计签发量较少。从目前来看，2024 年全国 CCER 减排量首批方法学难以签发较多新增减排量。

自 2021 年 CCER 可以用于全国碳市场履约以来，CCER 价格开始紧贴碳配额价格上涨。由于 CCER 成交频次较低、没有统一交易平台，且不同减排量项目履约效果相同，近两年 CCER 价格基本集中在 60～90 元/吨，仅在全国碳市场和北京碳市场相较碳配额履约有一定经济性。2024 年，考虑到新的方法学很难新增较多签发量，且旧有签发量所剩不多，预测 CCER 价格大概在 60～90 元/吨波动。

三、中国碳市场发展的政策建议

一是提升全国碳市场流动性和交易活跃度。全国碳市场现已平稳有序运行，但是碳市场整体活跃度有限、流动性不足，尚未形成真正的市场化交易机制和交易价格。建议全国碳市场尽快放开机构用户，逐步纳入其他行业；丰富交易品种，探索推出碳期货、碳期权等金融工具的可行性；逐步扩大全国碳市场覆盖范围，适时将石化、建材、钢铁、有色、航空等行业纳入碳市场；吸引更多参与主体，提高碳市场活跃度，提升全社会碳达峰、碳中和工作参与度。

二是开展碳排放数据信息化建设。为有效提高行业碳排放数据管理效率，降低管理成本，建议针对碳交易市场中多元化的数据要求建立统一的信息平台，通过梳理和调整碳排放数据统计口径和方法，建立全行业碳排放数据库，实现从数据采集、统计到核算的全链条管理。同时，推动不同行业加强专职碳核算、碳交易、碳数据管理的队伍建设，培养一批熟悉并掌握碳市场机制与碳交易工具的专业人才，进一步为全国碳市场的建设夯实基础。

三是积极参与国际碳市场交易。欧盟将在 2026 年以后征收碳边境调节税，越来越多的产品将被纳入征收范围，美国对征收碳关税也跃跃欲试。

为更好地应对碳关税等新型贸易壁垒，建议加强我国碳市场政策与国际碳市场政策之间的协调和衔接，以更好地参与全球碳市场合作与交流；制定与国际接轨的碳市场标准，有助于提升我国在全球碳市场中的认可度和可信度；不断提升国际碳定价能力，尽快推动我国碳价与国际碳价接轨；积极参与国际碳市场交易，熟悉交易规则、储备交易人才，提前应对国际碳关税对我国出口业务的冲击。

参考文献

[1]汪军. 碳中和时代:未来40年财富大转移[M]. 北京:中国工信出版集团,2021.

[2]Refinitiv. Carbon Market Year In Review 2023 [R]. 2023.

[3]World Bank Group. State and Trends of Carbon Pricing 2023[R]. 2023.

石 | 油 | 篇

地缘动荡下的世界石油市场展望

王 佩 李 涵 杨 伊①

摘　要　2023 年，在全球经济增长疲软、欧美银行业危机频发、欧佩克减产、巴以冲突升级等多重因素的共同影响下，国际油价呈前低后高宽幅震荡态势，布伦特原油价格在 70 ~ 100 美元/桶中高位波动。2024 年，巴以冲突进一步加剧并蔓延至多国，俄乌冲突进入新阶段，与此同时多国迎来大选，一定程度上加剧了地缘政治动荡，叠加欧佩克减产和世界石油贸易格局调整，预计国际石油市场仍将面临较大不确定性，国际油价继续维持中高位波动态势。此外，全球炼油毛利总体保持健康水平，但化工市场依旧低迷，炼化行业周期性调整仍将持续。

关键词　高位油价；地缘政治；宏观经济；石油供需；国际贸易

① 王佩，博士，中国石化集团经济技术研究院副总经理，正高级经济师，主要研究领域为油气市场和能源政策等；李涵，学士，中国国际石油化工联合有限责任公司市场战略部业务经理，主要研究方向为国际石油市场和油价走势；杨伊，硕士，中国国际石油化工联合有限责任公司市场战略部业务员，主要研究方向为国际石油市场和油价走势。

一、2023 年能源大宗商品价格走势回顾

2023 年，金融市场和大宗商品价格走势明显分化，美股、黄金等表现优异，能源大宗商品价格则全面下跌。其中，美股标普 500 指数较年初上涨近 25%，领先主要金融指数和大宗商品价格涨幅；黄金价格迎来了近 3 年来的首次年度上涨，涨幅为 12.1%。欧洲地缘政治冲突爆发后，许多国家重新考量美元安全性，并大量增加黄金在外汇储备中的比重，使得全球黄金需求旺盛。与此同时，在美欧银行业危机、巴以冲突等金融市场和地缘政治不确定性因素推动下，市场避险情绪升温，支撑黄金价格持续走高。

2023 年以来，受全球经济疲软、需求低迷等影响，能源大宗商品价格全面下跌。其中，在供应充足，供需形势大幅改善的背景下，天然气和煤炭价格大幅下跌，年末亚太 JKM 气价和欧洲 TTF 气价较年初分别下跌了 53% 和 57.2%，澳大利亚煤炭价格下跌了 63%；“欧佩克 +”（“OPEC +”）大幅减产对国际油价构成底部支撑，但宏观压力和需求增速放缓依然使得油价小幅下跌，年末西得克萨斯中间基原油（WTI）和布伦特原油（Brent）价格较 2023 年初分别小幅下跌 6.9% 和 6.2%，汽柴油期货价格降幅超过 10%。按照热值衡量，石油价格相当于煤炭价格的 2.28 倍、天然气价格的 1.17 倍，从这个角度来说，石油和煤炭分别是最贵和最便宜的一次能源。

（一）国际油价呈前低后高、宽幅震荡走势

2023 年，国际油价呈前低后高、宽幅震荡走势，布伦特、WTI 和普氏

迪拜（Dubai）三大基准油均价均较2022年低15美元/桶左右，很大程度上是欧洲地缘政治冲突导致的2022年油价异常走高。2023年，布伦特原油均价为82.17美元/桶，较2022年下跌16.88美元/桶，跌幅达17%；WTI均价为77.6美元/桶，较2022年下跌16.73美元/桶，跌幅为17.7%；普氏迪拜原油均价为82.09美元/桶，较2022年下跌14.29美元/桶，跌幅为14.8%。

从2023年走势来看，上半年，受美欧央行持续大幅加息引发银行业危机、美国债务上限危机再现影响，宏观经济压力导致布伦特原油价格4次向下冲击70~72美元/桶重要关口，但4次冲击后布伦特原油价格均快速反弹，这反映出70~72美元/桶的支撑位较牢固。第三季度，沙特延长自愿减产、俄罗斯削减出口，基本面持续抽紧，叠加美国经济数据好于预期，宏观市场悲观情绪显著改善，国际油价触底反弹。9月27日，布伦特原油收于96.55美元/桶，WTI收于93.68美元/桶，均为年内最高水平。第四季度，全球宏观经济再度走弱，石油需求进入季节性淡季，布伦特原油再次震荡回落并冲击70~72美元/桶重要关口，但在巴以冲突、红海局势等多重因素支撑下，国际油价并未跌破这一重要支撑位，在2023年底继续维持在75~80美元/桶中高位区间（见图1）。

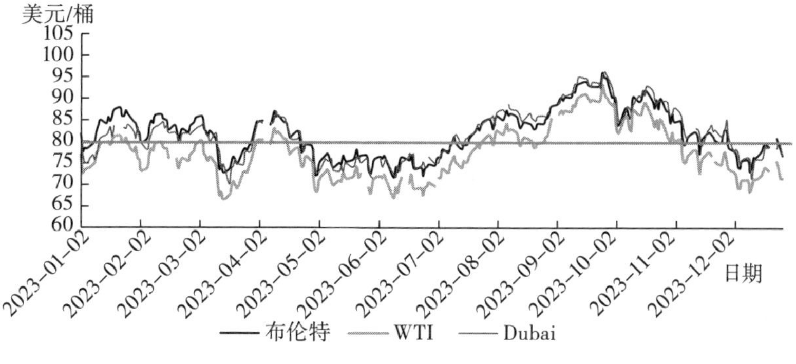

图1　2023年国际基准油价格走势

资料来源：路透社，联合石化市场战略部。

（二）基准油结构整体回落，高低硫价差大幅收窄

2023 年基准油价格仍保持前高后低结构，但价差较 2022 年明显回落，其中前端一度转为负价差。从三大基准油结构来看，普氏迪拜原油结构最强，首次行价差平均为 0.86 美元/桶，较 2022 年收窄 1.87 美元/桶；布伦特原油首次行价差平均为 0.39 美元/桶，较 2022 年收窄 1.44 美元/桶；WTI 最弱，首次行价差只有 0.17 美元/桶，较 2022 年收窄 1.17 美元/桶。

2023 年上半年，美欧银行业危机引发市场对宏观经济和石油需求的担忧，基准油一度转为前低后高结构；第三季度，“欧佩克 +” 持续减产收紧市场供应，石油市场进入去库存模式，基准油结构由负转正，布伦特原油首次行价差从 1 月最低的 −0.27 美元/桶大幅拉宽至 9 月末的 3.11 美元/桶，WTI 首次行价差从 1 月的 −0.2 美元/桶拉宽至 9 月末的 2.38 美元/桶，普氏迪拜原油首次行价差从 1 月末的 −0.35 美元/桶拉宽至 9 月末的 2.78 美元/桶。第四季度，基准油结构再度重回负价差区间。

从基准油价差来看，受 WTI 米德兰原油纳入布伦特原油价格评估体系的影响，2023 年 WTI 与布伦特原油价差总体趋窄，年均水平为 −4.69 美元/桶，较 2022 年收窄 0.81 美元/桶（见图 2）。与此同时，欧佩克减产支撑了重质高硫原油价格，布伦特现货原油与普氏迪拜原油年均价差为 0.48

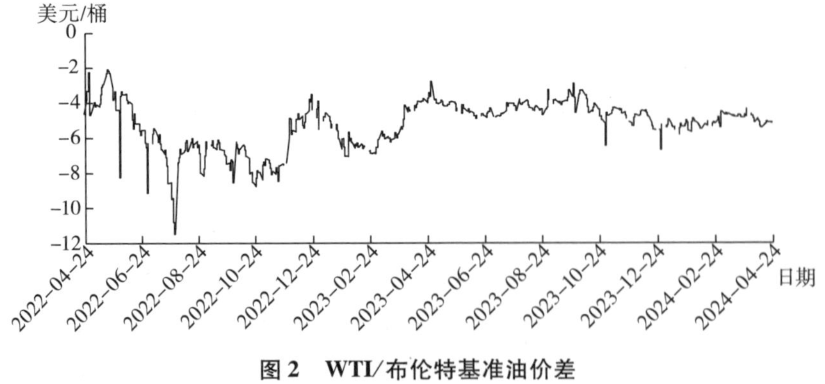

图 2　WTI/布伦特基准油价差

资料来源：路透社，联合石化市场战略部。

美元/桶，较 2022 年 4.92 美元/桶的水平显著收窄；布伦特原油与普氏迪拜原油纸货价差为 1.79 美元/桶，较 2022 年收窄 5.97 美元/桶。

（三）炼油毛利高位回落，化工利润持续低迷

2023 年，美国、欧洲、亚太等三地炼油毛利整体回落，但在全球石油需求逐渐复苏、炼厂检修规模高于预期的情况下，炼油毛利仍好于过去 5 年平均水平。其中，美国墨西哥湾炼油毛利平均为 24.8 美元/桶，鹿特丹平均为 13.33 美元/桶，新加坡平均为 6.84 美元/桶，均较 2022 年下降 3 ~5美元/桶。与此同时，主要油品裂解价差整体回落，汽油和石脑油表现疲软，柴油和航煤表现强劲。2023 年，新加坡汽油裂解价差平均为 11.94 美元/桶，较 2022 年下跌 2.66 美元/桶；航煤裂解价差平均为 22.48 美元/桶，较 2022 年下跌 8.03 美元/桶；柴油裂解价差平均为 24.33 美元/桶，较 2022 年下跌 14.83 美元/桶。

在产能过剩的周期性影响下，全球化工毛利持续低迷。2023 年，我国聚乙烯（PE）与亚太石脑油价差平均为 3508 元/吨，较 2022 年上升 341 元/吨，涨幅为 10.8%；聚丙烯（PP）与石脑油价差平均为 2934 元/吨，较 2022 年下降 77 元/吨，降幅为 2.6%。此外，芳烃市场基本稳定，我国大连商品交易所对苯二甲酸（PTA）均价为 5767 元/吨，较 2022 年微跌 29 元/吨，降幅为 0.5%。

（四）现货市场整体走强，贴水和运费中高位波动

2023 年，全球主要原油的官方售价和贴水总体走高，其中沙特连续 5 个月上调对亚洲出口原油官方售价，目前水平比 2017—2021 年的 5 年平均水平高 2 美元/桶；西非现货贴水全年大幅波动，目前与 2022 年欧洲地缘政治冲突初期的贴水水平相当。

2023 年，欧洲地缘政治冲突对全球油轮运输市场的影响逐步降温，但在美国释放战略储备和中国需求恢复的影响下，运力需求激增，而阶段性运力供给紧张时有发生，运输市场波动进一步加大。2023 年，中东到中国

巨型油轮（VLCC）运费年均为 2.03 美元/桶，较 2022 年上升 0.21 美元/桶，涨幅为 11.5%；西非到中国 VLCC 运费年均为 3.13 美元/桶，较 2022 年上升 0.33 美元/桶，涨幅为 11.8%，均创近年来最高水平。

二、中短期全球石油市场与国际油价展望

（一）全球经济增速放缓，货币政策进入宽松年

2024—2025 年，全球经济仍面临结构性、周期性挑战，国际货币基金组织（IMF）对 2024 全球经济增速的预期在 3% 左右，低于 2000—2019 年的年均增速 3.8%。全球经济在经历了疫情后的供应链中断、俄乌冲突引发的全球能源和粮食危机，以及通胀大幅上涨等一系列事件后，表现出了较强的韧性，但增长前景仍然面临一定挑战，特别是地缘政治紧张局势、欧美高利率等对实体经济有潜在影响，中长期来看经济增速将低于历史平均水平。从不同经济体来看，预计亚太新兴经济体的表现仍将优于欧美发达经济体，继续引领全球经济增长。中国接连发布宏观调控政策，有望促进制造业、房地产等行业回温，推动经济良性增长；印度等新兴市场和发展中经济体的经济增长前景大体稳定。

从货币政策来看，随着全球通胀开始回落，各国央行将逐步进入降息周期，有望改善宏观市场情绪，对石油等大宗商品价格构成支撑。但 2024 年以来，美国经济数据多次超出预期，通胀仍有反复风险，降息路径仍存在变数，美联储在对抗通胀黏性和防止经济衰退的权衡下，政策反应或将更为谨慎。目前来看，市场预期的美联储降息时间一再推迟，但大多数经济学家仍认为有望在 2024 年内开启降息，尽管降息时点可能是在 9 月以后。

（二）石油需求超过新冠疫情前，但增速放缓

2024 年，预计全球石油需求继续温和增长，增量在 130 万桶/日，虽

然低于2023年200万桶/日（主要是前一年基数偏低影响）的增量，但仍高于120万桶/日的10年平均增量。其中，东半球仍是需求增长中心，中国和印度的石油需求将分别同比增加66万桶/日和25万桶/日，对全球需求增长的贡献达70%；中东石油需求也会在交通和化工需求的推动下增加约7万桶/日；非洲因丹格特（Dangote）炼厂投产，拉动需求20万桶/日左右；美国石油需求保持温和增长，增量在10万桶/日左右；欧洲、日本和韩国石油需求则继续呈小幅下降趋势。

2023年，全球道路交通出行已基本恢复至疫情前水平，受电动车替代、LNG重卡替代和车辆燃油效率提高的影响，预计2024年全球汽柴油需求增量有限，分别在10万桶/日和20万桶/日左右，增量主要来自亚太区域；航煤需求在跨境航班持续恢复的推动下将有较大增长，增量或在30万桶/日左右。近年来全球石油需求及预测见图3。

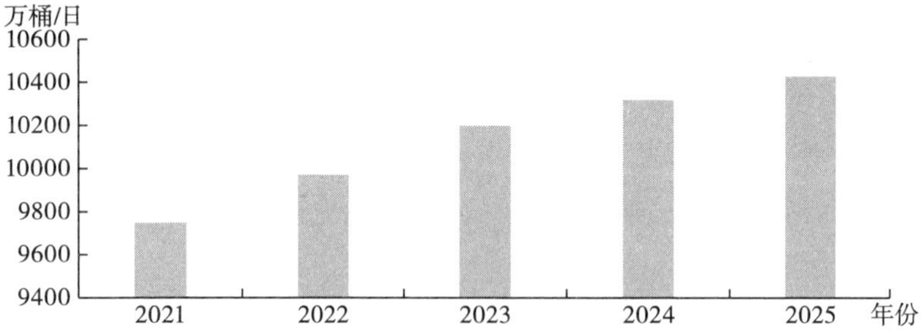

图3 近年来全球石油需求及预测

资料来源：IEA，联合石化市场战略部。

（三）地缘动荡将增加石油供应不确定性

2024年全球迎来大选年，包括美、俄、乌、印、欧洲议会等的多个国家、组织的领导人面临换届，将影响世界近一半人口。在大国博弈越发激烈的背景下，各政党执政方针切换将导致不同民族、不同信仰、不同党派的利益冲突明显，为局部地缘乃至世界发展带来巨大不确定性。此外，各国的能源政策调整也成为各方关注重点，并将对国际油价产生直接或间接影响。2024 年，巴以冲突持续，伊以冲突爆发，作为重要的石油输出地区，中东及其周边国家的安全稳定牵动着国际社会对能源市场的关注，由此引发的红海危机也为全球供应链带来严峻挑战，导致石油运输成本上涨与交付时间延长。与此同时，俄乌冲突进入第三年，2024 年第一季度双方能源基础设施频繁受袭，俄罗斯 15 家炼厂超 90 万桶/日炼油能力受到影响，预计将演变成一场持久战。目前来看，地缘争端暂未对石油供应侧造成实质性的影响，但是持续紧张的局势下突发事件时有发生，增加了油价出现短时大幅波动的概率。

2024 年，预计全球石油供应将增长 150 万桶/日，全球上游投资继续保持稳中有增，并恢复到疫情前水平。其中，沙特 2024 年用于维持预算平衡的油价为 96.3 美元/桶，这意味着其限产保价意愿较强，市场对下半年“欧佩克 +”产量能否回归仍有分歧，6 月部长级会议成为关注焦点。受减产政策、欧美制裁等影响，俄罗斯石油贸易基本完成流向调整，预计俄罗斯 2024 年产量基本持稳。美国受钻机数量下滑和投资减少影响，预计 2024 年产量增量将放缓至 30 万 ~50 万桶/日。加拿大受管线扩能、油砂项目增产提振，2024 年产量将增长 15 万桶/日左右。圭亚那 20 万桶/日的 Payara 项目投产，2024 年原油产量可能达到 60 万桶/日。“欧佩克 +”19 国原油产量变化情况见图 4。

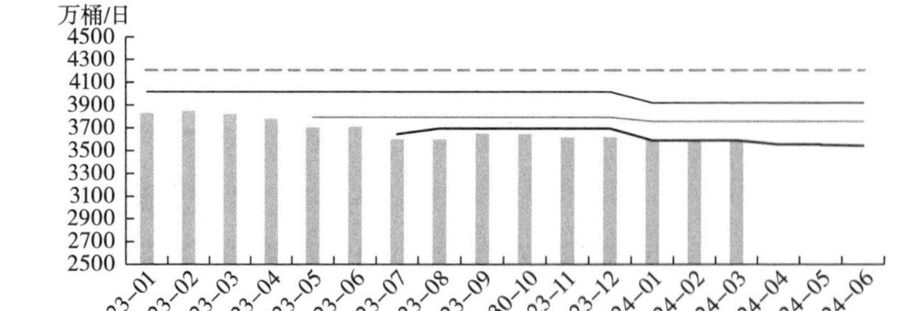

图 4 “欧佩克 +”19 国原油产量变化情况

资料来源：OPEC，联合石化市场战略部。

（四）原油和成品油库存低位运行

2023 年以来，全球石油库存低位运行，陆上原油库存接近 5 年平均水平，成品油库存低于 5 年平均水平，特别是柴油库存处于多年低位。考虑到当前全球利率水平偏高，大规模建库资金成本占用较高，预计全球库存中短期内仍维持偏低水平，从而对国际油价构成底部支撑。

咨询机构 Kayrros 数据显示，截至 2023 年底，全球陆上原油库存为 30.2 亿桶，与 2022 年同期和 5 年均值相比均增加 3000 万桶（见图 5）。此外，截至 2023 年底，全球主要地区成品油库存为 5.7 亿桶，较 2022 年低 1820 万桶，较 5 年平均水平低 2830 万桶。此外，值得关注的是，美国设定了 WTI 价格 79 美元/桶的战略石油储备回补价格，当国际油价触及这一目标价位时，预计美国将加大收储力度。当前美国战略石油储备回升至 3.66 亿桶，但仍大幅低于 2022 年放储前 6 亿 ~7 亿桶的平均水平，美国存在一定补库需求。

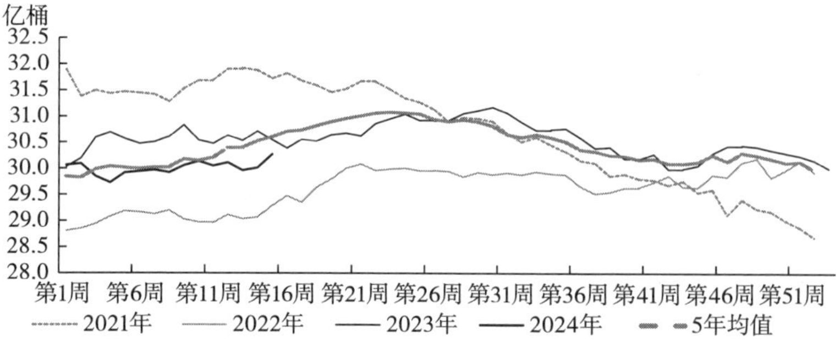

图 5　全球陆上原油库存

资料来源：Kayrros，联合石化市场战略部。

（五）全球炼油产能继续增长，炼油毛利有所下降

2024 年，全球炼油产能将继续增长，新增炼油产能为 145 万桶/日。新建炼厂主要来自亚太和非洲，包括中国裕龙岛炼化一体化项目（40 万桶/日）、大榭石化（12 万桶/日）、印尼 Balikpapan 炼厂（10 万桶/

日）和尼日利亚 Dangote 炼厂（65 万桶/日）。未来 5 年，亚太地区新增炼油项目仍将继续上马，但受石油需求或达峰影响，炼油能力增长速度或有所放缓，主要国家仍为中国和印度；此外，继科威特阿祖尔（Al - zour）、阿曼杜库姆（Duqm）等炼厂投产后，中东地区炼油产能增长也将有所放缓。

炼油和化工毛利方面，未来两年，考虑到全球石油需求增长放缓，叠加新增炼油产能释放，预计美国、欧洲、亚太等三大炼油中心炼油毛利都将有所下降，但整体仍维持健康水平。其中，新加坡汽油裂解价差将在 5 ~ 13 美元/桶波动、柴油裂解价差将在 10 ~ 25 美元/桶波动、航煤裂解价差将在 10 ~ 23 美元/桶波动；化工市场大概率仍将处于下行周期，过剩供应和疲弱需求仍使得化工毛利承压。

（六）基金炒作和程序化交易成常态，油市波动性放大

自 20 世纪 80 年代原油期货诞生以来，期货市场以其广泛的参与度和良好的流动性完美实现了价格发现功能，期货价格迅速成为石油市场的定价基准，基金也成为其中重要的参与力量，这极大影响了期货价格走势。

2022 年以来，西方金融市场遭遇“股债双杀”，大量资金从股市和债市流入大宗商品市场。2023 年，油市资金一直是净流入态势，指数基金、主观基金规模都在迅速增长，大幅加剧了油市的非理性波动。2023 年，基金持 WTI 原油期货头寸较 2022 年增加 10%，持仓占比增至 33.2%；基金持布伦特原油期货头寸较 2022 年增加 18%，持仓占比增至 20.4%。

数据显示，目前，美国部分金融市场的量化交易占比已超过 70%，其中商品期货市场占比在 50% 以上。基金程序化下单增多，将影响市场走势，引发原油等商品价格大幅波动。2024 年初以来，基金持仓与油价走势相关性在 90% 左右，在油价处于持续上涨阶段的同时，基金看涨情绪也一度达到高点，多头持仓连续增加。截至 2024 年 4 月，基金持布伦特原油期货合约净多头寸提高至 32.7 万手，创下 3 年以来的最高水平。在基金越发

深入的参与下，后市国际油价部分时段或将呈现大起大落之势。

总体来看，未来1~2年，全球经济增长态势良好、供需基本面健康，但大国博弈错综复杂，全球地缘动荡呈现复杂化、长期化态势，局部矛盾存在短期激化的可能性，但总体局势可控。预计国际油价整体维持中高位运行，布伦特价格多数时间在70~100美元/桶波动（见图6）。

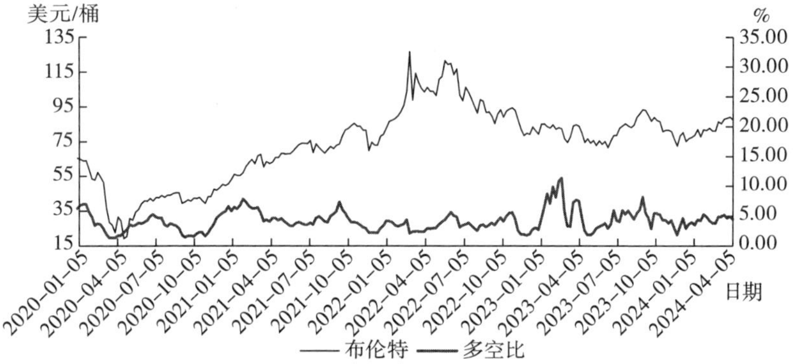

图6　布伦特价格与基金持仓多空比走势

资料来源：洲际交易所，联合石化市场战略部。

参考文献

[1] IEA. World Energy Outlook. 2023.

[2] OPEC. Monthly Oil Market Report. 2023—2024.

[3] Rystad Energy. Oil market agency comparison: Softer than expected in 2024, diverge for 2025.

[4] S&P Global Inc. Global Crude Oil Markets Short Term Outlook. 2023—2024.

[5] FGE. Global Oil Market Drivers. 2023—2024.

全球石油供应现状与展望

龚凯军　彭子寅　赵静舒①

摘　要　2023年，国际油价中高位波动，以美国为代表的美洲地区加大上游资产重组和投资开发力度，原油产量迎来显著增长，原油市场份额逐步扩大；与此同时，以沙特为代表的“欧佩克+”组织推行限产保价政策，大幅收紧石油市场供应，支撑石油市场平衡和高油价。2023年，全球石油供应总量同比增加160万桶/日至9992万桶/日，供应增量基本来源于非欧佩克国家。2024年，“欧佩克+”或延续限产保价措施，非欧佩克国家继续引领产量增长势头，预计全球石油供应总量将达1.01亿桶/日，同比增加140万桶/日，产量增幅进一步放缓。从中长期来看，地缘局势深刻调整引发全球石油供应格局重构，东西方石油贸易逐步显现割裂态势，石油供应西升东降；原油供需品质差异导致原油贸易出现阶段性结构矛盾，低硫轻质原油和天然气液成为供应增长主力，中重质含硫原油成为需求增长主力；碳中和背景下短期上游投资有所回升，但剩余产能大幅增长，而中长期需求达峰驱动下，上游投资或呈现下降趋势，全球供应增幅放缓甚至呈缩减态势。

关键词　石油供应；“欧佩克+”；俄乌冲突；巴以冲突；原油贸易

---

①　龚凯军，硕士，中国国际石油化工联合有限责任公司市场战略部业务副经理，主要研究方向为国际石油市场和油价走势；彭子寅，硕士，中国国际石油化工联合有限责任公司市场战略部业务副经理，主要研究方向为电力市场交易；赵静舒，学士，中国国际石油化工联合有限责任公司市场战略部业务经理，主要研究方向为国际石油市场和油价走势。

2023 年，全球石油供应总量为 9992 万桶/日，同比增加 160 万桶/日；其中，原油供应总量为 7592 万桶/日，同比增加 77 万桶/日。分产油国来看，非欧佩克国家石油供应同比增加 227 万桶/日，原油供应同比增加 150 万桶/日，美国、巴西、圭亚那等美洲国家引领产量增长势头，成为全球供应增长的主力军。“欧佩克＋”频繁推出的减产政策对平衡石油市场起到关键作用，且导致“欧佩克＋”20 国原油产量同比下降 143 万桶/日，欧佩克 13 国原油产量同比下降 73 万桶/日。此外，2023 年美国原油产量同比增加 105 万桶/日至 1293 万桶/日，沙特原油产量同比下降 91 万桶/日至 962 万桶/日，美沙两国在原油供应市场走向逐渐背离。2024 年，非欧佩克国家继续增产，“欧佩克＋”维持低产量的格局或将延续；全球进入大选年，地缘局势动荡延续，石油市场供应端风险抬升；此外，驾驶季需求复苏强度及“欧佩克＋”下半年产量政策或成为全球供应的主要变量。

一、“欧佩克＋”原油产量情况

“欧佩克＋”组织凭借其产量高、闲置产能足、储量充沛的资源禀赋优势，在全球石油供应市场具有举足轻重的话语权。作为全球石油市场供应调节阀，“欧佩克＋”组织对稳定石油市场供需平衡、引领油价在合理区间运行起到关键作用。同时，“欧佩克＋”组织不定期召开会议制定减产政策，这成为石油市场供应端最大变量。

近年来，全球石油供应格局发生重大变化。新冠疫情迫使全球石油需求跌入谷底，随后“欧佩克＋”达成史上最大规模减产协议，结束近 10

年的原油产量涨势，对油价构成托底支撑。新冠疫情结束后全球需求复苏，国际油价持续攀升刺激非欧佩克国家生产积极性，非欧佩克国家增量大规模涌入市场，全球石油供应格局深刻调整。此外，美洲地区原油产量跃升，俄乌冲突后逐渐成为欧洲国家主要进口来源地；非洲主要产油国上游长期缺乏投资，市场份额逐渐流失；以中东国家为主的“欧佩克+”为平衡全球供需推出减产政策，市场份额也逐步遭到蚕食。

2023年5月，“欧佩克+”开启新一轮减产进程，加之年内地缘扰动事件频发，石油市场重回供需紧平衡格局。从历史情况来看，限产保价政策一直是欧佩克掌控原油供给市场话语权的有力武器，而沙特、俄罗斯作为“欧佩克+”产量决策的关键角色，限产保价意愿尤为强烈。

（一）参与减产国家：限产保价意愿强烈

从实际产量来看，2023年“欧佩克+”原油产量平均为3833万桶/日，同比减少145万桶/日，低于减产协议允许的目标产量。其中，欧佩克10国产量为2336万桶/日，同比减少128万桶/日；非欧佩克10国产量为1496万桶/日，同比减少17万桶/日。2024年，预计“欧佩克+”原油产量为3689万桶/日。其中欧佩克9国（安哥拉已于2024年1月1日退出欧佩克组织）原油产量为2205万桶/日，非欧佩克10国原油产量为1484万桶/日（见图1）。

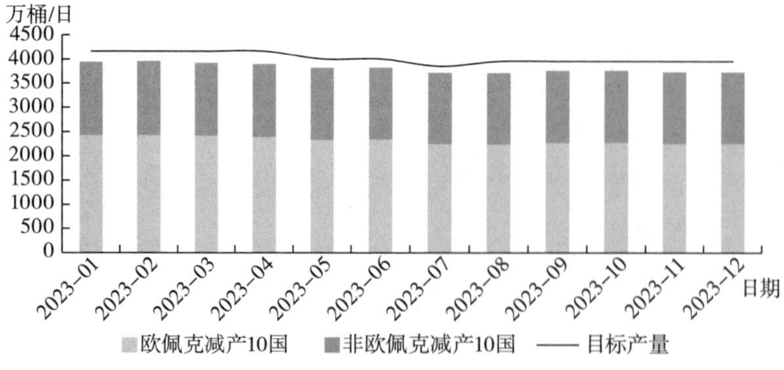

图1 “欧佩克+”实际产量及产量上限

资料来源：欧佩克，IEA，Unipec Research & Strategy（URS）。

沙特放弃进一步提升产能，引领“欧佩克+”限产保价。作为“欧佩克+”组织的“领头羊”，沙特密切监控全球石油市场供需形势变化，并主导“欧佩克+”组织适时制定减产政策。当前，经济发展转型导致财政平衡艰难，沙特宣布放弃提升可持续产能至1300万桶/日的计划，以顺应“欧佩克+”减产政策，继续引领“欧佩克+”限产保价进程。自本轮减产协议执行以来，沙特减产执行效果良好。2023年沙特原油产量为961.8万桶/日，同比减少91万桶/日；预计2024年原油产量为944万桶/日，同比减少18万桶/日。

伊拉克政治局势趋稳，原油产量稳步增加。自2021年10月伊拉克大选萨德尔当选后，伊拉克国内政治局势日趋稳定，政府加大招商引资力度并提出宏伟的石油产量发展目标，石油产业上、中、下游均迎来良好发展契机。受欧佩克减产协议约束及库尔德地区石油收入争端仍未解决影响，伊拉克部分原油产能亟待释放。2023年伊拉克原油产量为428万桶/日，同比减少16万桶/日；预计2024年原油产量为425万桶/日，同比减少3万桶/日。

科威特经济发展意愿强烈，大举进军下游炼化产业链。科威特紧跟欧佩克组织步伐，减产执行意愿强烈，整体减产执行情况良好。2023年科威特原油产量为260万桶/日，同比减少11万桶/日；预计2024年原油产量为248万桶/日，同比减少12万桶/日。同时，近年来科威特加快布局进军下游炼化产业链，国内最大炼厂Al-zour已建成并投产，其原油加工量为61.5万桶/日，在石油产品特别是船用燃料市场份额进一步增加。

尼日利亚上游监管力度加强，原油产量企稳回升。近年来，受上游投资减少及原油盗窃严重影响，尼日利亚原油产量有所下降。随着尼日利亚政府加强监管力度治理原油盗窃问题，并引进外资企业增加上游勘探投资，尼日利亚原油产量逐步回升。2023年尼日利亚原油产量为131万桶/日，同比增加10万桶/日；预计2024年原油产量为142万桶/日，同比增加11万桶/日。

俄罗斯出口流向调整，原油供应总体持稳。俄乌冲突以来，欧美国家加大对俄罗斯的制裁力度，打压俄罗斯能源出口收入。为应对美欧对俄罗斯石油出口禁运和限价措施，俄罗斯通过及时调整石油出口价格，依托贴水优势和强大的“影子船队”保障出口能力，迅速调整出口流向至中印等亚太国家，使俄油产量长期维持在较高水平，并未受到制裁影响。此外，2024年以来，在乌克兰无人机袭击下，俄罗斯下游炼厂生产扰动频发，原油加工一度受到较大影响。但随着袭击应对措施逐渐成熟，以及乌克兰外援延续性不高，俄罗斯炼厂运行逐步恢复。2023年，俄罗斯原油产量为956万桶/日，仅较2021年俄乌冲突爆发前低6万桶/日。2024年，预计俄罗斯原油产量为944万桶/日，同比下降12万桶/日。

哈萨克斯坦长期超产，减产执行率较低。2023年，哈萨克斯坦原油产量企稳回升，年均原油产量为160万桶/日，同比增加10万桶/日，减产执行率仅为81%。2024年第一季度，哈萨克斯坦原油产量为163万桶/日，超额生产状况延续。此外，2024年底，哈萨克斯坦Tengizchevroil（TCO）油田扩建项目或将投产，投产后原油产量或增加24万桶/日。预计2024年哈萨克斯坦原油产量为162万桶/日，同比增加2万桶/日。

（二）减产豁免国家：供应波动风险仍存

欧佩克三个不受减产协议约束国伊朗、委内瑞拉和利比亚均为受不可抗力影响且长期难以达到其可持续产能的国家。分国家来看，伊朗长期受到美国制裁，原油出口受阻；美国对委内瑞拉的制裁临时解除后又恢复，产量增长难以持续；利比亚国内政局稳定性差，油田生产常受抗议者干扰而中断。

伊朗、委内瑞拉制裁不确定性仍存。伊朗、委内瑞拉两国石油产业均受到美国制裁，对原油产量及出口量影响大。从制裁后原油产量变化来看，2020年伊朗原油产量为199万桶/日，较制裁前下降一半左右，委内瑞拉原油产量也曾在2020年一度跌至34万桶/日。2023年以来，美国一定程度上默许伊朗原油通过灰色渠道流出，伊朗出口限制松动带动原油产量增加。2023 年伊朗原油产量为 286 万桶/日，同比增加 30 万桶/日。2023 年 10 月，美国临时解除对委内瑞拉的制裁半年，委内瑞拉原油产量小幅增长，但 2024 年制裁豁免措施未能得以延续。美国因大选而放松对伊朗、委内瑞拉制裁以打压国际油价，而大选后仍有可能继续收紧制裁，伊朗、委内瑞拉原油生产及出口前景仍不明朗。

利比亚国内矛盾难以彻底消除。自 2011 年卡扎菲政府倒台后，在西方势力的影响下，利比亚东西部政府长期陷入纷争状态。2011 年、2014—2017 年、2020—2022 年，利比亚政局频繁动荡，抗议者占领石油基础设施导致供应中断。2024 年初，利比亚最大油田 Sharara 再次因抗议活动关停。短期内利比亚国内动荡局面或难以彻底消退，该国石油供应仍存在较大波动风险。

二、非“欧佩克+”：引领全球供应增长势头

2023 年，非“欧佩克+”产油国原油产量大幅增长，其中产量增长主要来源于美洲地区，尤其是美国、加拿大、巴西和圭亚那。这些“老区”和“新贵”产油国已成为拉动全球供应增长的新引擎，推动美洲地区在全球石油市场中的份额持续上升。

美国原油产量创历史新高。美国是世界上最大的石油生产国，也是最大的石油消费国。美国的石油产量在过去十几年里经历了一场前所未有的增长，主要得益于页岩油的开发。新冠疫情以来，页岩油生产商削减资本支出以及提高股东回报，活跃钻机数量大幅下降。然而，生产商勘探开发投入增长、页岩油单井效率的提升以及未完井（DUC）的消耗仍然支撑美国原油产量复苏。2023 年，美国原油产量再攀新高，平均产量达到 1290 万桶/日，同比大幅增长 100 万桶/日；第四季度更是创下原油产量最高纪录，跃升至 1330 万桶/日。其中，2023 年美国页岩油产量为 953 万桶/日，

同比增加77万桶/日，占原油总产量的74%。与此同时，2023年美国原油出口量首次突破400万桶/日，成为全球第三大原油出口国。

美国原油产量的增长为全球石油市场提供了稳定的供应，抵消了“欧佩克+”为支撑高油价而大幅削减石油供应的影响。据美国能源信息署（EIA）最新预测，2024年美国原油产量将达到1330万桶/日的水平；在产量增长趋势延续下，2030年美国原油产量有望接近1400万桶/日（见图2）。考虑到石油钻机数减少，叠加高利率导致生产商缩减开支等因素，未来几年美国原油产量或将维持缓慢增长态势。

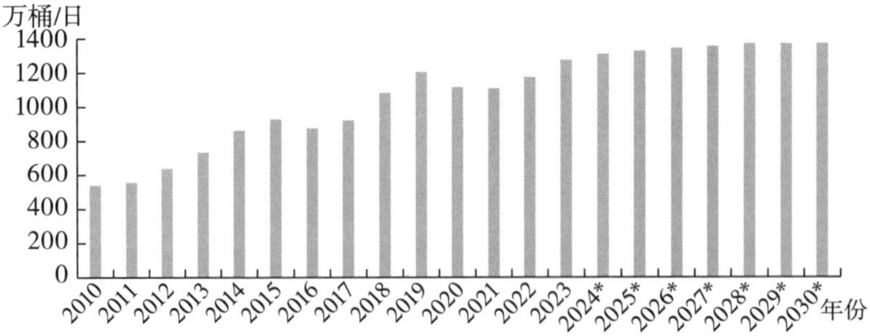

图2　美国原油产量增长趋势

注：* 为预测。

资料来源：EIA，联合石化市场战略部。

加拿大原油产量稳步增加。加拿大主要的原油增量为油砂，随着新油砂项目投产，原油产量整体呈增长态势，2023年达到440万桶/日，创历史新高。从基础设施来看，加拿大管道运输能力一直是限制其产量增长的核心问题之一。2024年5月，加拿大跨山管道扩建项目（TMX）正式投入运营，设计水平为将管道运力提高59万桶/日，使该管道总输送能力达到89万桶/日。TMX管道是将阿尔伯塔省的石油出口到太平洋的重要通道，或将推动阿尔伯塔原油增产。加拿大油砂矿藏产出原油品质主要是重质酸油，重点出口地区为美国，将部分缓解中东酸油抽紧的平衡难题。2024年，预计加拿大原油产量小幅增长，再次刷新历史最高水平。

巴西原油增产潜力巨大。巴西是拉丁美洲最大的石油生产国，以其丰富的盐下石油储量而闻名。过去10年，得益于巴西国家石油公司和外国能源巨头的大量投资和技术支持，巴西桑托斯盆地的图皮（Tupi）、布齐奥斯（Buzios）、萨宾诺（Sapinho）、梅罗（Mero）等盐下油田投产，成为巴西原油产量稳步增长的主要驱动力。2023年巴西原油产量创历史最高纪录，达337万桶/日，同比增加40万桶/日，是全球原油市场主要的增量之一。2023年12月，巴西同意从2024年起以观察员的身份加入“欧佩克+”，长期产能增长或将受到一定约束。此外，巴西国家石油公司计划在未来5年增加上游投资1020亿美元，外国能源巨头也纷纷参与投资、建设项目，有望推动巴西原油产量继续增长。

圭亚那成为原油供应“新贵”。圭亚那近年来成为全球石油勘探开发领域的热门地区。埃克森美孚、中国海油等公司2015年在埃塞奎博地区附近的海域发现超过110亿桶石油资源，使得圭亚那迅速成为全球新兴的石油生产和出口大国。2019年丽莎（Liza）油田一期投产以来，圭亚那原油产量呈快速攀升趋势；而随着帕亚拉（Payara）项目的投产，2023年圭亚那原油产量已超过50万桶/日；2024年，圭亚那原油产量或继续保持增长势头。2025年，生产能力为25万桶/日的黄尾鱼（Yellowtail）油田计划投产，将推动圭亚那原油产量迈上新台阶。埃克森美孚预计，2027年圭亚那斯塔布鲁克区块（Stabroek）的原油产量将达120万桶/日，意味着圭亚那将很快成为日产量破百万桶的石油供应大国。从中长期来看，圭亚那政府政策较为开明，近海原油品质好、开采成本低，盈亏平衡点在25~35美元/桶，丰厚利润将持续吸引投资，未来产量增长潜力巨大。

挪威原油产量基本持稳。作为西北欧地区最大油气生产国和出口国，挪威为欧洲提供了丰富的原油和天然气。挪威自20世纪80年代开始大规模石油开采，产自挪威的Ekofisk、Oseberg、Troll原油都是普氏评估的即期布伦特（Dated Brent）定价基准油。挪威原油产量在2001年达峰，因成熟油田逐渐老化，此后挪威原油产量呈逐年递减态势。近年来，挪威巨型油田Johan Sverdrup项目投产引发市场广泛关注，该油田原油产量增加迅速并成为近年来北海地区投产的最大油田。近两年，挪威原油产量止跌回升，2023 年产量接近 180 万桶/日，2024 年产量将继续增加 5 万桶/日。长远来看，挪威仍有 19 个新油气开发项目待启动，项目投资总额超过 2000 亿挪威克朗（约合 185 亿美元），包括新的油气开发项目、现有油气田的扩建项目，以及提高现有油气田资源采收率的项目，这些项目的投产将有利于挪威维持油气高产。

三、2024 年及中长期全球石油供应前景展望

2024 年，国际油价中高位震荡，将刺激主要产油国持续增产，但考虑到全球需求复苏进程放缓，预计全球石油供应增幅也将同步放缓。预计“欧佩克 +”大规模减产措施或将延续，继续充当减产主力军，其市场份额将缩减至约 50%。具体来看，预计 2024 年“欧佩克 +”原油供应量与 2023 年基本持平；其中，伊朗原油产量同比增加约 30 万桶/日，抵消了参与减产的国家供应下降的影响。非“欧佩克 +”原油供应同比增加 70 万桶/日，增量基本集中在美洲地区；美国、加拿大、圭亚那等非欧佩克国家仍将贡献主要增产力量，支撑全球石油供应增长。近年来，天然气液产量增长势头强劲，综合考虑凝析油、天然气液、生物燃料和加工盈余等因素，预计 2024 年全球石油供应总量将达 1.01 亿桶/日，同比增加 140 万桶/日，供应增幅进一步放缓。

从中长期来看，全球石油供应主要特点如下。

（一）地缘局势深刻调整引发全球供应格局重构

近年来，俄乌冲突、巴以冲突爆发，全球地缘局势深刻调整，显著影响了石油贸易流向，进而引发全球石油供应格局重构。俄乌冲突致使俄罗斯石油被迫从全球石油贸易体系中割裂开来，形成一套独立的运转体系；巴以冲突、红海危机则通过增加跨苏伊士运河的运输成本，加剧了东西方贸易体系割裂，石油贸易格局重塑。在此过程中，美国成为大西洋盆地重

要的油气资源输出国，在苏伊士以西的能源供应市场地位显著提升；巴西取代安哥拉成为主要低硫原油出口大国，也成为“欧佩克+”观察国新成员；美洲地区成为全球原油供应最主要的增长来源，原油产量占全球约1/3。与此同时，俄罗斯石油转移至亚太市场，逐步挤占中东市场份额；以沙特为首的“欧佩克+”持续推行限产保价政策，中东市场份额逐渐流失；西非老油田在低碳减排主旋律下逐渐失去资本青睐，成为没落的产油老区。

（二）原油供需品质差异导致阶段性资源结构矛盾凸显

从原油供应来看，随着天然气产业快速发展，以及页岩油、深海油藏等非常规资源的勘探开采，天然气液、低硫轻质原油成为供应增长的主要品质类别，而中东、西非等地区传统高硫中重质原油则因政策限产、油田衰减、投资受限等原因大幅减产，全球原油供应逐渐朝着轻质化、低硫化方向演变。从原油需求来看，近年来新上线及正在规划的炼厂大多分布在亚太、中东地区，设计基本以加工中重质酸油为主，即便设计加工轻质原油的阿联酋、尼日利亚新投产炼厂，在运营过程中也因投资、贸易、技术等因素改成以加工中质原油为主。此外，近年来石油消费复苏也以交通运输为主，成品油仍是消费主力军，中质馏分需求旺盛进一步凸显了中质原油的紧缺性。总体来看，在交通石油需求达峰前后，原油品质需求以中重质为主与供应以轻质为主的矛盾将深刻影响行业格局，推动上下游产业链转型调整。

（三）碳中和背景下长期供应缩减或成为大势所趋

2020 年前后，新冠疫情和低碳转型驱动资本撤离传统能源行业，石油领域上游投资锐减。然而，后疫情时代需求复苏以及新能源不稳定弊端显现，传统能源作为压舱石和稳定器重回大众视野。2021—2023 年，全球石油行业上游资本支出年均增速保持在 7% 左右，2023 年石油勘探开发投资已突破 5000 亿美元，但仍远低于 2010—2014 年水平。此外，即便全球主要油田的盈亏平衡油价基本在 10 ~ 50 美元/桶，上游增产盈利能力可观，但在“欧佩克 +”的减产政策限制下，该组织仍掌握着超 500 万桶/日的剩余产能。从中长期来看，在碳中和目标驱动下，全球石油需求或将在 2030 年前后进入平台期，并逐步朝着碳中和目标迈进。随着需求支撑减弱，石油市场或将逐步宽松甚至过剩，石油行业勘探开发等上游资本支出或将出现趋势性下降，全球供应增幅或将放缓甚至呈缩减态势。

参考文献

[1]OPEC. Monthly Oil Market Report[R]. 2024.

[2]IEA. Oil Market Report[R]. 2024.

[3]EIA. Short Term Energy Outlook[R]. 2024.

[4]Platts. Global Crude Oil Markets Short – term Outlook[R]. 2024.

[5]IEA. World Energy Investment 2023[R]. 2023.

全球石油需求现状与展望

李　涵　夏潇远　胡　迪①

摘　要　2023年，美欧银行业危机造成金融市场巨震，高通胀压力促使美欧央行大幅收紧货币政策，连续加息对经济增长和石油需求均构成一定影响。然而，基于2022年基数偏低，在中国和印度需求大幅增长的带动下，全球石油需求仍表现出旺盛的增长态势。疫情过后，道路交通和航空出行快速恢复，支撑汽油和航煤需求大幅回升。展望后市，2024年，全球经济仍面临结构性、周期性挑战，在经历了新冠疫情后的供应链中断、俄乌冲突引发的全球能源危机和粮食危机，以及通胀大幅上涨等一系列事件后，表现出了较强的韧性，但增长前景仍然面临一定挑战。2024年全球石油需求或将继续温和增长，虽然增速低于2023年，但仍高于近10年平均增幅。其中，东半球仍是需求增长中心，中国和印度的石油需求增量对全球需求增长的贡献达到70%，中东和非洲也呈稳步增长趋势。

关键词　石油需求；通胀危机；交通运输；炼油

①　李涵，学士，中国国际石油化工联合有限责任公司市场战略部业务经理，主要研究方向为国际石油市场和油价走势；夏潇远，硕士，中国国际石油化工联合有限责任公司市场战略部业务经理，主要研究方向为国际油价走势和国际天然气市场；胡迪，硕士，中国国际石油化工联合有限责任公司市场战略部业务副经理，主要研究方向为国际宏观市场及国际油价走势。

一、2023 年全球石油需求呈恢复性增长态势

（一）全球经济增长放缓

2023 年，为抗击高通胀，美国、欧元区等发达经济体央行连续加息，紧缩的货币政策下，多数地区通货膨胀率触顶回落。进入下半年，随着通胀逐步缓和并向目标水平靠近，美国及部分新兴市场经济呈现出较预期更强的韧性，全球经济发生硬着陆的可能性有所下降。国际货币基金组织（IMF）和世界银行分别在 2024 年公布的最新预测中上调了 2023 年全球经济增速，IMF 认为，2023 年全球经济增速为 3.2%，较 2023 年 10 月预测上调 0.2 个百分点，但较 2022 年增速回落 0.3 个百分点，为连续第二年放缓。

分国家来看，IMF 认为，2023 年发达经济体经济增长率仅有 1.6%，增速同比大幅回落 1 个百分点，主要受到欧元区经济疲弱的拖累。2023 年欧元区经济增速仅为 0.4%，是新冠疫情以来的最低水平。其中，欧元区最大经济体——德国经济小幅衰退，增速为 -0.3%。同时，由于劳动力市场表现强劲、消费市场旺盛，美国经济增速从 2022 年的 1.9% 提升至 2.5%。2023 年，发展中经济体和新兴市场经济增速为 4.1%，以中国和印度为首的发展中国家成为拉动全球经济增长的主要引擎，尤其在 2023 年下半年，中国政府颁布了“一揽子”财政支持计划，并出台一系列房地产刺激政策，短期内生产制造和消费水平得到提振，一定程度上缓解了通缩压力。国家统计局数据显示，2023 年中国经济增速达到 5.2%，超额实现 5% 的增长目标（见图 1）。

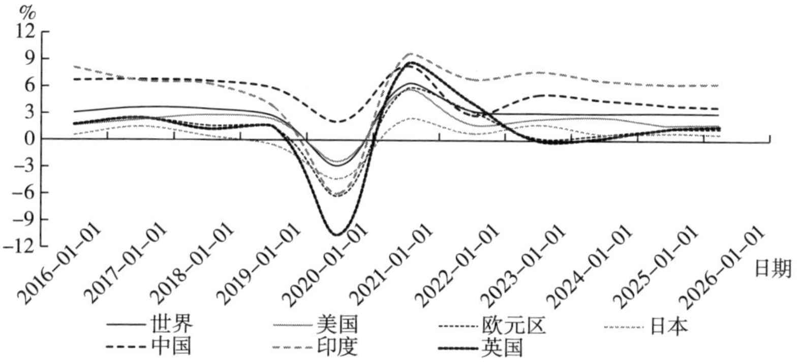

图 1 世界主要经济体 GDP 增长率

资料来源：IMF，Unipec Research & Strategy（URS）。

（二）全球石油需求呈“东强西弱”格局，中国需求恢复性增长助推全球石油需求上行

2023 年，全球石油需求呈“东强西弱”格局。其中，部分 OECD 国家因经济增长放缓，需求表现疲软，但亚太、中东地区经济韧性较强，非 OECD 地区石油需求整体表现出稳固增长态势，拉动全球石油需求上行。国际能源署、欧佩克等全球主要能源机构均对 2023 年全球需求增长进行了乐观评估。2023 年全球石油需求增加 194 万桶/日，较 2022 年的 127 万桶/日显著增加。

具体来看，2023 年第一季度，全球经济低迷叠加气温回升，欧美石油需求表现疲软，同时新冠疫情影响仍未完全消退，全球石油需求弱势运行，第一季度全球石油需求同比增加 151 万桶/日，增量主要来自亚洲和中东地区；第二季度，中国石油需求从新冠疫情影响中快速恢复，叠加印度石油需求旺盛，亚太地区季节性石油需求淡季特征弱化，全球石油需求同比增长 236 万桶/日，创 2022 年第一季度至今的最大季度增速；第三季度，亚太地区保持良好的复苏势头，叠加北半球进入季节性需求旺季，全球石油需求增量进一步扩大至 250 万桶/日的较高增速水平；第四季度，全球石油需求季节性回落，中国和印度需求增长动力放缓，全球石油需求增速放

缓至136万桶/日（见图2）。

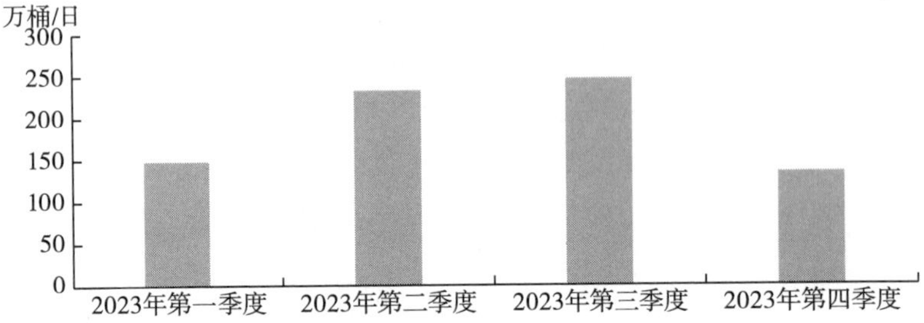

图2　2023年分季度全球石油需求增速

资料来源：IEA，Unipec Research & Strategy（URS）。

2023年，东西方国家石油需求显著分化。数据显示，在全球石油需求194万桶/日的增量中，非OECD国家贡献了95%以上，亚太地区仍是全球石油需求增速最快的地区，而西方国家在完全摆脱新冠疫情影响后，需求仍然受到经济拖累，并未有明显的复苏趋势，2023年OECD国家石油需求同比大体持平。全球石油需求呈明显的“东强西弱”格局。具体国家情况如下。

非OECD国家中，中国和印度为主要石油需求增长驱动力。其中，2023年中国表观石油需求大幅增加167万桶/日，贡献全球86%的需求增量，成为拉动全球石油需求的最主要动力。这主要得益于2023年初，我国正式降低新冠疫情管控级别并完全开放边境，出行和旅游需求显著增加。2023年，中国旅客运输量同比增加66.5%，总航班数量增加了82%。中国汽油和航煤需求分别实现10%和61%的同比增速。此外，为刺激经济和制造业进一步复苏，中国政府自2022年中期以来接连出台房地产刺激政策，柴油需求同比增长12%，推动我国石油需求同比实现大幅增长。印度作为亚太地区仅次于中国的石油消费国，2023年石油需求同比增加19万桶/日。2023年，在全球经济活动放缓的环境下，印度经济实现了7%以上的高速增长，制造业和非制造业PMI指数均在全球主要国家中名列前茅，石油需求维持稳步增长态势。此外，中东地区在2023年夏季经历了酷热天气令发电需求激增，支持直烧原油需求增长，但化工需求疲软抵消了这部分增量，2023 年中东地区石油需求同比回落 8 万桶/日。

从 OECD 国家来看，美国贡献了该地区主要的需求增量，但欧洲需求疲软对全球石油需求造成拖累。2023 年，尽管美联储持续加息并维持高利率环境，意图控制过热的经济和通胀，但在较强的劳动力市场和居民消费水平下，美国经济维持稳健。2023 年美国石油需求同比增长 23 万桶/日。在美国的引领下，美洲成为 OECD 国家中唯一实现需求正增长的地区。但与此同时，2023 年欧洲石油需求同比下降 13 万桶/日，部分抵消了来自美洲的增量，成为石油需求降幅最大的地区。一方面，俄乌冲突持续，欧洲对俄罗斯实施制裁，能源价格高企迫使欧洲人调整消费习惯，在一定程度上抑制了石油需求；另一方面，高通胀、高利率环境对欧洲经济和需求构成打击，欧洲居民消费低迷、制造业 PMI 持续在荣枯线下方运行。从其他国家来看，日本经济仍面临低利率和货币持续贬值的困境，叠加经济低速增长和人口老龄化加剧，成品油销量逐年回落，预计 2023 年日本石油需求将同比小幅回落 6 万桶/日。韩国石油需求小幅回落 2 万桶/日。此外，韩国石油需求大体保持稳定，全年同比下降 2 万桶/日。

（三）2023 年成品油需求呈恢复态势，航煤需求显著增长

2023 年，在中国经济和需求复苏的引领下，全球汽油、柴油、航煤需求均出现不同程度增长。但随着西方国家新冠疫情复苏之路接近尾声、部分发达经济体经济表现低迷，成品油需求增幅有限。其中，汽油需求增量最大，其次为航煤需求，柴油需求则增幅最小。

全球汽油需求延续恢复态势。2023 年初，中国宣布全方面降低新冠疫情管控级别，道路出行需求快速回升并超过新冠疫情前水平。2023 年，中国汽油需求实现同比增加 36 万桶/日，贡献全球超过 50% 的石油需求增量。美国则是全球第二大汽油需求增长点。作为全球最大的汽油消费国家，2023 年美国经济保持强劲，同时，为了平抑通胀水平，美国政府通过

释放战略储备等一系列措施打击汽油价格，一定程度上刺激了汽油消费。驾驶季期间，美国石油需求同比增长超过 20 万桶/日；全年来看，美国汽油需求同比增加 13 万桶/日。欧洲方面，经济疲软叠加俄乌冲突导致能源价格上涨，汽油需求增幅有限。2020 年以来，欧洲汽油需求增幅逐年收窄，2023 年汽油需求增量仅有 10 万桶/日。整体来看，2023 年全球汽油需求同比增长 65.3 万桶/日，涨幅为 4%（见图 3）。值得注意的是，在全球碳达峰目标下，新能源车发展势头迅猛并逐步蚕食传统燃油车的市场份额。统计数据显示，2023 年，全球电动车市场占有率达到 14%，较 2020 年的 4% 大幅提升，替代了部分燃油车需求，限制汽油需求增幅。国际能源署预计，2024 年汽车销量中，电动车占比将进一步增长 20% 以上。

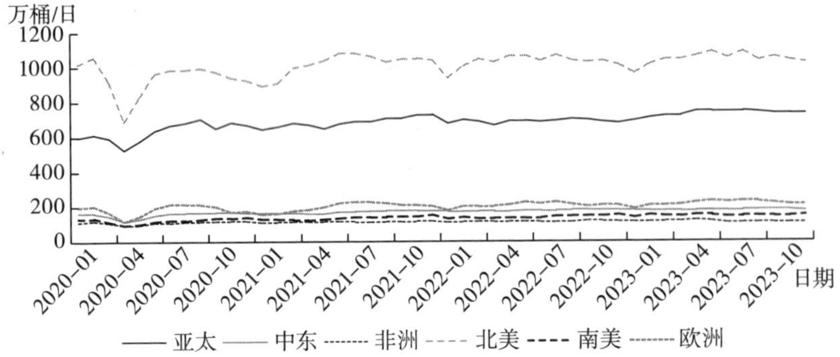

图 3　全球汽油需求走势变化情况

资料来源：Rystad Energy，IEA，Unipec Research & Strategy（URS）。

全球柴油需求低速增长。2023 年，主要经济体制造业表现低迷，全球制造业 PMI 指数持续在接近荣枯线的下方运行，全球柴油需求增长维持在较低水平，2023 年同比小幅增长 25 万桶/日，增幅仅为 1%（见图 4）。其中，增量主要来自亚太地区。新冠疫情后中国经济呈复苏态势，尽管受房地产行业拖累，制造业 PMI 指数表现不及预期，但受 2022 年基数较低的影响，2023 年中国柴油需求仍同比增长 48 万桶/日。同时，印度是为数不多实现制造业 PMI 持续在 50 上方高水平运行的国家。2023 年受制造业和基建活动的强劲提振，印度柴油需求同比增加 10 万桶/日。然而，西方主要经济体柴油需求则不同程度下降。2023 年，欧洲柴油需求下降 21 万桶/日，为全球柴油降幅最大的地区，主要受到俄乌冲突限制欧洲从俄罗斯进口柴油进而推高柴油价格、欧洲高利率水平限制制造业等行业的经济活动、欧洲暖冬天气限制冬季取暖需求等影响，柴油需求遭受严重打击。此外，美国和日本柴油需求分别下降 10 万桶/日和 1 万桶/日，一定程度上抵消了来自亚太地区的增量，拖累了柴油需求增长。

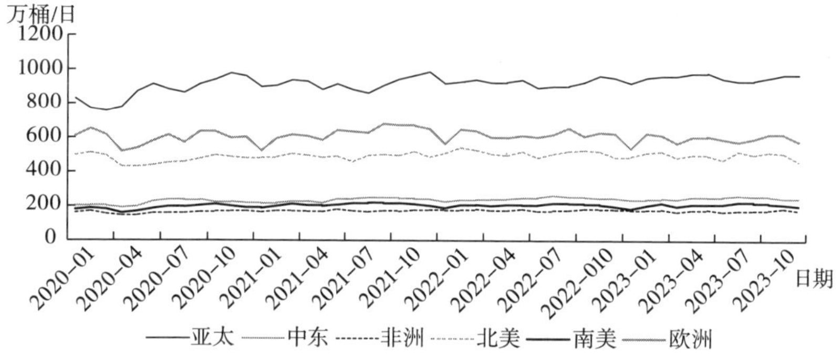

图 4　全球柴油需求走势变化情况

资料来源：Rystad Energy，IEA，Unipec Research & Strategy（URS）。

全球航煤需求快速恢复。2023 年，主要国家航班数量进一步从新冠疫情的打击中恢复，随着中国航线回归市场，全球航煤需求实现新冠疫情以来最大增幅。2023 年，全球航煤需求同比增加 62 万桶/日，尽管增量不及汽油，但由于航煤需求基数偏低，增幅达到了 17%，为增幅最大的成品油品种。具体来看，2023 年初，中国宣布降低新冠疫情防控级别，中国国际和国内航班快速回归市场，航空运输市场一路走高，全年总航班数量同比增加 80% 以上。其中，国际航班数量同比增长超 10 倍，推动中国航煤需求实现新冠疫情以来首次同比正增长。2023 年，中国航煤需求同比增加 31 万桶/日，增幅超过 70%，贡献了全球航煤需求 50% 的增量，但航煤需求仍较新冠疫情前水平低 12%，未来仍有进一步增长空间。此外，美国和欧洲的航班指数分别同比增长 2% 和 8%，需求分别同比增长 9 万桶/日和 17 万桶/日，进一步推动了航煤需求恢复（见图 5）。

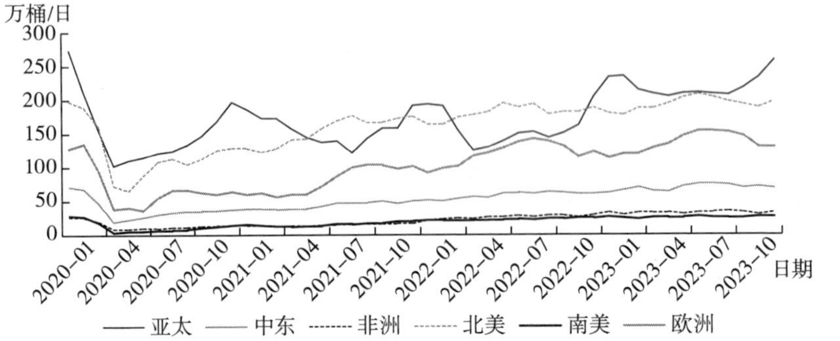

图5　全球各地区航煤需求走势变化情况

资料来源：Rystad Energy，IEA，Unipec Research & Strategy（URS）。

二、2024年全球石油需求增速放缓

（一）全球经济保持稳步增长，货币政策进入宽松之年

2024年，全球经济仍面临结构性、周期性挑战，IMF在最新预测中将2024年全球经济增速上调至3.2%，与2023年经济增速持平，并略高于过去20年年均3%左右的增长率。其中，部分发达经济体仍将面临很长一段时间的高利率环境，这对本就疲软的制造业等经济活动构成打击，发达经济体经济增速预计为1.7%。亚太新兴经济体的表现将优于欧美发达经济体，继续引领全球经济增长，新兴市场和发展中经济体经济增速预计为4.2%。

分国家来看，2024年，美欧通胀黏性增强，去通胀压力加大，美联储及欧洲央行启动降息的时间节点一再推迟，与此同时，劳动力市场需求仍然强劲，美联储货币政策拐点依然面临较大不确定性。CME美联储观察最新数据显示，美联储最早有望从9月开始降息，年内累计降息1~2次。美国经济实现“软着陆”的概率较大。IMF预计，2024年美国经济增速为2.7%，较2023年加速0.2个百分点，高于过去20年约2%的平均增长水平。2024年，欧洲经济将从过去两年深陷俄乌冲突的财政紧缩困境中逐渐

走出来，随着能源价格冲击的影响逐步消退，通胀回落支持实际收入增长，欧元区经济在内需支撑下有望出现反弹提升。2023 年以来，日本经济、产业和楼市、股市都在恢复增长。日经 22 指数刷新 20 世纪 90 年代以来新高，以巴菲特为代表的外国投资者持续进入，带动更多实业回流，全球最大半导体代工企业台积电正在日本九州建厂，日企盈利水平创 20 世纪 90 年代以来新高。2023 年 11 月，日本内阁出台了新一轮经济刺激方案，总额超过 17 万亿日元，加上地方政府和私营部门投资，总规模可扩大至 37.4 万亿日元，将进一步拉动日本经济保持稳定增长。

新兴经济体中，中国和印度经济增速有所放缓，但仍维持在健康水平。其中，中国接连发布宏观调控政策，有望促进制造业、房地产等行业回温，推动经济良性增长。中国政府的经济增速目标在 5% 左右，IMF 预期更为保守，仅为 4.6%，较 2023 年放缓 0.6 个百分点。需要警惕的是，当前持续低迷的房地产市场或将继续对中国经济造成拖累，国内需求疲弱可能导致中国对外部需求的依赖性增加。在当前地缘政治冲突加剧的背景下，贸易冲突升级的可能性不能完全排除，为经济前景带来不确定性。2024 年是印度大选年，莫迪政府推出的经济刺激政策以及强劲的需求增长，带动商业活动以近 14 年来最快的速度扩张。标普数据显示，得益于制造业和服务业新订单的增加，2024 年 4 月印度综合 PMI 数据创 2010 年 6 月以来新高。IMF 预测，2024 年印度经济增速为 6.8%，尽管较 2023 年放缓 1 个百分点，但仍是全球经济增速最快的国家（见表 1）。

表 1　IMF 最新世界经济展望预测

国家/地区	经济增速（%）	
	2023 年	2024 年
中国	5.2	4.6
美国	2.5	2.7
欧元区	0.4	0.8
英国	0.1	0.5
日本	1.9	0.9

续表

国家/地区	经济增速（%）	
	2023 年	2024 年
印度	7.8	6.8
全球	3.2	3.2

资料来源：IMF，Unipec Research & Strategy（URS）。

（二）石油需求温和增长，但增速放缓

目前，对于2024年全球石油需求，主要机构的预期存在较大分歧。国际能源署预计，2024年全球石油需求同比增长121万桶/日，增量远低于2023年的225万桶/日。IEA认为，今年以来，OECD国家经济持续低迷，加之年初取暖季气温偏高，取暖需求受到抑制，对全年需求增量构成压力。相反，出于对中国、印度和美国需求的乐观预期，欧佩克坚持2024年全球需求增量高达225万桶/日，增量仅比2023年小幅下降31万桶/日，在主要机构中增量最大。全球最权威的两大机构在石油需求走势方面存在的分歧达到了16年来的最高水平。此外，美国能源信息署预计2024年全球需求增量为95万桶/日，属于主要机构和投行中预期较为悲观的一家，其他机构和投行诸如Energy Aspect、FGE、Rystad、Platts、高盛等，预计2024年全球需求增量在150万～170万桶/日（见图6）。

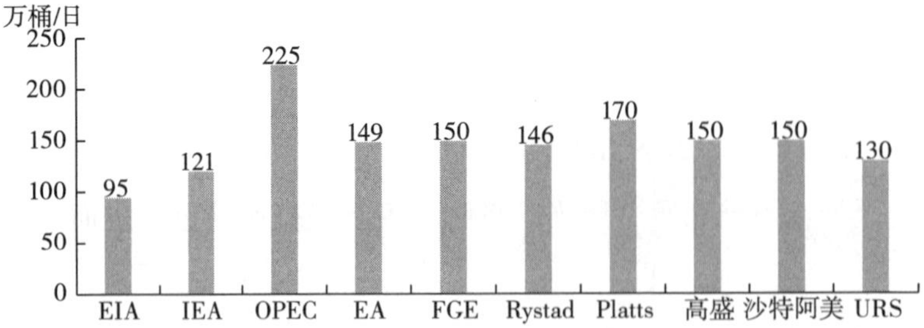

图6　各机构对2024年全球石油需求增量预测

资料来源：IEA、OPEC、EIA、EA、FGE、Rystad、Platts、高盛、Unipec Research & Strategy（URS）。

我们认为，2024年全球石油需求将继续温和增长，增量在130万桶/

日左右，虽然远低于2023年194万桶/日的增量水平（主要受前一年基数偏低的影响），但仍高于120万桶/日的近10年平均增幅水平。分阶段来看，2024年全球石油需求在前三季度呈逐季增长趋势，第四季度小幅回落。第一季度，全球主要国家经济表现较为低迷，美国炼厂春季检修提前，俄罗斯炼厂受乌克兰袭击大规模停产，加之暖冬抑制取暖消费，全球需求处于全年最低点。第二季度，炼厂春季检修陆续结束并恢复生产，美国存在补库需求，全球石油需求稳步增长。第三季度，北半球进入传统驾驶旺季，中东地区发电用油需求也处于高峰期，全球石油需求将出现快速增长并达到年内峰值。第四季度，北半球处于由驾驶季向取暖季过渡的淡季，预计全球需求小幅回落（见图7）。

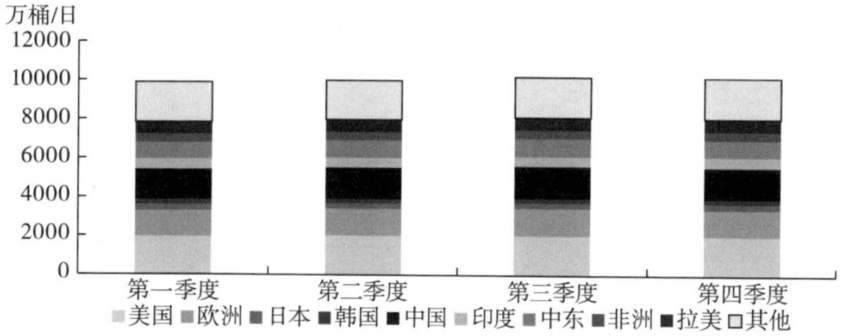

图7 2024年分国家石油需求预测

资料来源：IEA，EIA，EA，Unipec Research & Strategy（URS）。

从OECD国家来看，美欧高通胀压力仍是需求增长的绊脚石。2024年4月，美国零售汽油价格为3.7美元/加仑，已较年初上涨17%，正逐步接近4美元/加仑红线。2024年是美国大选年，随着选期临近，拜登政府控油价决心强烈，不排除通过释放战略储备等方式打压油价，进而助推需求增长。预计，2024年美国石油需求将保持温和增长，增量在10万桶/日左右。除美国以外，OECD其他主要消费国需求则继续呈小幅下降趋势，欧洲、日本和韩国石油需求因能源替代和经济低迷等影响分别同比下降3万桶/日、5万桶/日和1万桶/日，但降幅均比2023年有所收窄。

从非OECD国家来看，2024年是真正意义上的后新冠疫情开启之年，新冠疫情对经济和石油需求的影响彻底消除，东半球仍然是需求增长中心。其中，中国石油需求将受到服务业和制造业活动的复苏、国际航线的逐步恢复以及山东裕龙岛炼化一体化项目和镇海石化二期扩建项目投产的影响。但不可忽视的是，4 月上半月，中国新能源汽车渗透率已超 50%，中国汽油和柴油需求面临达峰或即将达峰的严峻挑战。印度在 2023 年已超越我国成为世界上人口最多的国家，IMF 预计，2025 年印度 GDP 将超过日本，成为全球第四大经济体。庞大的人口规模和持续快速增长的经济推动印度石油需求稳步攀升。2024 年是印度大选年，莫迪政府为助选自 3 月在全国范围内下调汽柴油和 LPG 零售价格，对成品油需求构成有力支撑。2024 年，中国和印度石油需求有望分别同比增加 66 万桶/日和 25 万桶/日，占全球石油需求增量的 70%。此外，中东石油需求也将在交通和化工需求的推动下增加约 7 万桶/日。值得一提的是，非洲石油需求也出现明显增长，主要来自尼日利亚丹格特炼厂投产。该炼厂是非洲地区近年来唯一的新建炼厂，也是世界最大的单体炼厂，炼油能力达 65 万桶/日。该炼厂已于 2024 年 1 月投料试车，并在 4 月初开始向国内市场供应柴油，并有望于 2024 年底满负荷运营。预计，丹格特炼厂投产将带动非洲地区石油需求增长 20 万桶/日左右。

（三）2024 年汽油和航煤需求将贡献主要增量

2024 年，全球汽油和航煤需求仍将保持增长态势，但随着新能源汽车的渗透率不断提高，加之受道路交通已恢复至新冠疫情前的正常水平，航空出行恢复空间有限等因素影响，汽油和航煤需求增速有所放缓。此外，宏观经济承压，西方国家高通胀压力犹存，央行一再推迟降息，均对经济增长构成压力，对柴油消费构成影响。具体来看：

汽油方面，全球汽油需求有望继续增加，但电动车销量快速增长，且能源效率提升，对汽油需求构成抑制。预计，2024 年全球汽油需求约为 2740 万桶/日，同比增加 24 万桶/日，增幅接近 1 个百分点。中国汽油需求不断增长，但电动车和高铁快速发展，对石油需求的替代不断增加，汽油需求增速放缓；预计 2024 年中国汽油需求为 392 万桶/日，同比增加 14 万桶/日，增幅约为 3.6 个百分点。2024 年初美国汽油需求小幅下滑，劳动力市场略有降温，汽油价格上涨，导致汽油消费有所承压，预计 2024 年美国汽油需求同比下降 5 万桶/日至 890 万桶/日。欧洲汽油需求同比将基本持平，维持在 220 万桶/日左右。

柴油方面，宏观经济承压，柴油消费受到影响。预计 2024 年全球柴油需求约 2860 万桶/日，同比增加 16 万桶/日，增幅仅有 0.6 个百分点。受房地产拖累影响，预计 2024 年中国柴油需求为 410 万桶/日，同比基本持平，结束此前多年的连续增长。美国柴油消费同比基本持平。印度国内经济活动强劲，柴油需求有望同比增加 15 万桶/日。

航煤方面，2022—2023 年同比增量在 100 万桶/日左右，贡献全球石油需求增量的一半。随着国际航班数量稳步增加，2024 年航煤需求有望进一步复苏，但 2023 年下半年以来，航煤需求增速放缓，2024 年航煤需求同比增量在 25 万桶/日左右。预计 2024 年全球航煤需求为 745 万桶/日，同比增幅为 3%，仍不及 2019 年 791 万桶/日的水平。航空出行趋于稳定，且 2019 年以来新飞机投运后，燃油效率提升，抑制了航煤需求。分国家看，中国航煤需求预计为 85 万桶/日，同比增加 10 万桶/日，涨幅约为 13%，基本与新冠疫情前持平。美国航班数量趋于稳定，航煤需求预计同比小幅增加 5 万桶/日左右。

此外，石脑油、LPG 和乙烷需求将贡献近一半总体石油需求增量。美国乙烷作为化工原料，需求维持强劲增长。中国 LPG、乙烷和石脑油将占总需求增幅的 40% 以上。中东化工需求有望增加。但欧洲化工需求降至近几十年低点，LPG 和石脑油需求承压。

总体而言，2024 年，全球经济仍面临结构性、周期性挑战，美国通胀黏性强度远超预期，这令美联储货币政策具有较大不确定性，我国经济也面临需求不足和外部环境复杂多变等因素影响。2024 年是真正意义上的后新冠疫情开启之年，新冠疫情对经济和石油需求的影响彻底消除，预计全球石油需求或将继续温和增长，但增速远低于2023年。其中，东半球仍是石油需求增长中心，中国和印度的石油需求增量对全球石油需求增长的贡献达到70%，中东和非洲也呈稳步增长趋势，而除美国以外的OECD国家仍将维持需求下降的趋势。分品种来看，在新能源汽车渗透率快速提升的背景下，全球汽油和柴油需求面临达峰或即将达峰的严峻挑战，航煤需求仍存在一定增长空间，但随着新冠疫情管控级别降低，国际航班逐渐恢复正常水平，航煤需求增长空间也将逐步缩小。

参考文献

[1] International Monetary Fund. World Economic Outlook Update：Gloomy and More Uncertain [R]. Washington DC：IMF，2024.

[2] International Energy Agency. Oil Market Report [R]. Paris：IEA，2023.

[3] US Energy Information Administration. Short – Term Energy Outlook [R]. 2023.

[4] Rystad Energy. Oil Market Weekly Report [R]. 2023.

[5] International Energy Agency. Oil Market Report [R]. Paris：IEA，2024.

世界炼油业发展现状与展望

高瑞明　杨　伊　周　维[①]

摘　要　2023 年，全球基本摆脱新冠疫情影响，经济形势逐步好转，石油需求回升。全球炼油业加快复苏，迎来新一轮炼油能力增长期。全球主要炼油中心加工收益高位回落，但仍维持健康水平。2024 年，欧美主要经济体高通胀压力缓解、美联储货币政策相对宽松，全球宏观环境总体好于 2023 年，石油需求有望继续增长，推动全球炼油能力继续增长。但在持续高利率、美国通胀反复以及地缘冲突加剧的形势下，全球经济增长动能不足，不确定性增加，导致炼油毛利小幅回落。从中长期来看，随着全球向清洁能源转型加速，加上电动汽车广泛应用、能源效率不断提高以及新技术的发展，未来全球石油需求或逐步达峰。受此影响，未来全球炼油能力增速将有所放缓，炼油业重心持续东移。

关键词　炼油行业；炼油能力；加工收益

---

①　高瑞明，硕士，中国国际石油化工联合有限责任公司市场战略部业务经理，主要研究方向为国际石油市场和油价走势；杨伊，硕士，中国国际石油化工联合有限责任公司市场战略部业务员，主要研究方向为国际石油市场和油价走势；周维，学士，中国国际石油联合有限责任公司市场战略部业务经理。

一、2023 年全球炼油业加快复苏，炼油能力继续增长

（一）全球迎来新一轮炼油能力增长期

2023 年，受新冠疫情影响的世界经济逐渐复苏，炼油毛利保持健康，世界各地炼厂平稳运行，全球炼油能力在 2020—2021 年连续两年下降后，从 2022 年开始重回增长趋势，2023 年全球炼油能力同比增加 140 万桶/日至 10330 万桶/日（见图 1）。与此同时，随着欧美加快绿色转型，其炼油能力总体收缩，全球炼油业重心加速东移。

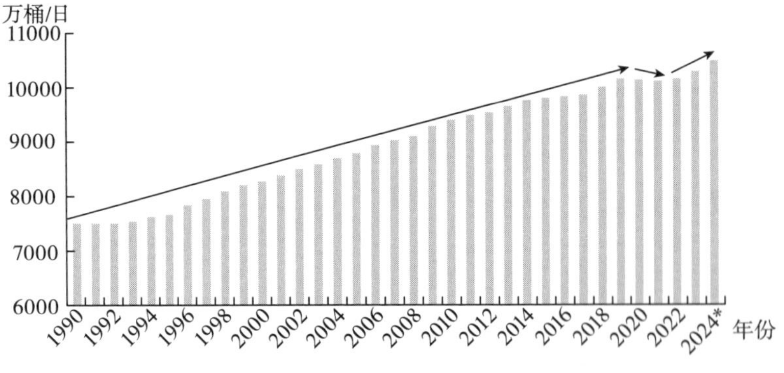

图 1　1990—2024 年全球炼油能力

资料来源：《BP 世界能源统计年鉴 2023》，EA，Unipec Research & Strategy（URS）。

1. 绝大多数项目按时投产，新增日产能超百万桶

2023 年，全球主要新建、扩能及重启项目合计炼油能力 136 万桶/日，新增炼油能力主要来自中东与亚洲地区，其中规模较大的新建炼厂为阿曼

Duqm炼厂，炼油能力 23 万桶/日；同时，继 2022 年 11 月进入商业运营后，科威特 Al - zour 炼厂其余两套常减压装置也相继在 2023 年第二季度和第三季度投产，这两套装置炼油能力共计 41 万桶/日。此外，部分项目推迟至 2024 年投产，其中包括炼油能力为 40 万桶/日的中国山东裕龙岛炼化一体化项目，炼油能力为 20.3 万桶/日的印度 HPCL 旗下 Barmer 炼厂，以及炼油能力为 34 万桶/日的墨西哥 Pemex 旗下 Olmeca 炼厂，预计将为全球炼油能力带来持续增长。2023 年全球主要新增和扩能炼油项目如表 1 所示。

表 1　2023 年全球主要新增和扩能炼油项目

国家	炼厂/项目	新建/扩能	投产时间
中国	河北鑫海石化	新建 17.2 万桶/日	2023 年 8 月
阿曼	Duqm 炼厂	新建 23 万桶/日	2023 年 11 月
伊拉克	Karbala 炼厂	新建 14 万桶/日	2023 年 4 月
科威特	Al - zour 炼厂	新建 41 万桶/日	2023 年 7 月
美国	Beaumont 炼厂	扩能 25 万桶/日	2023 年 3 月
合计		120.2 万桶/日	

资料来源：Unipec Research & Strategy（URS），FGE，路透社，普氏能源资讯。

河北鑫海石化隶属于河北鑫海化工集团有限公司，为我国地方民营炼厂，其新建的炼油能力 17.2 万桶/日的常减压装置于 2023 年 8 月正式投产。

阿曼 Duqm 炼厂由沙特 SABIC 石化公司、阿曼 OQ 集团和科威特石油国际公司三方联合投资建设，占地 900 公顷。该炼厂于 2023 年 9 月完成启动工作，并出口了第一批柴油，11 月开始进行正式初步投产，预计于 2024 年完成全面投产，原油一次加工能力为 23 万桶/日，产品主要销往海外。

伊拉克 Karbala 炼厂是伊拉克数十年来首座新建炼油厂，最初计划于 2018 年投产，由于伊拉克政府面临财政压力，该项目一度被推迟，最终于 2023 年 4 月正式投产，9 月达到满负荷运营，炼油能力为 14 万桶/日。

科威特 Al - zour 炼厂是科威特综合石油工业公司（KIPIC）旗下全世

界最大的炼油厂之一，由三个原油蒸馏装置组成，每个装置的产能为 20.5 万桶/日，自 2022 年 11 月开始商业运营，于 2023 年相继启动第二阶段与第三阶段炼油装置，目前已达到 61.5 万桶/日的满负荷生产。

美国 Beaumont 炼厂隶属于埃克森美孚公司，于 2023 年 3 月底完成 25 万桶/日的扩能项目，新装置主要加工来自二叠纪盆地的页岩油原油，新增产量使其总加工能力增至 63 万桶/日，成为美国第二大炼油厂。

此外，还有一些炼油厂在经历了长期关闭后于 2023 年重新启动，其中包括 2018 年因爆炸而关闭的炼油能力 4.8 万桶/日的美国 Cenovus 炼油厂，以及于 2020 年因新冠疫情关闭的炼油能力 11 万桶/日的南非 Cape Town 炼油厂。

2. 炼厂关闭浪潮退去，关停炼油能力显著下降

2023 年以来，炼厂关停的浪潮似乎随着疫情的结束而消退，2020—2022 年全球关停具有超过 300 万桶/日炼油能力的炼厂，2023 年关停炼厂数量较前两年明显减少，但绿色燃料市场与生物燃料这一新兴领域的冲击，叠加轻中质馏分油需求增长趋缓，迫使效益差的炼厂关闭，其中规模较大的为日本 ENEOS 公司旗下炼油能力为 12 万桶/日的 Wakayama 炼厂。

为实施绿色增长战略，日本致力于提高清洁能源份额，并推动交通部门电气化。然而人口老龄化等问题对石油需求产生重大影响，进而导致炼油能力下降。2023 年 10 月，日本 ENEOS 公司关闭 Wakayama 炼厂。除此之外，该公司分别于 2020 年和 2022 年关闭炼油能力为 11.5 万桶/日的 Osaka炼厂和 12 万桶/日的 Negishi 炼厂。截至 2023 年底，该公司总炼油能力已降至 144 万桶/日，约占日本总炼油能力的一半。由于炼油效益低下和当地政府改善环境需求，美国 Phillips 66 公司于 2023 年 1 月关闭位于加利福尼亚州的 Santa Maria 炼厂，其炼油能力为 4.6 万桶/日。由于全球产品供应过剩和需求低迷，炼油利润率低，南非 Engen 公司陷入财务困境，于 2023 年 6 月关闭其炼油能力为 12.5 万桶/日的 Durban 炼厂，并将其改造为石油存储终端（见表 2）。

表 2　2023 年全球炼厂关停情况

国家	公司	炼厂/项目	炼油能力
日本	ENEOS	Wakayama 炼厂	12 万桶/日
美国	Phillips 66	Santa Maria 炼厂	4.6 万桶/日
南非	Engen	Durban 炼厂	12.5 万桶/日
合计			29.1 万桶/日

资料来源：Unipec Research & Strategy（URS），FGE，路透社，普氏能源资讯。

（二）亚太和中东带动全球原油加工量继续增长

2023 年，全球基本摆脱新冠疫情影响，经济形势逐步好转，石油需求显著回升。据国际能源署统计，2023 年全球石油消费量重回 1 亿桶/日水平，同比增长 2.3%，带动全球原油加工量持续增加，并超过新冠疫情前水平。根据咨询机构 Energy Aspects 数据，2023 年全球炼厂加工量同比增长 165 万桶/日，增长 2.1%，达到 8206 万桶/日，较新冠疫情前水平高 10 万桶/日（见图 2）。其中，欧洲炼厂装置复杂程度低，炼油经济性不佳，欧洲炼厂原油加工量延续下降态势，导致以欧美为首的 OECD 国家原油加工量同比微幅下降 0.8%；非 OECD 国家同比增长 4.4%，增量主要来自中国、印度和中东。我国原油加工量攀升至近 1470 万桶/日，同比增长 9.3%，创历史最高水平。同期，在大型炼油项目相继投产的带动下，中

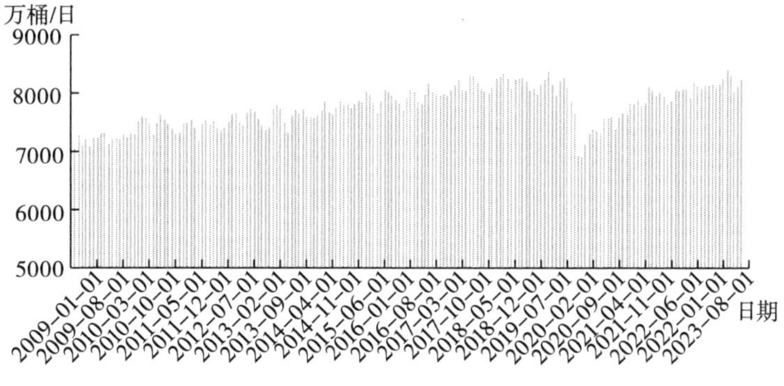

图 2　2009—2023 年全球原油加工量

资料来源：EA，Unipec Research & Strategy（URS）。

东原油加工量同比增长 3.2%。与此同时，全球炼厂开工率从 2022 年的 78.6%上升至 80%。OECD 国家炼厂开工率出现不同程度下降，亚太和中东地区的炼厂开工率则出现较大幅度上升。

（三）全球主要炼油中心加工收益高位回落，但仍维持在健康水平

2023 年是后疫情时代全球全面回归常态化的第一年，全球经济复苏，但在欧美持续加息引发银行业危机，以及美国债务上限危机等多重因素的共同影响下，全球石油需求复苏不及预期，三地炼油中心炼油毛利整体下滑，但炼油毛利仍好于过去 5 年平均水平。与此同时，全球能源格局持续深刻调整，地缘冲突引发的能源供应端扰动频发，叠加下半年沙特延长自愿减产、俄罗斯削减出口导致基本面持续抽紧，国际油价在中高位水平宽幅波动。受此影响，全球三大炼油中心炼油毛利保持宽幅波动格局，全年呈“M”形走势。

2023 年美湾地区炼油毛利平均为 24.80 美元/桶，同比低 4.82 美元/桶；鹿特丹地区平均为 13.33 美元/桶，同比低 2.7 美元/桶；新加坡地区平均为 6.84 美元/桶，同比低 3.9 美元/桶。具体来看，年初欧盟对俄成品油出口制裁落地、美国暴风雪限制炼厂开工等因素导致油品供应收紧，叠加新冠疫情后初期石油需求快速释放，三地炼油毛利在 2023 年 1 月底快速攀升至年内高位，其中美湾地区炼油毛利涨幅最大，较年初水平上涨约 10 美元/桶。第二季度，随着成本端原油价格上涨，欧美银行危机导致全球经济增长疲软，叠加石油需求无明显改善，三地炼油中心毛利显著回落至低位，其中，鹿特丹和新加坡地区跌势最为显著，分别一度下滑在 3.5 美元/桶和 1 美元/桶以下，较年初高点分别大幅下降约 20 美元/桶、13 美元/桶。第三季度，驾驶季高峰期，极端高温天气导致欧美炼厂装置故障频发，叠加全球成品油库存低位运行，导致汽柴油等油品价格飙升，三地炼油毛利快速回升，2023 年 8 月底美湾地区炼油毛利再次回升至 38 美

元/桶，接近年内高位；鹿特丹地区攀升至2022年10月中下旬以来的最高水平，至27美元/桶；新加坡地区也攀升至2022年7月初以来的高位，至15.4美元/桶。第四季度，俄罗斯放松柴油出口禁令，叠加秋季炼厂检修季逐步接近尾声，全球成品油供应紧张格局有望改善。受此影响，三地炼油毛利大幅下挫，较年内8月高点下降55%～60%（见图3、图4）。

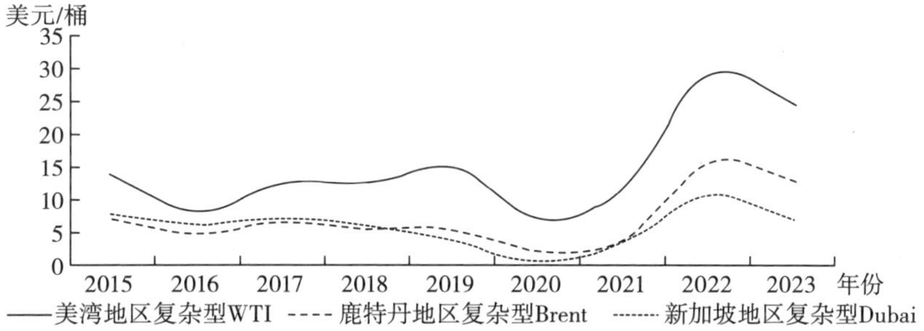

图3 2015—2023年三大炼油中心年加工收益

资料来源：路透社，Unipec Research & Strategy（URS）。

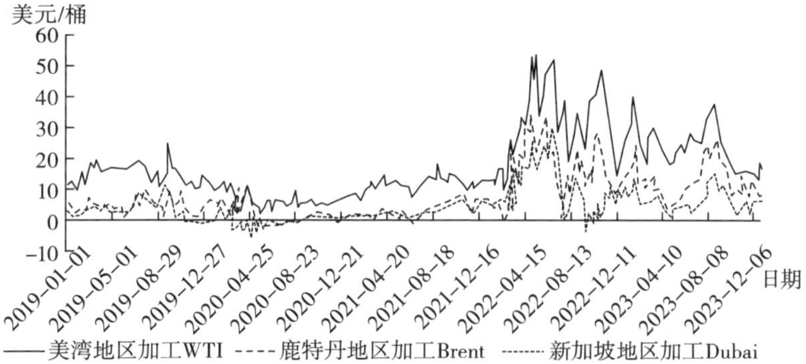

图4 2019—2023年三大炼油中心每日加工收益

资料来源：路透社，Unipec Research & Strategy（URS）。

（四）主要油品裂解价差小幅回落

2023年以来，受新冠疫情影响的全球经济逐步复苏，但受美欧央行持续大幅加息的影响，叠加高通胀压力，宏观下行风险再度显现，经济增长动能不足，需求不及预期，在此背景下，主要油品裂解价差小幅回落。一方面，2023年全球油品需求在经历2022年的强劲反弹后，增速回归平稳；

另一方面，炼油能力迎来新一轮的持续扩张期，成品油库存较前两年的最低点有所回升，使得全球成品油市场呈现供大于求的局面，进一步令全球油品裂解价差承压，但降幅有限。分油品看，汽油和石脑油表现疲软，柴油和航煤表现强劲。

汽油方面，2023 年全球道路出行情况持续恢复，但与此同时，作为全球能源转型的重要环节之一，新能源汽车销量屡创同期历史新高，对汽油需求造成一定冲击。受此影响，2023 年汽油裂解价差走势与 2022 年有相似之处，但整体低于 2022 年平均水平，最高点仅为 2022 年最高水平的 60% 左右。同时，与 2022 年相似，2023 年汽油裂解价差走势主要表现为先扬后抑态势，第一、第二季度保持中高位波动，第三季度震荡下跌，第四季度开始回升，并以增长态势进入 2024 年。分地区看，2023 年新加坡汽油裂解价差平均为 11.94 美元/桶，较 2022 年下跌 2.66 美元/桶，相较之下降幅最大，超过 18%；同期，2023 年鹿特丹汽油裂解价差平均为 20.35 美元/桶，较 2022 年下跌 1.02 美元/桶；2023 年美湾 RBOB 汽油裂解价差平均为 27.31 美元/桶，较 2022 年下跌 1.69 美元/桶（见图 5）。

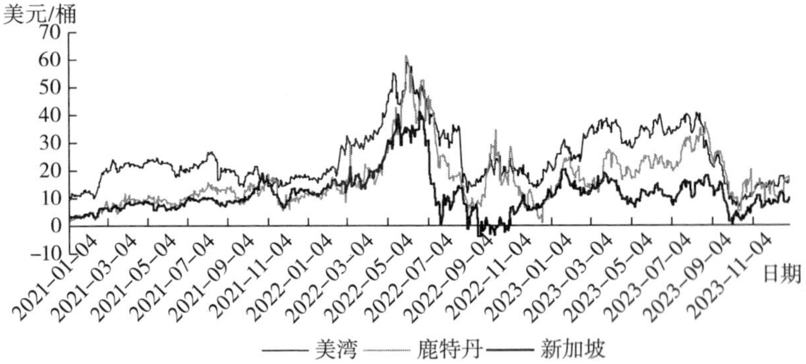

图 5　2021—2023 年新加坡、鹿特丹、美湾汽油裂解价差

资料来源：路透社，Unipec Research & Strategy（URS）。

柴油方面，2023 年以来，欧美地区制造业始终难有起色，制造业 PMI 持续位于收缩区间，欧洲过去两年前所未有的加息速度进一步抑制了其本已停滞的工业发展。非 OECD 国家方面，印度制造业 PMI 表现良好，中国制造业 PMI 则是在荣枯线附近上下徘徊。受此影响，全球柴油裂解价差呈现旺季不旺、淡季更弱的特点。2023 年，新加坡柴油裂解价差平均为 24.32 美元/桶，较 2022 年下跌 14.48 美元/桶；2023 年，鹿特丹柴油裂解价差平均为 25.17 美元/桶，较 2022 年下跌 11.56 美元/桶；2023 年，美湾柴油裂解价差平均为 39.91 美元/桶，较 2022 年下跌 12.20 美元/桶，为 2022 年六成左右水平（见图 6）。

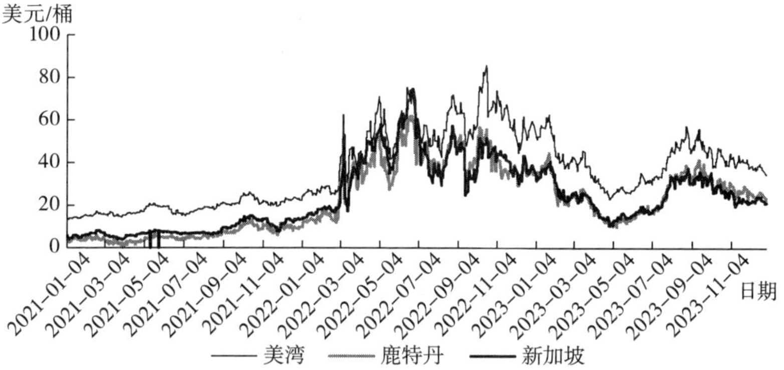

图 6　2021—2023 年新加坡、鹿特丹、美湾柴油裂解价差

资料来源：路透社，Unipec Research & Strategy（URS）。

航煤方面，根据国际航协发布的数据，2023 年全球航空客运总量同比增长 36.9%，恢复至 2019 年水平的 94.1%，为后续恢复常态化增长奠定了基础。其中，亚太航空公司国际客运量增长最为强劲，促使亚洲炼油商加大航煤的生产力度，航煤供应也相应增加。2023 年，新加坡航煤裂解价差平均为 22.48 美元/桶，较 2022 年下跌 8.03 美元/桶。具体来看，在 2023 年初刚走出新冠疫情困境时，民众出游需求激增，航煤裂解价差维持在 30 美元/桶以上的较高水平，但随着全球航煤供应变宽松，航煤裂解价差有所回落，尤其在第二季度需求淡季时，航煤裂解价差一度跌破 15 美元/桶，下半年在旅游旺季的提振下，航煤裂解价差有所反弹。

船用燃料油方面，2023 年，由于贸易活动有所回升，航运市场对高硫船用燃料油的需求明显增长，叠加新加坡高硫燃料油库存低位运行，裂解价差总体持稳，而低硫燃料油市场则有所回落，自国际海事组织（IMO）新规发布以来，低硫燃料油裂解价差曾在 2022 年 6 月、7 月攀升至历史高点，最高达 50.59 美元/桶，此后迅速回落至正常水平，2023 年整体在 5～20 美元/桶波动，新加坡低硫燃料油裂解价差全年平均为 11.55 美元/桶，同比下降近 50%（见图 7）。

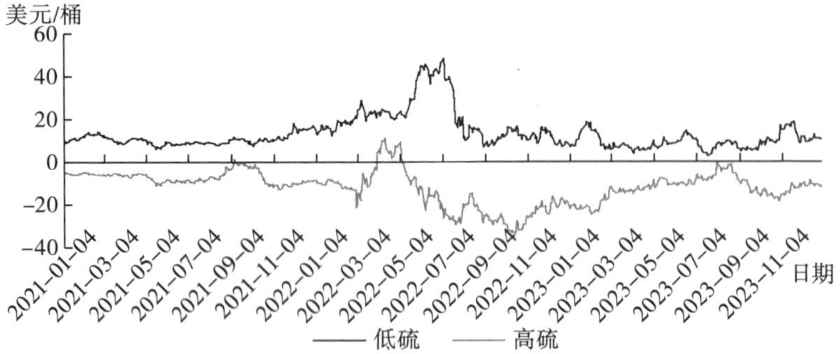

图 7　2021—2023 年新加坡高硫、低硫燃料油裂解价差

资料来源：路透社，Unipec Research & Strategy（URS）。

值得一提的是，自 2023 年 10 月巴以冲突爆发以来，也门胡塞武装扩大打击范围，11 月起多次袭击红海及附近水域目标，令海运市场和石油贸易面临重大危机，除了导致船只绕行、运费飙升以外，石脑油供应也受到严重影响，亚洲地区的石脑油价格近期创下近两年来新高，其裂解价差也在年底实现跳涨。2023 年 12 月，日本到岸石脑油裂解价差平均为 −3.37 美元/桶，较前 11 个月平均水平上涨 7.21 美元/桶，涨幅达 68%。

二、2024 年全球炼油业展望

（一）全球炼油能力继续增长

1. 多个大型项目投产，集中在中国和尼日利亚

结合咨询机构普氏、FGE 和 EA 测算，2024 年全球新增炼油能力为 182 万桶/日，同比增加 46 万桶/日，新增炼油能力主要来自亚太和西非地

区。其中，亚太地区新增炼油能力 70 万桶/日，占全球新增炼油能力的 38.5%，主要为山东裕龙岛炼化一体化项目（40 万桶/日）和镇海石化二期扩建项目（22 万桶/日）；西非地区新增炼油能力 65 万桶/日，全部来自尼日利亚 Dangote 炼厂，占全球新增炼油能力的 35.7%（见表 3）。

表 3　2024 年全球新增和扩能炼油项目

国家	公司	炼厂/项目	投产时间	炼油能力
中国	裕龙石化	裕龙岛炼化一体化项目一期	2024 年 9 月底或 10 月	新建 40 万桶/日
	中国石化	镇海石化二期扩建项目	2024 年底	扩能 22 万桶/日
尼日利亚	Dangote Industries	Dangote 炼厂	2024 年第二季度	新建 65 万桶/日
伊拉克	North Refinery	Baiji North 炼厂	2024 年 3 月	重新恢复 15 万桶/日
印度	HPCL	Barmer 炼厂	2024 年第四季度末	新建 18 万桶/日
		Visakhapatnam 炼厂	2024 年底	扩能 8 万桶/日
印度尼西亚	PT Pertamina	Balikpapan 炼厂	2024 年第四季度	扩能 10 万桶/日
阿联酋	Ecomar	Ecomar 炼厂	2024 年第四季度末	扩能 4 万桶/日
合计				182 万桶/日

资料来源：Unipec Research & Strategy（URS），FGE，路透社，普氏能源资讯。

山东裕龙岛炼化一体化项目一期炼油能力为 40 万桶/日，目前该项目建设已至收尾阶段，2024 年已获得原油配额 830 万吨，有望最快于 9 月底或 10 月投产。2024 年 3 月底，该项目已开始采购原油共计 350 万桶（包括 200 万桶阿曼原油和 20 万吨俄罗斯 ESPO 原油），用作储罐和管线垫底油；其配套建设的从烟台港西港区内罐区至龙口裕龙岛岛外罐区的原油管道（年输送量 2000 万吨）已于 4 月底建成。

镇海石化二期扩建项目炼油能力为 22 万桶/日，有望于 2024 年底投产，届时镇海石化炼油能力将达 76 万桶/日。

尼日利亚 Dangote 炼厂炼油能力为 65 万桶/日，是世界上最大的单体炼厂，计划生产柴油 21.5 万桶/日（出口 13 万桶/日）、航煤 5 万桶/日（出口 3.5 万桶/日）、汽油 30 万桶/日，并且所产油品都符合欧Ⅴ标准。该炼厂已于 2024 年 1 月投料试车，并在 4 月初开始向国内市场供应柴油。

机构预计该炼厂有望在2024年底满负荷运营，届时不仅能满足该国燃油需求，而且有望向欧洲出口柴油，向拉美和非洲出口汽油。

伊拉克 Baiji North **炼厂**炼油能力为15万桶/日，此前由于战争遭到严重破坏而被迫停产近10年。目前该炼厂已完成重建和修复，并于2024年3月重新投入运营。

印度 Barmer **炼厂**炼油能力为18万桶/日，预计2024年第四季度末开始投入运营，有望在2025年4—5月实现满负荷运营，届时印度的石化产品进口将有所减少。该炼厂尼尔森复杂系数将达到17.0，为印度装置复杂程度最高的炼化一体化项目。此外，该炼厂将生产符合欧Ⅵ标准的汽油和柴油，以及聚丙烯和聚乙烯等石化产品，石化产品产能预计240万吨/年。

印度尼西亚 Balikpapan **炼厂**扩建项目炼油能力为10万桶/日，升级改造后该炼厂炼油能力将由原来的26万桶/日提高至36万桶/日，有望成为印度尼西亚最大的炼厂，同时其尼尔森复杂系数将由原来的3.7提高至8.0，且所产油品均符合欧Ⅴ标准。目前，该项目仍处于升级改造中，预计5月初完工后开始启用，计划到2025年全面投入运营。

2. 全球炼厂关闭规模处于较低水平

随着新冠疫情后全球石油需求恢复，炼油毛利修复至健康水平，近两年全球炼厂关闭规模处于低位。同时，在能源转型加快的形势下，欧美炼油商被迫寻求新的生存出路，逐步关闭效益低下的炼油资产并将其转变为可再生燃料工厂。据统计，2024年共计32.3万桶/日的炼油能力计划关停（见表4）。

表4　2024年全球炼厂关停情况

国家	公司	炼厂/项目	炼油能力
日本	Idemitsu	Yamaguchi炼厂	12万桶/日
美国	Phillips 66	Rodeo炼厂	11.5万桶/日
意大利	Eni	Livorno炼厂	8.8万桶/日
合计			**32.3万桶/日**

资料来源：Unipec Research & Strategy（URS），FGE，路透社，普氏能源资讯。

日本出光兴产株式会社（Idemitsu）的 Yamaguchi 炼厂（炼油能力为 12 万桶/日）因石油需求减少和炼厂竞争力下降，于 2024 年 3 月关闭并被改造为石油码头和原油仓储，将逐步向绿色低碳转型。

美国 Phillips 66 公司于 2024 年 2 月关停位于加利福尼亚州的 Rodeo 炼厂（炼油能力为 11.5 万桶/日），并将其改造为可再生燃料工厂。该改造项目于 2024 年第一季度末投入运营，到 4 月初每天生产 3 万桶可再生柴油，预计到第二季度末全面达产，届时该工厂可再生燃料产量将超过 5 万桶/日，并开始生产 SAF（可持续航空燃料）调混燃料，将成全球最大可再生燃料工厂和可持续能源工厂。

意大利 Eni 公司计划于 2024 年关闭其位于里窝那的 Livorno 炼厂（炼油能力为 8.8 万桶/日），并将其改造为生物燃料工厂。目前该炼厂已停止进口原油，并关闭润滑油生产线和轻馏分蒸馏装置。

（二）炼油毛利有所回落，但保持健康水平

2024 年是新冠疫情后全面恢复常态化的第二年，全球经济延续恢复态势，但在持续高利率、美国通胀顽固以及地缘冲突加剧的形势下，经济增长动能不足，经济前景存在不确定性。IMF 预计 2024 年经济增速保持在 3.2% 左右。受此影响，全球需求增长有所放缓，预计 2024 年全球石油需求将同比增长 150 万桶/日左右。与此同时，由于地缘政治风险上升和“欧佩克+”维持减产，国际原油价格中高位运行挤压炼油利润。此外，中国和尼日利亚等大型新增项目炼油能力释放，以及中东 2023 年新投产的阿祖尔、阿曼杜库姆等炼厂开工负荷不断提高，预计 2024 年全球原油加工量同比增加 100 万桶/日。鉴于上述因素，美国、欧洲、亚太全球三大炼油中心的炼油毛利将有所下降，但整体维持健康水平。此外，苏伊士以东的炼厂炼油毛利预计仍弱于苏伊士以西的炼厂，主要是由于苏伊士以东的炼厂炼油能力持续增长以及俄罗斯受欧美制裁影响油品主要流向亚太地区，亚太地区油品供应充裕，对新加坡地区炼油毛利构成一定压力。

与 2023 年相比，2024 年以来，全球三大炼油中心的炼油毛利波动幅度相对有限，1—4 月三地炼油毛利呈现先扬后抑态势。其中，美湾炼油毛利平均为 20.76 美元/桶，同比下降 7.1 美元/桶；鹿特丹炼油毛利平均为 10.54 美元/桶，同比下降 2.88 美元/桶；新加坡炼油毛利平均为 6.54 美元/桶，同比下降 0.74 美元/桶。4 月底，鹿特丹和新加坡地区的炼油毛利均降至年内低位，分别跌破 9 美元/桶和 4 美元/桶水平。

与此同时，红海冲突导致从俄罗斯到亚洲的石脑油船货到货时间延长，叠加俄罗斯炼厂受乌克兰无人机袭击，亚太地区石脑油供应收紧，在 2023 年 12 月至 2024 年 3 月对新加坡石脑油裂解价差构成较强支撑。其间，日本到岸石脑油裂解价差一度由 −10 美元/桶以下水平快速上涨至 −2 ~ −1 美元/桶，平均炼油毛利为 −4.62 美元/桶，较 2023 年平均水平提高 5.38 美元/桶。此外，4 月以来，受中质馏分油供应充足，需求增长缓慢，全球高频中质馏分油库存高于全年同期的影响，三大炼油中心柴油、航煤裂解价差大幅回落至年初一半水平。4 月底，新加坡柴油和航煤裂解价差分别为 12.61 美元/桶和 10.30 美元/桶，分别较年初水平下跌 9.87 美元/桶和 12.22 美元/桶。

三、中长期炼油业展望

当前，随着新冠疫情后社会经济活动完全回归正常，全球经济持续复苏，但石油需求峰值逐步逼近，叠加俄乌冲突、红海危机和巴以冲突等一系列地缘事件频发，加剧供应风险，并挤压炼油利润空间。同时，在全球炼油能力持续过剩以及降低碳排放压力等因素的影响下，炼油业整体景气度有所下降，或倒逼部分国家降低炼厂加工负荷，炼油商将推迟炼油能力增长计划，甚至考虑关停炼厂并将其转型成生物燃料生产工厂。例如，部分欧美炼油商相继宣布 2025 年关停炼厂计划，具有 56 万桶/日炼油能力的炼厂面临关闭。

从中长期来看，随着全球向清洁能源转型加速，加上电动汽车广泛应用、能源效率不断提高以及新技术的发展，未来全球石油需求增速将逐步放缓。国际能源署中期报告预计，全球石油需求将在2028年达到峰值，随后进入稳中趋降的态势。尽管如此，在全球炼油能力增长势头不改，同时绿色转型加速迫使西方炼油能力增长停滞不前的背景下，未来全球新增炼油能力重心持续东移。分区域看，美欧炼油能力将逐步下降，对炼油领域的投资呈下滑态势，尤其是欧洲地区，在装置落后、新冠疫情冲击及严厉的碳减排政策的大背景下，炼厂面临永久关停或绿色转型，炼油能力萎缩态势难改。中东地区和亚太地区仍是全球炼油能力增长的“领头羊”。同时，值得关注的是，除印度外，中东和亚太地区尤其是中国增速或有所放缓。其中，中国方面，2023年10月底，中国政府发文明确，到2025年国内原油一次加工能力控制在10亿吨以内。在严控炼油能力的形势下，中国落后产能将持续面临淘汰，未来炼油能力增长有限。印度方面，如果所有新建项目能够按期投产，未来几年印度新增炼油项目将陆续投产，预计到2030年该国国内总炼油能力将增加100万桶/日左右。

参考文献

[1] FGE. Asia Pacific Databook 2: Refinery Configuration & Construction [R]. Singapore: FGE, 2023.

[2] FGE. Middle East Refining Outlook: An Update on Projects [R]. Singapore: FGE, 2023.

[3] 中国石油集团经济技术研究院.2023年国内外油气行业发展及2024年展望[R]. 北京:中石油经济技术研究院,2024.

全球原油贸易发展格局和新趋势

任 娜 方 焯 王冠华 赵 盈①

摘 要 近几年，全球原油贸易流向发生深刻调整，俄罗斯原油贸易深刻转变，亚太进口增加，欧洲进口减少；红海危机导致贸易流向逆转，过苏伊士运河贸易量大幅下降；美国原油出口创新高，加拿大新管线投产增加向亚洲出口经济性；委内瑞拉原油出口难见增长，圭亚那成为原油供应新贵；WTI Midland 纳入北海布伦特计价，欧洲进口美国原油显著增加；我国维持全球原油最大进口国地位，印度成为俄罗斯原油最大买家。总体来看，国际地缘政治局势进入动荡多发期，传统原油供需体系出现结构性改变，全球原油贸易流向发生深刻调整，为我国原油资源安全保供带来了机遇，也增加了挑战性。面对复杂严峻的国际贸易格局，全面构建多元化原油资源获取格局，实现全球原油资源优化配置，保障能源安全，仍是我国面临的重要课题。

关键词 原油贸易；地缘政治；欧佩克减产；红海危机

① 任娜，硕士，中国国际石油化工联合有限责任公司，主要研究方向为石油市场价格趋势、碳市场发展趋势；方焯，硕士，中国国际石油化工联合有限责任公司市场战略部业务员，主要研究方向为国际石油市场和天然气市场；王冠华，硕士，中国国际石油化工联合有限责任公司市场战略部业务副经理，主要研究方向为国际石油市场和油价走势；赵盈，硕士，中国国际石油化工联合有限责任公司业务副经理，主要研究方向为国际石油市场和油价走势、碳交易。

近两年，俄乌冲突和红海危机接替发生、美国 WTI Midland 纳入北海布伦特计价、加拿大 TMX 管线投产、尼日利亚 Dangote 炼厂投产等引发全球原油贸易流向大调整，欧洲进口俄罗斯原油锐减，非洲和美洲迅速挤占欧洲市场，俄罗斯原油由欧洲大规模转向亚太。此外，加拿大增加对亚洲的原油出口，全球原油贸易格局发生深刻调整。

一、独联体：欧美制裁导致俄罗斯原油贸易深刻转变

俄乌冲突以来，欧美对俄罗斯制裁逐步收紧，包括欧盟本土全面禁止进口俄罗斯原油、禁止向第三国提供与俄罗斯海运原油相关的保险和船运、设置俄罗斯原油 60 美元/桶的价格上限等，对俄罗斯原油出口贸易造成结构性影响。俄罗斯原油出口表现为出口总量基本持稳、出口重心东移、与印度买家合作加深三个新特点。

（一）原油出口总量基本持稳

俄乌冲突后，俄罗斯能源贸易收入的重要性越发凸显。通常来看，俄罗斯每年出口能源的收入大约在 2000 亿美元，能源出口总量占俄罗斯 GDP 的 27% 左右，能源出口收入占俄罗斯出口总收入的 57%。根据国际能源署测算，俄罗斯原油和石油产品出口收入 2023 年为 1800 亿美元左右，较俄乌冲突前的 2021 年小幅下降 3%，2024 年第一季度超过 150 亿美元，表示俄罗斯石油出口收入基本稳定。从原油出口总量来看，俄乌冲突后，俄罗斯海运原油出口增加基本抵消了管道原油出口的下降，2023 年俄罗斯原油出口量为 461 万桶/日，与俄乌冲突前基本持平。从出口方式来看，

2023 年俄罗斯海运原油出口量为 351 万桶/日，较俄乌冲突前增加 40 万桶/日（见图 1）；俄罗斯通过友谊管道向欧洲输送的原油出口量降至 30 万桶/日，通过南部管线流向斯洛伐克、捷克和匈牙利，通过北部管线向德国和波兰的出口全部停止，管道气出口大幅下降。

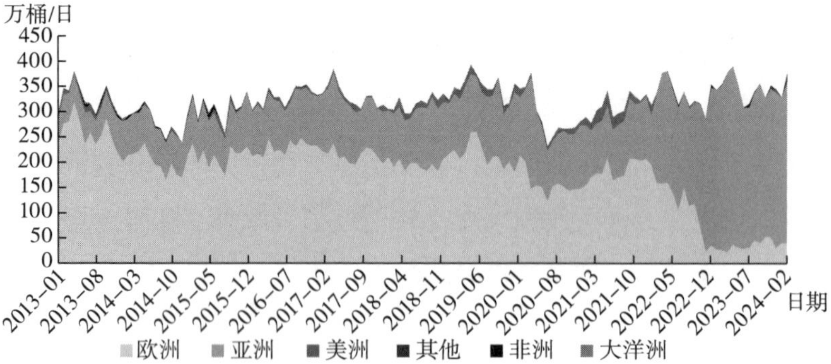

图 1　俄罗斯海运原油出口量变化

资料来源：Kpler，Unipec Research & Strategy（URS）。

（二）原油出口重心东移

从海运贸易流向来看，俄乌冲突爆发前，俄罗斯西部港口主力出口油种乌拉尔（Urals）原油主要流向欧洲，俄罗斯东部港口主力出口油种 ESPO混合油、索科尔原油和萨哈林混合油主要出口至中国、韩国和日本。俄乌冲突爆发后，欧美制裁迫使俄罗斯将乌拉尔原油、ESPO 混合油、索科尔原油和萨哈林混合油从出口欧洲转向出口中国、印度，整体呈现贸易重心东移的趋势。2023 年，俄罗斯向欧洲的海运原油出口量为 37 万桶/日，较 2021 年大幅减少 145 万桶/日，显示欧洲地区加速退出俄罗斯原油市场。与之相反，2023 年，俄罗斯对亚洲的原油出口量创下 312 万桶/日的新高，较 2021 年增长 200 万桶/日，完全弥补了俄罗斯原油在欧洲市场出口量的下降。分国家来看，中印两国合计占 2023 年俄罗斯原油总出口量的 86%。其中，2023 年，俄罗斯向印度出口原油 181 万桶/日（见图 2），同比大幅增长 93 万桶/日，是 2021 年原油出口量的 20 倍之多；向中国的原油出口量连续第二年上升，为 125 万桶/日，同比增长 28 万桶/日；因地理优势，土耳其进口俄油并向欧洲转卖自产油，2023 年，俄罗斯向土耳其的原油出口量达到 24 万桶/日，较 2021 年增加 12 万桶/日。

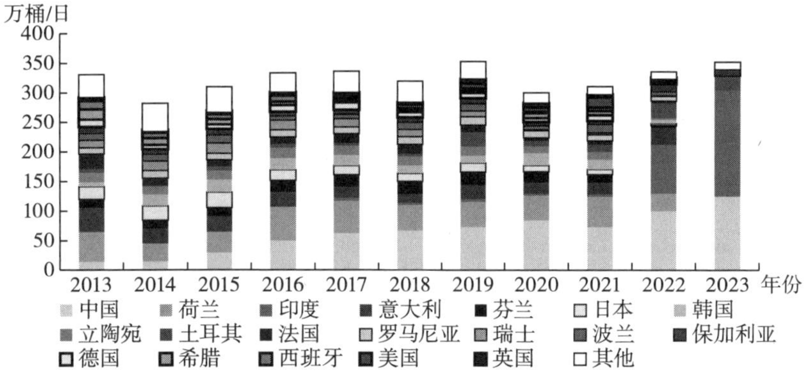

图 2　俄罗斯海运原油出口分国家流向

资料来源：Kpler，Unipec Research & Strategy（URS）。

（三）与印度买家合作加深

由于物流成本高，印度炼油企业过去并不常从俄罗斯购买石油。俄乌冲突以来，受欧美制裁影响，俄罗斯原油价格大幅下跌，乌拉尔原油价格较布伦特现货的贴水一度超过 -30 美元/桶，加工俄罗斯原油的经济性显著提升，吸引印度买家大量进口俄油。自俄乌冲突爆发以来，无论是国有的印度石油公司（IOC）、巴拉特石油公司（BPCL）、印度斯坦石油公司（HPCL）、印度石油天然气公司（ONGC），还是民营的信实集团（Reliance）、纳亚拉能源公司（Nayara Energy）等，都在俄罗斯原油采购大军之列。由于印度的成品油出口以民营炼油商为主，信实集团、纳亚拉能源公司等均通过进口低价俄罗斯原油，并借助强劲的成品油市场高价出口成品油，获得了巨额利润。据咨询机构 Kpler 统计，2023 年，IOC 和 RIL 分别进口俄罗斯原油 47 万桶/日和 42 万桶/日，同比分别增加 24 万桶/日和 16 万桶/日（见图 3），这两家公司的俄罗斯原油进口量占印度总原油进口量的 50% 左右，成为印度进口俄罗斯原油的前两大企业。印度进口俄罗斯原油以乌拉尔原油为主，2023 年该油种进口量为 123 万桶/日，占印度原油进口总量的 70%。

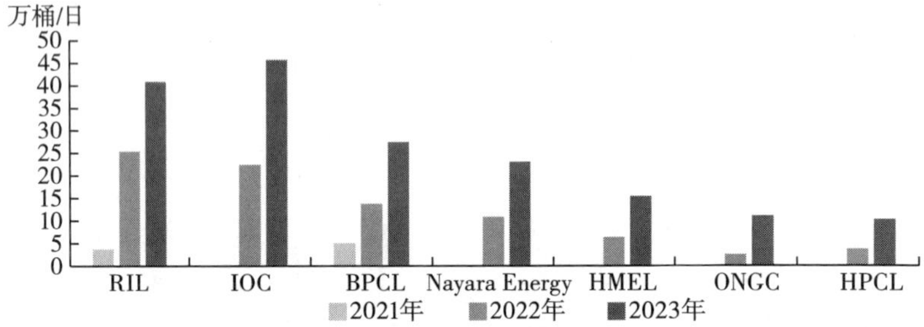

图 3　印度主要买家俄罗斯原油进口量

资料来源：Kpler，Unipec Research & Strategy（URS）。

二、中东：欧佩克减产政策抑制出口，红海危机导致贸易流向转变

中东地区主要由欧佩克国家构成，由于原油供应大于需求，该地区是全球最大的原油出口地，占全球原油出口总量的 70%。对于沙特等中东国家而言，石油收入是国家财政收入的主要来源，这些国家根据财政预算平衡测算出对应的原油价格，因此对油价的变化敏感性高。2016 年以来，欧佩克产油国限产保价，阿联酋、沙特、科威特新炼厂投产，叠加美国重启对伊朗制裁，中东地区原油出口总体呈下降趋势（见图 4）。

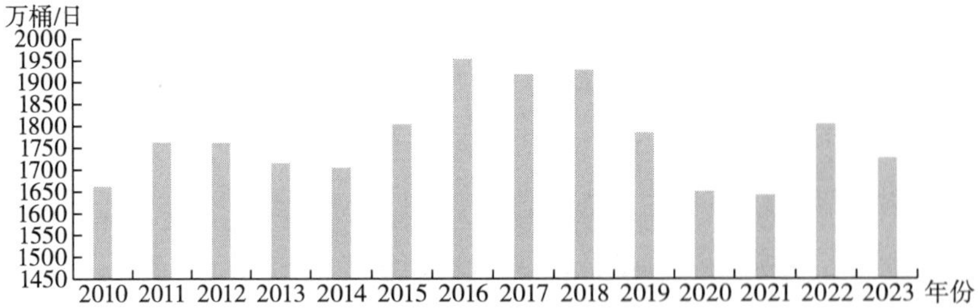

图 4　中东地区原油出口量

资料来源：Kpler，Vortexa，Unipec Research & Strategy（URS）。

（一）限产保价导致原油出口减少

根据船运机构 Vortexa 统计，2016 年以来，中东地区原油出口量平均为 1804 万桶/日，其中，沙特、伊拉克、阿联酋、科威特、伊朗占 91%。2023 年，中东地区原油出口量降至 1729 万桶/日，较本轮减产前（2016 年）减少 229 万桶/日，占全球贸易总量的 40%。分国家来看，自欧佩克开启本轮减产进程以来，无论是协议减产还是自愿减产，沙特基本执行到位，起到了良好的示范效应，原油出口较 2016 年减少 94 万桶/日；由于美国对伊朗实施新一轮制裁，伊朗原油出口受阻，原油出口量减少 94 万桶/日；科威特紧跟欧佩克整体步伐组织石油生产和销售，原油出口量减少 49 万桶/日；伊拉克受欧佩克减产协议约束，原油出口减少 27 万桶/日；阿联酋兼具增产能力和增产意愿，减产执行率并不高，原油出口增加 57 万桶/日（见图 5）。分出口流向来看，亚洲地区是中东地区的主要出口目的地，占中东地区原油出口总量的 86%；其他地区占比较小，其中欧洲地区占比约 9%。

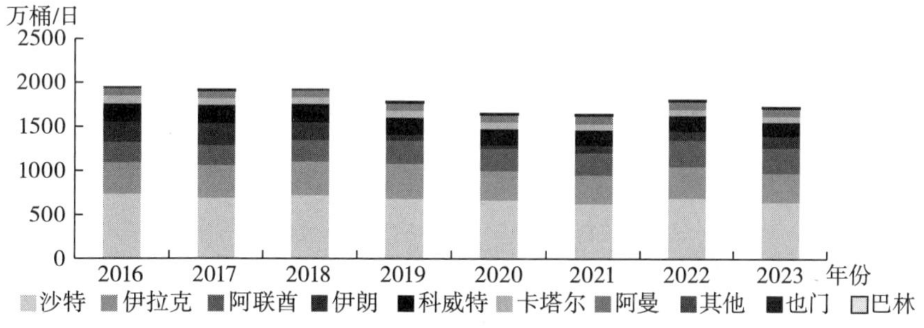

图 5 中东地区分国家原油出口量

资料来源：Kpler，Vortexa，Unipec Research & Strategy（URS）。

（二）红海危机导致贸易流向转变

自 2023 年 11 月以来，由于巴以冲突外溢，胡塞武装对红海船只发动袭击，对红海航线运输安全造成极大威胁，大量油轮选择避开曼德海峡，并从好望角绕行。与苏伊士航线相比，油轮绕行好望角将导致航程大幅增加，俄罗斯原油自黑海出口至印度的航程由22天左右增加至45天左右，中东原油、航煤、柴油出口至欧洲的航程由25天增加至42天左右，地中海地区石脑油出口至亚洲地区的航程由32天增加至50天左右，欧洲燃料油出口至亚洲地区的航程由40天增加至52天左右。据Vortexa统计，2024年第一季度过曼德海峡（苏伊士以东至西）的石油（原油+油品）运输量减少270万桶/日（见图6），过好望角的石油运输量增加200万桶/日，主要是沙特、伊拉克、阿联酋的石油贸易选择绕行好望角。从后市来看，由于巴以冲突仍未缓解，红海局势短期内很难有实质性改善。

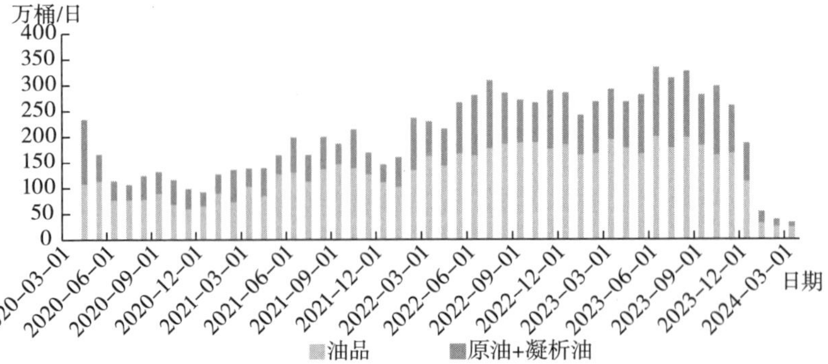

图6 过曼德海峡（苏伊士以东至西）石油贸易量

资料来源：Vortexa，Unipec Research & Strategy（URS）。

三、非洲：新增炼油产能逐步投产，原油出口或将下降

非洲大陆资源禀赋优异，探明石油储量超1230亿桶，西非和北非的利比亚、安哥拉、尼日利亚和阿尔及利亚单日原油产量均超百万桶，产量峰值时非洲曾贡献超全球原油供应10%的份额。然而，政局不稳始终是阻碍非洲原油产量增长的重要因素，政治、社会问题限制石油公司投资兴趣，原油开采遭遇重重阻碍，非洲原油产量遭遇断崖式下滑。2023年，非洲地区原油产量为670万桶/日，较峰值约1000万桶/日水平减少近1/3，市场影响力大幅减弱。

非洲整体原油出口量近年来维持在490万～530万桶/日水平，尼日利

亚、安哥拉、利比亚仍强势维持主要出口国地位，近 3 年平均出口量分别为 145 万桶/日、110 万桶/日、102 万桶/日（见图 7）。非洲一直是欧洲轻质和中质低硫原油的主要供应者，俄罗斯乌拉尔原油的缺位支撑 Dalian、Ceiba 等非洲酸油的出口，地缘动荡令非洲原油对挪威、意大利等欧洲国家的吸引力显著增强。在此背景下，非洲原油出口出现以下四点变化。

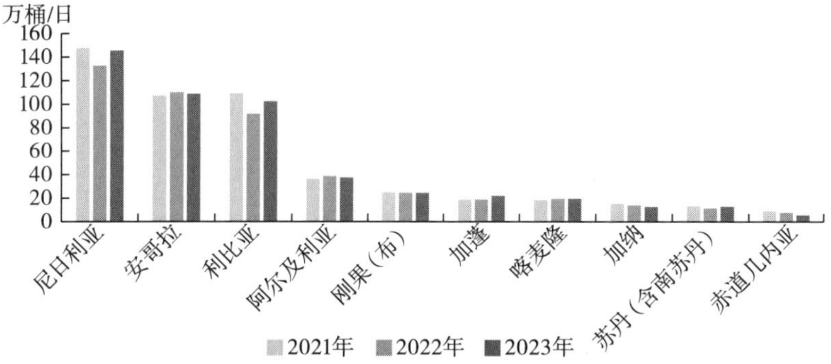

图 7　非洲分国家原油出口量

资料来源：Kpler，Unipec Research & Strategy（URS）。

一是欧盟对俄罗斯实施制裁和胡塞武装袭击红海商船引发全球原油贸易流向大洗牌，欧洲进口俄罗斯原油、中东原油锐减，非洲以其贴合欧洲炼厂需求的原油品质迅速挤占市场。二是非洲对亚太的原油出口量被挤压，尽管中国仍保持最大非洲原油出口目的国的地位，但 2022 年非洲对中国的原油出口同比减少 28 万桶/日至 101 万桶/日，对其他亚洲国家的出口量也明显减少。三是曼德海峡航行受阻后，沙特依赖可以不使用曼德海峡北向原油出口的优势，转而启用西海岸的延布港输送原油，并通过埃及出口至欧洲。四是非洲一直试图扭转成品油依赖进口的局面，2024 年尼日利亚炼油能力为 65 万桶/日，Dangote 炼厂逐渐提高开工率，尼日利亚开始进口美国原油并有望减少汽油进口。埃及计划在 2028 年将炼油能力提升至 142 万桶/日，安哥拉计划在 2030 年将炼油能力提升至 42 万桶/日，炼油加工需求增加将使得非洲原油出口下降，成品油进口缩减。

四、北美：美国出口创新高，加拿大管线投产

（一）美国原油出口量创新高

由于页岩油革命推动美国原油产量增长，2020 年，美国原油出口量达 318 万桶/日，成为原油和成品油净出口国；2023 年，美国原油出口量升至 406 万桶/日，同比增幅高达 13%，创历史新高。分流向来看，欧洲、亚太地区是美国原油出口的主要目的地，近两年，欧洲加大对美国原油进口以替代俄罗斯原油，2023 年，美国对欧洲原油出口量为 187 万桶/日（见图 8），约占美国原油出口总量的 45%，同比大幅上涨 25%，其中对荷兰、法国、西班牙的原油出口量增加最为明显。2023 年，美国对亚太地区的原油平均出口量为 170 万桶/日，约占美国原油出口总量的 42%，同比上涨 9%，其中对中国出口量同比增加近 1 倍，为 45 万桶/日，约占美国原油出口总量的 11%；对韩国出口量同比增加 11%，为 41 万桶/日。

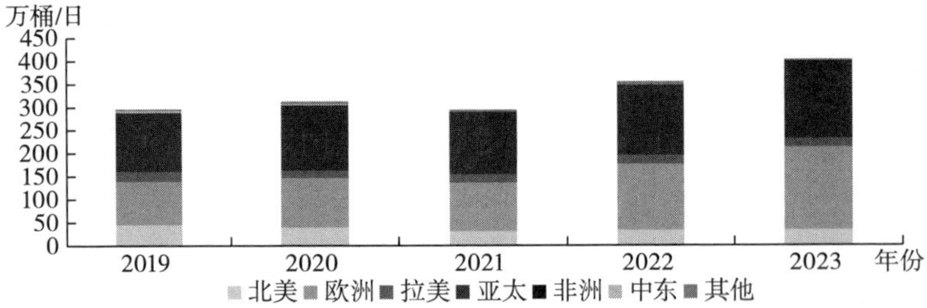

图 8 美国分地区原油出口流向

资料来源：EIA，Unipec Research & Strategy（URS）。

2022 年对俄罗斯原油实施制裁和限价以来，美国减少俄罗斯原油进口量，并加大从加拿大、墨西哥以及拉美地区的原油进口力度。美国进口俄罗斯原油 2021 年为 20 万桶/日，2022 年降至 2 万桶/日，2023 年进一步降至零。2023 年，美国主要进口原油地区为北美、拉美、中东，从北美地区的平均原油进口量为 461 万桶/日（见图 9），占美国原油总进口量的

71%。其中，加拿大为美国第一大原油进口国家，占美国原油总进口量的60%；墨西哥为美国第二大原油进口国家，占美国原油总进口量的11%；2022年11月美国向雪佛龙颁发委内瑞拉石油出口许可以来，美国重新从委内瑞拉进口原油，2023年进口量为13万桶/日，约占美国总进口量的2%。2024年，美国宣布结束对委内瑞拉制裁豁免，第44号通用许可证于4月18日到期且不再续期，但雪佛龙在委内瑞拉运营并为美国提运货物的单独许可证（第41号许可证）仍然有效，预计后续对美湾流向整体影响不大。在雪佛龙的许可范围内，预计美国对委内瑞拉原油的进口量将维持在10万~15万桶/日。

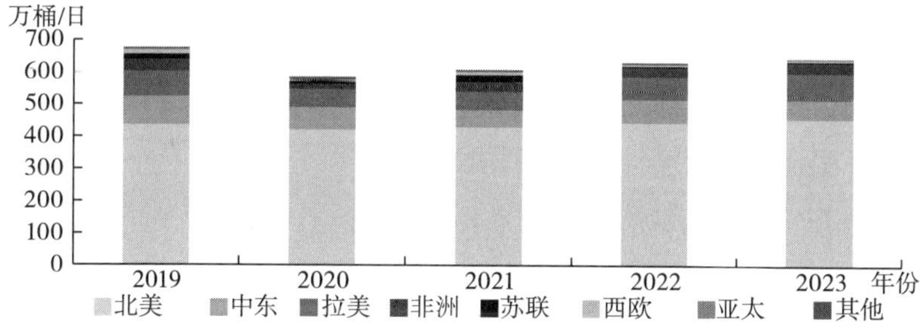

图9　美国分地区进口流向

资料来源：EIA，Unipec Research & Strategy（URS）。

（二）加拿大TMX管道投产

受制于持续存在的管道运输“瓶颈”，加拿大原油出口90%以上是运往美国，唯一一条直通港口的管道也需要通过海运到美国，美国以外目的地的出口仅占全部出口的0.8%。2023年，加拿大原油出口量为396万桶/日，其中，海运出口量为49万桶/日，美湾港口出口量为24万桶/日；管道出口量为347万桶/日，全部出口至美国。加拿大自2013年启动跨山管道扩建项目，在政治博弈和环境保护等因素的影响下，该管道经过多次暂停和延期，于2024年第二季度正式投产。TMX管道运输能力为89万桶/日，加拿大西部混合原油（AWB）是TMX管道项目的首批原油，3月到远东采购价格为DES到岸价较8月布伦特期货贴水5美元/桶，在加拿大西海岸温哥华附近的 Burnaby 港装船。TMX 正式投产后，加拿大将通过西海岸直接将大量原油出口到亚洲和美国，从墨西哥湾沿岸进行加拿大原油“再出口”的比例将显著下降，从而对全球原油贸易流向产生重要影响。

五、拉美：委内瑞拉出口难见增长，圭亚那成为原油供应新贵

盐下、深水等多形式油田的发展推动拉美地区成为全球原油出口领域新的增长点，2023 年拉美地区原油出口量环比增加 73 万桶/日至 517 万桶/日，仅次于 2018 年 522 万桶/日水平，巴西、墨西哥、委内瑞拉是主要的原油出口国。其中，巴西原油出口量逐年走高，2023 年创出口量环比增加 32 万 ~174 万桶/日的历史新高，近 10 年平均增长率达 17.5%；墨西哥原油出口量近年来呈下降态势，出口量从 2018 年的峰值 123 万桶/日降至 2023 年的峰值 110 万桶/日，墨西哥政府实现成品油自给自足的决心坚决，随着炼油能力为 34 万桶/日的 Dos Bocas 炼厂逐步提升开工率，未来墨西哥原油出口量将呈下滑趋势；2019 年美国制裁重启导致委内瑞拉原油出口量在该年降至 88 万桶/日，在 2022 年进一步降至 45 万桶/日，2023 年美国给予雪佛龙等公司石油出口许可，委内瑞拉出口量回升至 55 万桶/日，但 2024 年美国再度收紧制裁，委内瑞拉出口量或难增长；新生力量圭亚那的产量从无到有增长迅猛，原油出口量也随之水涨船高，2024 年前 4 个月原油出口量已经达到 60 万桶/日，预计其原油产量和出口量将进一步提升。

分目的国看，拉美地区中重质原油是亚太地区重要的进口资源，2022 年后地缘动荡导致的贸易格局调整，进一步巩固拉美地区中重质原油地位。拉美地区对欧美的原油出口量呈增加态势。2023 年拉美地区对欧洲和美国的出口量分别为 85 万桶/日和 164 万桶/日，较 2022 年明显增加。在“欧佩克 +”减产背景下，更多中东原油流向亚洲，除委内瑞拉原油外的拉美原油对亚洲买家的影响力有一定减弱，2023 年拉美地区对亚洲的出口

量为198万桶/日，较2019年的高点减少35万桶/日，原油超过70%流向中国（见图10）。

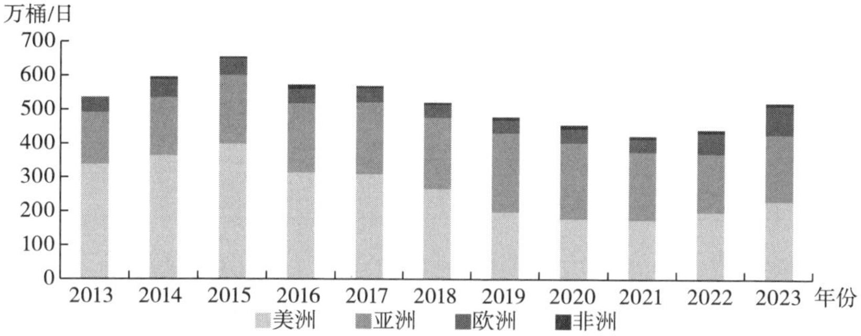

图10　拉美地区分区域原油出口流向

资料来源：Kpler，Unipec Research & Strategy（URS）。

六、欧洲：WTI Midland纳入北海布伦特计价

2023年6月，为增加布伦特原油市场的流动性，提高即期布伦特（Dated Brent）作为基准价的可靠性和公允度，全球两大能源及大宗商品价格评估机构英国阿格斯（Argus）和标普全球普氏能源（S&P Global Platts）将美国生产的供应量大且流动性好的米德兰原油（WTI Midland）加入“即期布伦特”的“篮子”中。布伦特原油价格体系是全世界最重要的原油定价基准，被广泛应用于欧洲、西非、南美和亚太地区的原油贸易，全球约70%的原油贸易使用布伦特原油价格体系计价。原布伦特市场价格由北海生产的布伦特（Brent）、福蒂斯（Forties）、奥塞贝格（Oseberg）、埃科菲斯克（Ekofisk）、特罗尔（Troll）五种原油（BFOET）价格构成，加入WTI Midland后变为六种原油价格的组合（见表1）。将WTI Midland纳入北海布伦特计价后，WTI从美国的发运价格和跨大西洋运费等因素也成为影响布伦特价格的重要因素，布伦特价格从供需两端都受欧洲地区影响变为需求端受欧洲影响、供给端受美国影响，美国原油产销情况对全球原油贸易影响力日益增强。

表 1　即期布伦特"一揽子"原油（DTD Brent）

品种	加入计价体系时间	API	硫含量（%）
Brent	1987 年	37.5	0.4
Forties	2002 年	38.7	0.64
Oseberg	2002 年	37.8	0.25
Ekofisk	2007 年	38.5	0.19
Troll	2018 年	35.9	0.14
WTI Midland	2023 年	40 ~ 44	≤0.2

欧洲地区以原油进口为主，近十年以来进口量基本稳定在 1000 万桶/日左右。2023 年，欧洲地区原油进口量同比增加 36 万 ~ 1100 万桶/日，创下历史新高。分油种来看，欧洲地区前五大进口原油品种为 CPC 哈萨克斯坦原油、美国米德兰原油（WTI Midland）、俄罗斯乌拉尔（Urals）、阿塞拜疆原油（BTC Azeri）和阿拉伯轻质原油（Arab Light）。俄乌冲突爆发前，俄罗斯乌拉尔原油是欧洲地区进口第一大油种，进口量约为 130 万桶/日，俄乌冲突后逐步减少，2023 年进口量仅有 32 万桶/日。与之相反，WTI Midland 原油因其产量稳步增加、价格具有经济性，在欧洲原油进口中规模逐年递增。2020 年，欧洲进口 WTI Midland 原油仅有 63 万桶/日，列于 Urals 和 CPC Kazakhstan 之后。2023 年，欧洲对 WTI Midland 的进口量猛增至 126 万桶/日，为 2020 年的两倍。2022 年之后，欧洲的原油进口来源国发生变化，俄罗斯份额出现下降，美国份额开始上升。2022 年之前，欧洲从俄罗斯进口的原油占总原油进口量的 30%。2023 年，欧洲进口俄罗斯原油为 37 万桶/日，同比大幅下降 98 万桶/日。与此同时，欧洲自美国进口的原油逐年递增，2023 年，欧洲地区进口美国原油 187 万桶/日，同比增加 46 万桶/日。预计 2024 年，在 WTI Midland 原油稳步增产、WTI Brent 价差缩小等多重因素影响下，欧洲进口美国原油量有望进一步增加。

七、亚洲：中印仍是全球贸易增长来源

（一）我国维持全球最大进口国地位

亚洲地区以原油进口为主，我国是全球最大的原油进口国。2023 年，新冠疫情影响消退，国内基建、旅游逐步复苏，叠加成品油出口配额增加，我国原油进口量达到 5.6 亿吨，同比增加 10.9%，创历史最高水平（见图 11）。近年来我国炼油能力快速提升，但原油产量基本维持在 2 亿吨左右，产量远远不及需求量的增长，对外依存度持续上升。2023 年，我国原油对外依存度为 73%，同比增加 2 个百分点。与此同时，我国逐渐淘汰落后产能，炼油能力在 200 万吨/年以下的炼厂加速退出，炼化一体化快速发展，未来 5 年新增的炼油能力约在 5000 万吨，主要由主营和民营大炼化项目组成。整体来看，我国进口原油需求仍有增长空间，但随着国内炼油能力接近饱和，预计整体增幅有限。

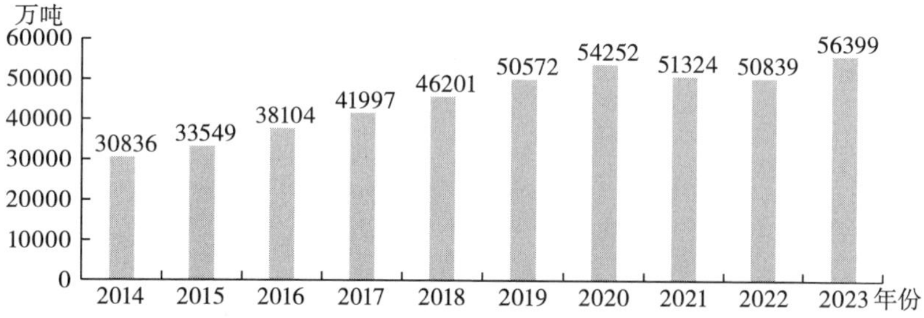

图 11　中国原油进口量变化

资料来源：中国海关，Unipec Research & Strategy（URS）。

经过多年来的开拓巩固，我国已经形成相对稳定的、多元化的进口资源供应渠道，以保障国家能源安全供应。分区域看，中东是中国最重要的进口来源地区，占我国原油进口份额的 50% 左右，其中沙特、伊拉克、阿联酋、阿曼和科威特五国占我国原油进口总量的 45%；独联体为我国第二大进口来源地区，占我国原油进口总量的 20%，其中超过 90% 来自俄罗斯；美洲是我国保供“新阵地”，占我国原油进口的13%，进口量和份额都呈较快增长势头，其中，美国已跻身为我国前十大进口来源国（见图12）。此外，非洲和亚洲也是我国原油进口的重要来源地。

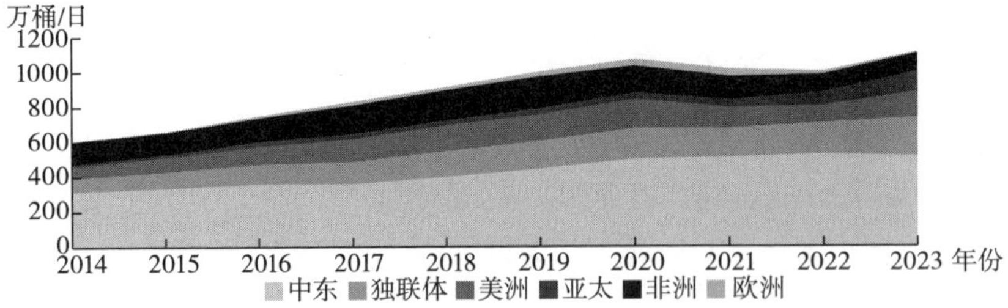

图12　中国原油进口来源地堆积图

资料来源：中国海关，Unipec Research & Strategy（URS）。

（二）印度成为俄罗斯原油最大买家

受石油需求持续增长、炼油能力逐年提升等因素影响，近年来印度原油进口量总体保持增长态势，已成为仅次于中国和美国的全球第三大原油进口国。2023年，印度原油进口量为466万桶/日，同比小幅增加10万桶/日（见图13），为连续第三年进口量增加。长期以来，中东是印度进口原油的主要来源地，在2022年俄乌冲突导致俄罗斯原油受西方国家集体制裁的影响下，印度逐渐减少对中东、美洲以及非洲的原油进口，转而更倾向于购买价格相对实惠的俄罗斯原油，印度炼油商大量进口低价俄罗斯原油并高价出口成品油，获取了巨额利润。

2023年，印度从中东进口原油224万桶/日，同比下降55万桶/日，占印度原油进口总量的47%，中东仍为印度原油第一大进口来源地，但印度从伊拉克、沙特、阿联酋以及科威特等国的原油进口量均有所下降。俄罗斯原油价格大幅下跌，加工俄罗斯原油的经济性显著提升，推动印度大幅增加俄罗斯原油进口，并一跃成为俄罗斯原油最大的买家。2023年，印度从俄罗斯进口原油179万桶/日，同比增加105万桶/日，创历史最高水平。印度进口油种以乌拉尔原油为主（见图14），主要在波罗的海的波罗奈斯克港（Primorsk）和乌斯特鲁戈港（Ust Luga），以及黑海的新罗西斯克港（Novorossiysk）装船，目前是俄罗斯欧洲港口装运原油的最大买家。

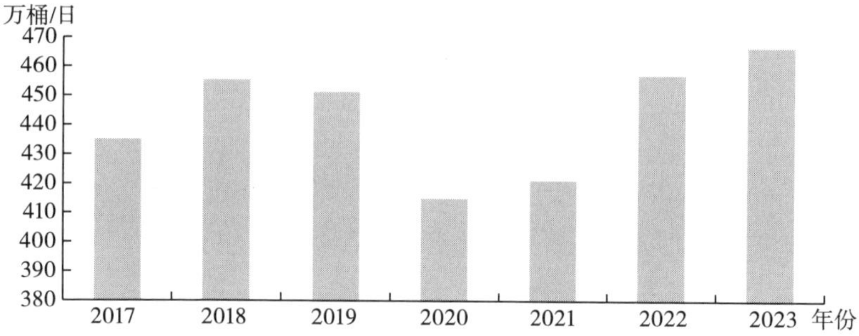

图 13 印度原油进口量

资料来源：Kpler，Refinitiv，Unipec Research & Strategy（URS）。

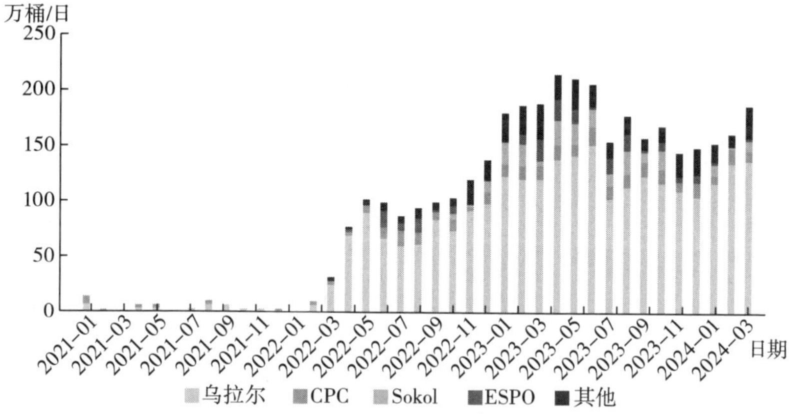

图 14 印度进口俄罗斯原油分品种情况

资料来源：Kpler，Unipec Research & Strategy（URS）。

总体来看，国际地缘政治局势进入动荡多发期，传统原油供需体系出现结构性改变，全球原油贸易流向发生深刻调整，为我国原油资源安全保供带来了机遇，也增加了挑战性。俄罗斯原油出口重心东移，增加了亚太炼油商采购经济性；加拿大原油向亚洲直接出口增加，有利于我国提高美洲资源份额；圭亚那等新资源流入市场规模增加，进一步扩展了我国原油进口渠道。与此同时，红海危机导致苏伊士运河通行风险增大，船舶绕行导致运输成本增加；中东地区地缘动荡风险有增无减，国际贸易环境复杂严峻；“欧佩克 +”限产保价决心强烈，全球资源供应持续受到限制。面对复杂严峻的国际贸易格局，全面构建多元化原油资源获取格局，实现全球原油资源优化配置，保障能源安全，仍是我国面临的重要课题。

天 | 然 | 气 | 篇

2023 年天然气市场回顾及 2024 年展望

夏潇远　方　焯　彭卿宥①

摘　要　俄乌冲突以来，特别是“北溪 1 号”管道发生爆炸后，全球天然气市场格局发生深刻变革。2023 年，天然气市场整体处于寻求再平衡的过程，天然气价格大幅回落并逐渐接近正常水平。展望 2024 年及中长期，天然气市场仍面临不确定性，能源转型将继续推动天然气需求增长。与此同时，天然气供应有望同比增加，全球天然气供需整体处于宽松格局，预计天然气价格波动重心或继续下移，维持弱势整理态势。

关键词　天然气价格；供应；需求；LNG 进出口

① 夏潇远，硕士，中国国际石油化工联合有限责任公司市场战略部业务经理；方焯，硕士，中国国际石油化工联合有限责任公司市场战略部业务员，主要研究方向为国际石油市场和天然气市场；彭卿宥，硕士，中国国际石油化工联合有限责任公司市场战略部业务员，主要研究方向为国际石油市场和天然气市场。

一、全球天然气市场概述

（一）气价波动区间下移，JKM－TTF 价差重回正值区间

2023 年，全球经济疲软抑制需求，加之欧洲库存高企、主要 LNG 出口国供应充足，全球天然气供需形势大幅改善，由紧平衡回归至宽松格局，全球天然气价格波动区间下移。2023 年，欧洲 TTF 均价为 13.1 美元/百万英热，同比下跌 27.55 美元/百万英热；亚太 JKM 均价为 13.77 美元/百万英热，同比下跌 20.21 美元/百万英热；美国 HH 均价为 2.66 美元/百万英热，同比下跌 3.88 美元/百万英热，跌幅均超 50%（见图 1）。

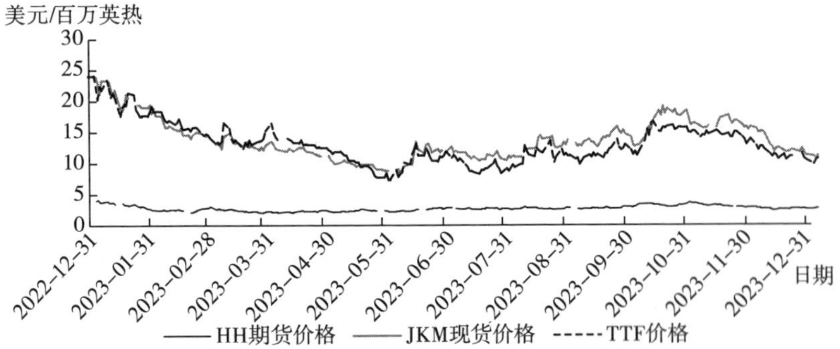

图 1　全球三大基准天然气价格走势

资料来源：Reuters，Unipec Research & Strategy（URS）。

分季度看，2023 年全球气价走势再度回归季节性规律，呈“中间低、两头高”格局（见图 2）。第一季度，因取暖季提振需求，加之俄乌冲突带来的溢价未完全消退，天然气均价位于全年最高水平，但较 2022 年同期

显著下降；第二季度为传统淡季，价格处于低位；第三、第四季度补库需求增加，气价回升。此外，2023 年挪威气田非计划检修、澳洲罢工、巴以冲突、红海危机等供应端突发事件频发，导致价格波动幅度较大。6 月，挪威天然气田检修意外延长，推动 TTF 价格在 10 个交易日涨幅近 75%；12 月，红海局势升温令 TTF 价格单日上涨超 7%。总体看，在主要消费国库存高企、供需较为宽松的格局下，天然气价格弹性较 2022 年有所提高。

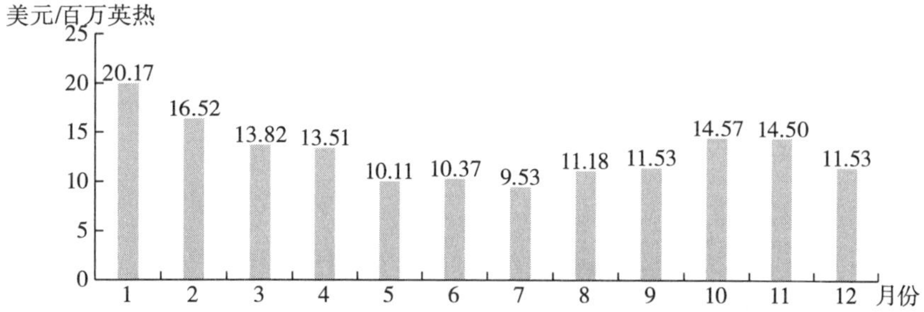

图 2　2023 年 TTF 月均价格走势

资料来源：Reuters，Unipec Research & Strategy（URS）。

从价差来看，2022 年，俄乌战争导致俄管道气基本停止供气，欧洲 LNG 需求量大幅攀升，TTF 价格大涨，JKM－TTF 价差一度跌了超 30美元/百万英热，全年平均为－6. 85 美元/百万英热（见图 3）。2023 年，欧洲部分新增 LNG 接收站投产，接收能力快速提升，加之 LNG 船运成本有所增

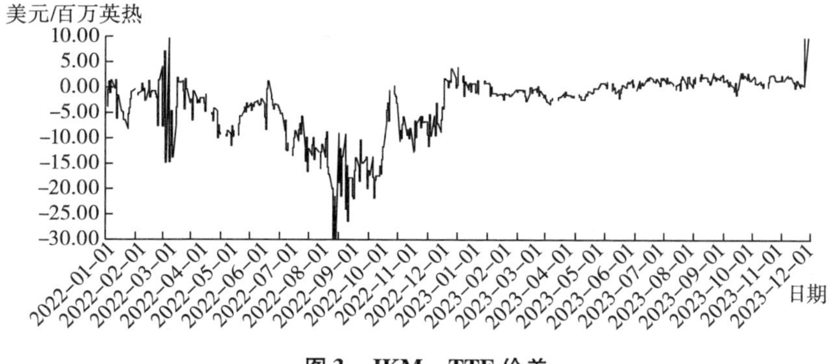

图 3　JKM－TTF 价差

资料来源：Reuters，Unipec Research & Strategy（URS）。

加，令两地套利空间收窄，JKM－TTF 价差重回正值区间，平均为 0.72 美元/百万英热，但较 2020 年和 2021 年仍低约 1 美元/百万英热。2024 年，预计在地缘溢价有所消退、欧亚天然气需求增速放缓的背景下，JKM 继续保持对 TTF 的小幅溢价，二者价格走势趋向一致。

（二）全球天然气产量和消费均保持稳定增长

2023 年，全球天然气需求为 4.09 万亿立方米，同比增加 200 亿立方米（0.5%），重回增长趋势。2024 年，经济回暖或将拉动工业和发电用气增长。国际能源署预计，2024 年全球天然气需求为 4.19 万亿立方米，同比增加 1010 亿立方米（2.5%），超过 2021 年水平，新增需求主要来自亚太和中东。

2023 年，全球天然气供应为 4.12 万亿立方米，同比增加 110 亿立方米（0.3%）。预计 2024 年全球天然气供应为 4.21 万亿立方米，同比增加 980 亿立方米（2.4%），新增产量主要来自中东、俄罗斯和北美。预计 2024 年天然气市场仍将维持紧平衡态势，但与前两年相比趋于宽松。

（三）LNG 供需格局总体宽松

2023 年，全球 LNG 需求约 4.05 亿吨，同比增长 680 万吨（1.7%）。全球新增再气化产能 2670 万吨，主要集中在欧洲地区。2023 年，全球 LNG 新建产能增量有限，为 800 万吨，显著低于过去 5 年超 2500 万吨的年均增长量。但全球 FID（最终投资决定）项目（包含 SPA 购销协议和 LTA 液化协议）已达 3700 万吨，接近 2022 年同期的创纪录水平，推动上游加速开发，其中 50% 以上集中于美国、加拿大和墨西哥。

2024 年，预计全球 LNG 供应和消费均有所增长，供需格局趋于宽松。从需求侧来看，咨询机构 IHS 预计，2024 年全球 LNG 需求为 4.14 亿吨，同比增加 908 万吨（2.24%），增量主要来自亚洲。分地区来看，日韩传统买家需求增量有限，中国进口有望继续增加，东南亚地区有新增接收站投产，推动 LNG 需求攀升。欧洲市场受天然气消费增加的影响，LNG 进口将小幅增长。从供应侧来看，2024 年全球 LNG 供应总量为 4.14 亿吨，同比增加

2.24%。6个项目11条生产线投产或有望投产（见表1），新增产能共计1860万吨/年，新增实际供应量在900万吨/年左右。此外，咨询机构IHS预测，将有总产能近1200万吨的液化项目达成FID。美国Calcasieu Pass LNG T13～T18生产线2023年已具备出货能力，2024年实际产量或高于预期。

表1　2024年投产或预计可投产的LNG项目

所在国	项目名称	设计能力（万吨/年）	投产或预计投产时间
澳大利亚	Ichthys LNG T1～T2	40	2024年1月
刚果	Congo－Brazzaville FLNG	60	2024年3月
美国	Golden Pass LNG T1	520	2024年7月
塞内加尔	Greater Tortue FLNG 1	250	2024年7月
俄罗斯	Arctic LNG 2 T1	660	2024年10月
美国	Calcasieu Pass LNG T13～T18	330	2024年12月
合计		1860	

二、欧洲市场偏紧格局缓解，但仍依靠大量LNG进口

（一）欧洲天然气需求维持疲软

2022年以来，欧洲继续执行自愿削减天然气需求政策，叠加工业活动疲软，天然气需求承压下行，整体仍呈明显的季节性特征。2023年，西北欧天然气需求为1497亿立方米，同比减少7%，与2021年相比年均下降12.4%（见图4）。英国天然气需求为788亿立方米，同比基本持平。2023年，欧洲天然气需求共计4890亿立方米，同比减少6.7%，近两年年均下降10.4%。2024年，由于欧洲宏观经济面临下行压力，经济活动难见明显起色，天然气需求仍然承压；但当前气价处于较低水平，以及总需求基数已较低，或支撑部分弹性需求回归。预计2024年欧洲天然气需求为4950亿立方米，同比小幅增长1.2%，有望扭转过去两年需求连续下降的局面，但增幅较为有限。

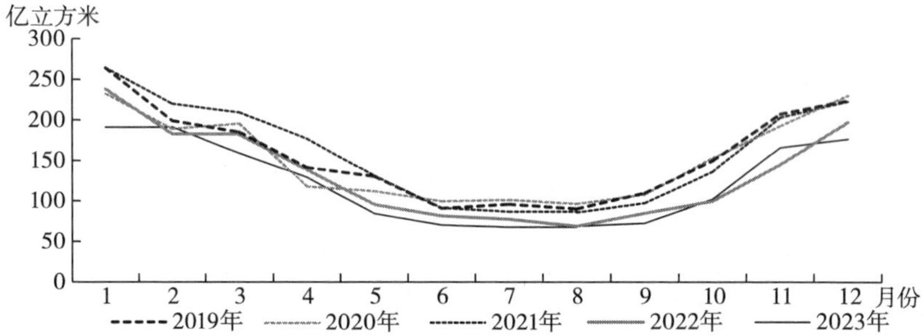

图 4　西北欧天然气需求

资料来源：Reuters，Unipec Research & Strategy（URS）。

（二）LNG 进口增速放缓

俄罗斯“北溪 1 号”管道发生爆炸后，欧洲从其他区域进口大量 LNG 资源已成为常态。咨询机构 Rystad 的数据显示，2023 年，欧洲进口 LNG 共 1.17 亿吨，同比减少 3.9%，但较 2021 年增加 61%。从进口来源看（见图 5），自美国进口 LNG 达 5286 万吨，同比增长 10.3%，占比超 45%，美国成为欧洲第一大 LNG 进口来源地。自俄罗斯进口 LNG 共 1691 万吨，同比减少 6.2%，占比 14.5%，俄罗斯为欧洲第二大 LNG 进口来源地。自卡塔尔进口量同比大幅减少 23.6% 至 1461 万吨，自尼日利亚和赤道几内亚等国的进口量也出现下降。

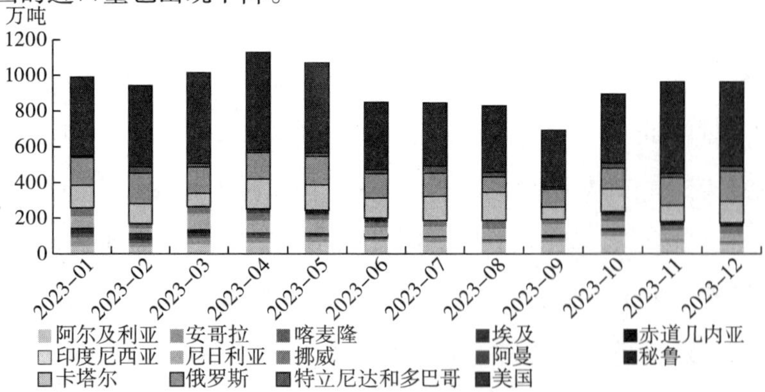

图 5　欧洲 LNG 进口量

资料来源：Rystad，Unipec Research & Strategy（URS）。

当前，LNG 在欧洲总进口量中保持稳定份额，2024 年欧洲再气化能力预计增加 3300 万吨/年至 2.48 亿吨/年，仍需要大量进口 LNG 以弥补管道气进口不足。预计 2024 年，欧洲管道气进口仍然处于低位，LNG 进口量在 1.18 亿吨左右，同比或基本持平，占欧洲天然气总进口规模的 55%左右。

（三）欧洲天然气库存处于相对高位

2023 年，欧洲天然气库存基本处于较高水平（见图 6）。年初欧洲储气率在 83%左右，同比高 29 个百分点；取暖季结束时储气率在 55%；11 月 7 日采气期开始，储气率为 99.6%，同比高 5 个百分点。

2024 年 3 月底，取暖季结束时，欧洲天然气库存在 670 亿立方米左右，储气率为 58%，同比高 3 个百分点，较 5 年均值高 17 个百分点，库存处于相对高位。2024 年欧洲有望在夏季提前完成补库目标。

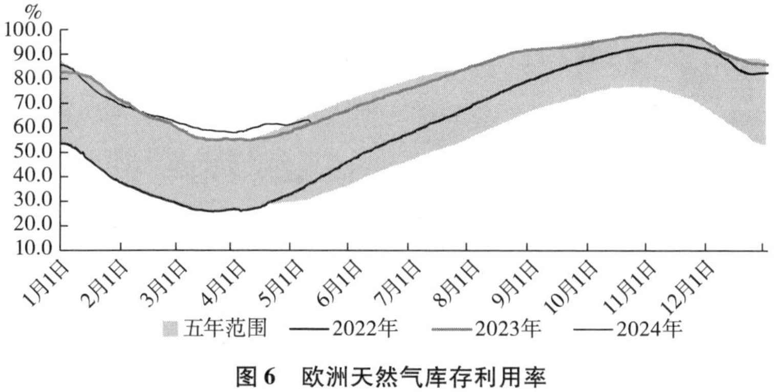

图 6　欧洲天然气库存利用率

资料来源：Rystad，Unipec Research & Strategy（URS）。

三、中国贡献全球主要需求增量

（一）中国天然气需求复苏性增长

2023 年，在前年同期低基数基础上，我国天然气需求呈复苏性增长，大型工业用户需求有所恢复。全年表观需求为3896亿立方米，同比增长7.4%，相较于2021年两年平均复合增长率为3.1%（见图7）。分行业来看，房地产相关行业持续低迷，工业用气需求为1691亿立方米，同比增长5.9%，占比为43%。服务业复苏优于制造业，商业公共服务需求为460亿立方米，同比大幅增长18.1%；城燃（居民+商业公共服务）需求共计1044亿立方米，同比增长11.5%，占比增至27%，10年前占比仅21%。在降水不足导致水电减少的情况下，天然气发电需求增加至778亿立方米，占比近20%，同比增幅为7.7%，前三季度增幅一度超11%。由于LNG价格下跌，LNG重卡经济性凸显，交通用气需求同比增长5.3%至219亿立方米。

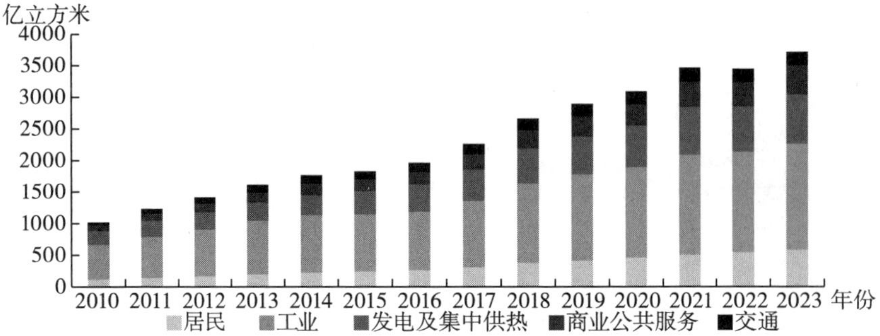

图7　我国天然气需求变化趋势

资料来源：SIA，Unipec Research & Strategy（URS）。

展望2024年，预计我国天然气需求同比增速为7%左右，增量在270亿立方米左右。太阳能板制造、电动车电池以及高端建材等中高端制造业将贡献主要需求增量。城燃需求仍有增长空间，对总体需求构成支撑。此外，国内液态槽车价格处于相对低位，LNG较柴油具有显著经济性，成本仅为柴油的一半，推动LNG重卡销量快速增加，交通用气需求有望快速增长。

（二）天然气进口同比大幅增长

随着中俄东线输气量增加，我国管道气进口显著增长。2023年，我国管道气进口为671亿立方米，同比增长6.2%。其中，中俄东线管道气进口量为220亿立方米，同比增加70亿立方米，增幅为45.8%；中亚管道气进口共计410亿立方米，同比下降6.9%；中缅管道气进口量为40亿立方米，同比增长1.3%。预计2024年，俄罗斯通过中俄东线管道气供应将增加80亿立方米左右，中亚和中缅管道气进口预计基本持稳。

2023年，我国LNG进口量为7132万吨（983亿立方米），同比增长14.7%，维持全球LNG进口第一大国地位（见图8）。但由于2024年进口现货需求一直较疲软，整体LNG进口量较2021年仍低9.5%。从进口来源看，自澳大利亚进口LNG 2416万吨，同比增长10.6%，澳大利亚为我国第一大进口来源国；自卡塔尔进口LNG 1666万吨，同比增长6.3%，卡塔尔为我国第二大进口来源国；受俄罗斯资源经济性推动，自俄罗斯进口LNG 805万吨，同比增长23%，俄罗斯取代马来西亚成为我国第三大LNG进口来源国；由于长协资源增加，自美国进口LNG 315万吨，同比大幅增长51.2%。

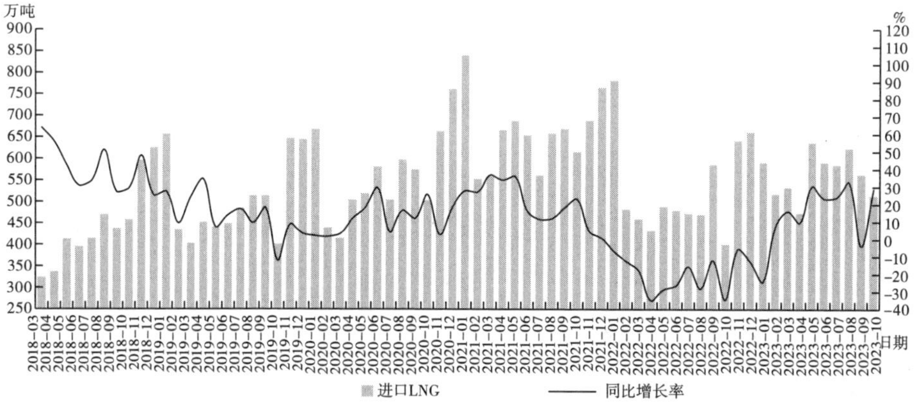

图8 中国LNG进口量

资料来源：SIA，Unipec Research & Strategy（URS）。

2023年，我国LNG进口现货占比为11.7%，同比基本持平，远低于此前40%以上（见图9）；第四季度JKM现货价格下跌时出现新增现货采购需求，现货占比超15%。

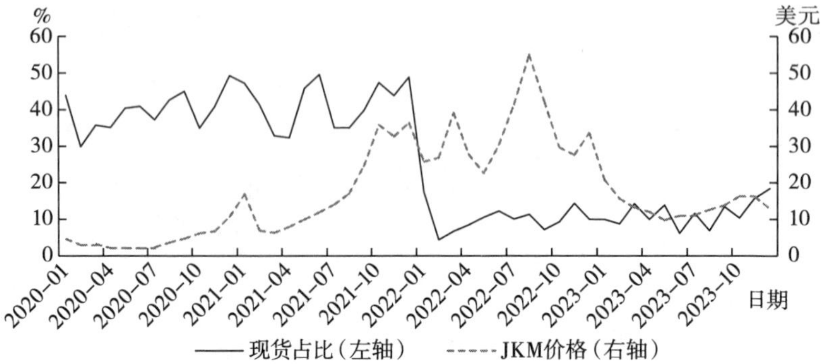

图9　中国 LNG 进口现货占比与 JKM 价格变化

资料来源：Rystad，Unipec Research & Strategy（URS）。

由于新长协开始履约，以及新增接收站投产，2024 年我国 LNG 进口量有望继续增加，增量在 300 万吨左右（4%）。2021 年以来，中国买家共签订超 6000 万吨/年的 LNG 中长协，大多数长协会在 2026—2030 年开始执行，主要增量来自美国和卡塔尔。第二梯队买家约货量在 2028 年将达到 3400 万吨/年，占总量的 1/3；有 1740 万吨/年的 LNG 长协与 HH 挂钩，但其中 1410 万吨/年在 2027 年之后交付。总体来看，今年执行的长协量增长相对有限，现货需求将取决于天然气价格和国内需求。

（三）本土天然气产量继续增加

在“增储上产”行动推动下，我国天然气产量实现跨越式增长。2023 年，我国天然气产量为 2307 亿立方米，同比增长 6%，过去 5 年年均复合增长率为 8.6%（见图 10）。展望 2024 年，油气价格仍可能处在相对高位，足以支撑上游盈利，国内天然气产量有望继续增长，预计 2024 年同比增加 148 亿立方米（同比增长 6.2%），主要增量将来自鄂尔多斯盆地、四川盆地、塔里木盆地和海上产量。

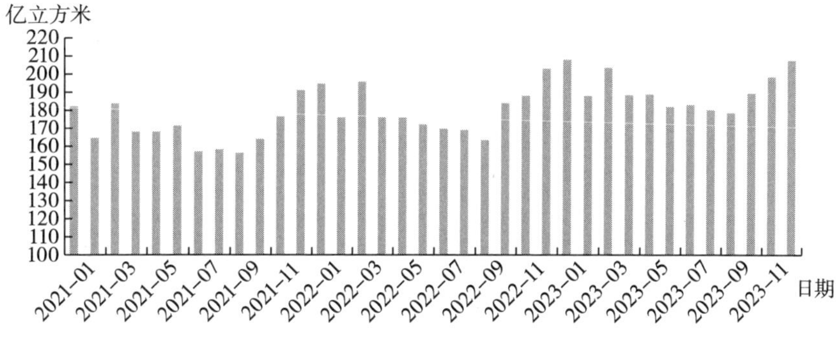

图10　中国天然气产量

资料来源：国家统计局，Unipec Research & Strategy（URS）。

四、美国供应和需求双双增长

（一）美国天然气产量创历史新高

根据美国能源信息署数据，2023年美国天然气产量为11662亿立方米，同比大幅增加645亿立方米，增幅为5.85%，创历史新高（见图11）。一是在油气巨头并购频发和投资增长拉动下，美国天然气资源进一步整合，经统计，2023年美国油气并购总金额超过1400亿美元。并购热潮带动生产效率提高，实现在活跃天然气钻井平台减少的情况下，天然气产量保持上升。二是2023年美国原油产量同比大增，叠加气油比随开采时间推移而上升，带动伴生气产量增加。三是在逐渐收紧的监管政策下，就地燃烧天然气较为不经济，促使各产地天然气处理能力进一步增加。2024年，预计美国天然气产量继续保持增长态势，但增幅或因活跃钻井平台数持续下降而收窄，预计将同比增加70亿~11732亿立方米。

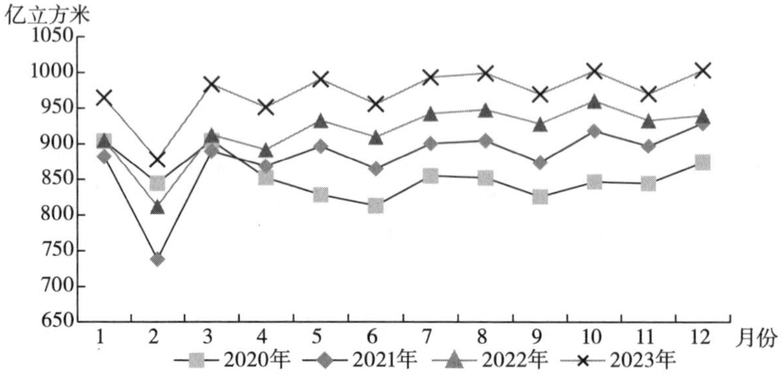

图 11　美国天然气月度产量变化趋势

资料来源：EIA，Unipec Research & Strategy（URS）。

（二）美国天然气需求维持增长态势

2023 年，美国天然气需求增长主要依赖于发电需求增加，全年天然气消费量为 9181 亿立方米，同比增加 63 亿立方米，增速放缓至 0.69%（见图 12）。其中，发电需求同比增加 210 亿～3596 亿立方米，增幅达 6.2%，占美国天然气总需求的 39%；住宅和商业用气需求同比大幅减少 179 亿～2193 亿立方米，降幅达 7.5%，主要原因为 2023 年美国整体气温偏高；此外，工业用气需求小幅下降 5 亿～2385 亿立方米。2024 年，预计美国总需求增加 100 亿立方米左右。

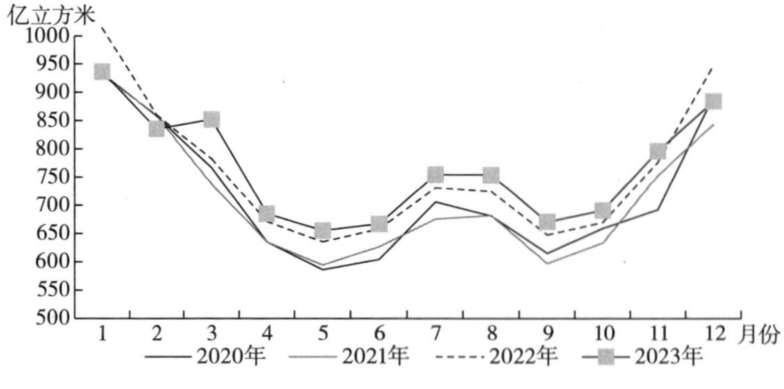

图 12　美国天然气月度消费量变化趋势

资料来源：EIA，Unipec Research & Strategy（URS）。

（三）美国重新成为全球最大 LNG 出口国

2023 年，国内供需较为宽松，叠加 Freeport LNG 终端重启，美国 LNG 出口能力有所提升。根据 EIA 数据，2023 年美国 LNG 出口量为 8914 万吨，同比高 980 万吨，超过卡塔尔和澳大利亚，重回世界第一大 LNG 出口国宝座。2022 年 6 月，作为美国前三大 LNG 出口终端之一的 Freeport 失火，造成其长达近 9 个月停产 LNG，使得美国在 2022 年下半年 LNG 出口量下降近 700 万吨，全球最大 LNG 出口国地位被澳大利亚反超。2023 年，Freeport 终端逐步复工，并完成出口码头的扩建，全年总出口量达到 1349 万吨，目前出口量稳定在每月 130 万 ~ 150 万吨。此外，因部分出口限制政策有所放松，VG 公司在 Calcasieu Pass 的产量增加约 300 万吨，推动美国 LNG 出口显著增长（见图 13）。

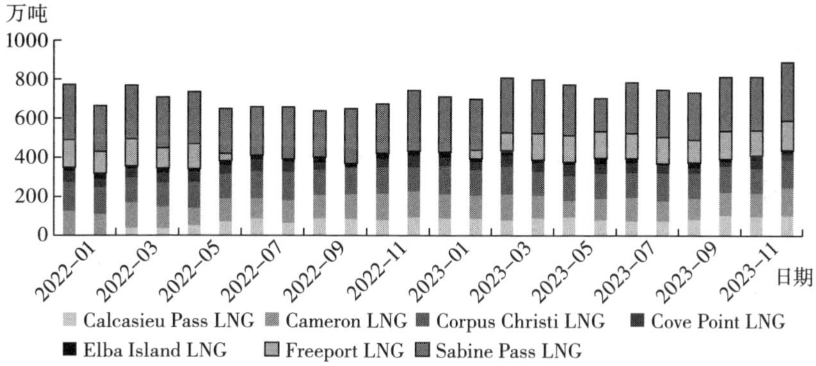

图 13 美国 LNG 出口量（分天然气厂）

资料来源：Rystad，Unipec Research & Strategy（URS）。

俄乌冲突爆发后，欧洲大量减少进口俄罗斯能源，对美国 LNG 需求量急剧上升。2021—2023 年，美国对欧洲 LNG 出口量增长约 107%。2023 年，美国对欧洲全年 LNG 出口量约占美国 LNG 总出口量的 62%，较 2021 年增加 32 个百分点。其中，荷兰、法国、德国分列前三大美国 LNG 出口目的地。而美国对亚洲的出口量因 2023 年需求增长有限，加之从中东、澳大利亚进口更具经济性，仅占美国 LNG 总出口量的 26%，较 2021 年下降

21 个百分点（见图 14、图 15）。

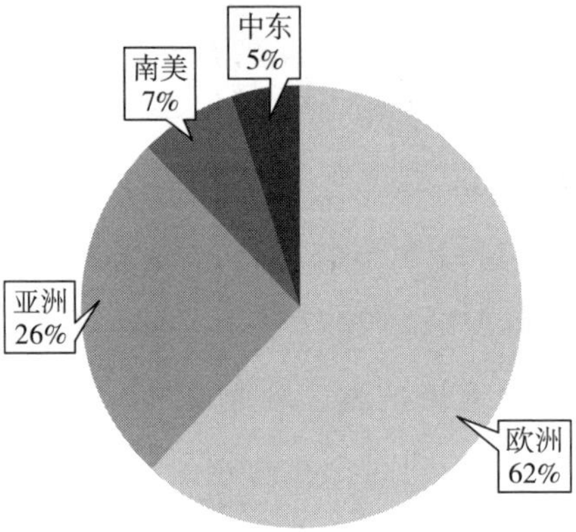

图 14　2023 年美国 LNG 出口流向

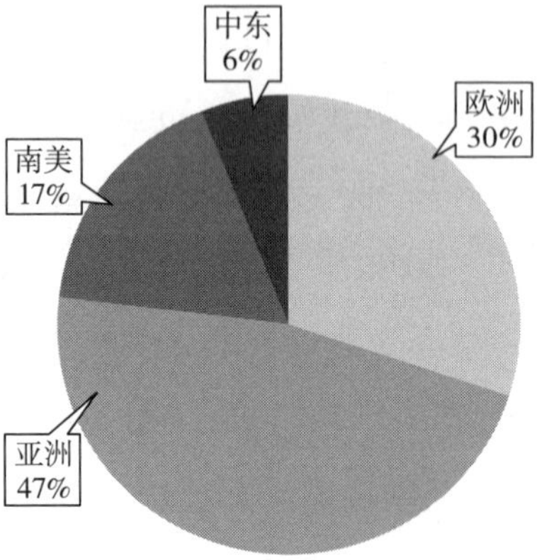

图 15　2021 年美国 LNG 出口流向

2024 年，美国仍有新增液化项目投产，带动美国 LNG 出口量进一步增长。1 月 26 日，美国总统拜登暂停了对当前及未来 LNG 出口项目的申请审批，总能力约 7990 万吨/年的增产项目或因此受阻。但具体来看，受影响搁置的项目投产时间集中在 2027—2029 年，短期内对供应端并无影响。EIA 预测，美国 2024 年 LNG 总出口量将突破 9260 万吨。

五、价格预测：2024 年供需错位持续修复，气价维持弱势整理

2024 年，世界经济增速趋于稳定，地缘政治冲突短期内难以平息，美国、俄罗斯等世界多个国家迎来大选，这进一步增加了全球能源市场的不确定性。总体来看，全球天然气需求仍具有增长空间，主要增量来自亚太地区。此外，气价回落导致天然气经济性上升，提振欧美气电需求。北美和中东产量有望在供应侧继续创新高，加之部分大型 LNG 液化项目将在 2024 年下半年集中投产，预计供需格局将趋向宽松，但区域市场分化明显，天然气价格将对市场变化继续维持高度敏感。

分区域来看，三地天然气价格走势或出现分化。2024 年，美国 LNG

出口增势放缓，库存处于高位，HH 价格相对承压；欧洲库存处于相对高位，需求较疲软；亚太地区 LNG 与管道气竞争激烈，预计价格更具弹性且总体呈回落态势。咨询机构 IHS 预计，2024 年 TTF 全年均价为 9.2 美元/百万英热，JKM 全年均价为 9.7 美元/百万英热，HH 全年均价为 2.4 美元/百万英热（见表2、表3 和表4）。

表2　TTF 价格预测　　单位：美元/百万英热

咨询机构	第二季度	第三季度	第四季度	2024 年全年
EA	8.2	8.3	9.5	**9.2**
IHS	8.1	7.8	12.1	**9.2**

表3　JKM 价格预测　　单位：美元/百万英热

咨询机构	第二季度	第三季度	第四季度	2024 年全年
EA	8.8	9.4	10.6	**10.2**
IHS	9.0	8.2	12.5	**9.7**

表4　HH 价格预测　　单位：美元/百万英热

咨询机构	第二季度	第三季度	第四季度	2024 年全年
EA	1.9	2.5	3.0	**2.5**
IHS	2.0	2.4	2.7	**2.4**

参考文献

[1] International Energy Agency. Gas Market Report [R]. Paris: IEA, 2024.

[2] 衣旭峰 . 2024 年全球天然气市场：回归买方定价的常态化市场[J]. 国际石油经济,2023(12).

中国天然气产业发展现状

张旭娜　陈　超　孙　慧　杨　雷①

摘　要　伴随着大气污染防治行动和碳减排的推进，天然气在我国能源消费结构中占据越发重要的地位。本文通过对中国天然气产量、天然气管网建设情况、国家政策的分析和解读，对我国天然气产业上游、中游和下游现状进行梳理，研究发现我国天然气产业发展存在天然气供需不匹配、对外依存度过高、天然气管网设备不足、天然气定价机制不够完善和天然气相关规制管理存在缺陷等问题。未来，应当继续多渠道增加天然气供给，加大天然气产业基础设施建设力度，加快形成天然气市场定价机制，不断完善天然气产业相关法规和监管工作，以促进我国天然气产业持续健康发展。

关键词　天然气产业；现状；问题；政策建议

---

①　张旭娜，女，博士，西安石油大学经济管理学院讲师，从事数字经济与能源转型相关研究；陈超，男，中国石油天然气股份有限公司天然气销售广东分公司高级经理，从事天然气发展相关的规划编制、投资计划等相关工作；孙慧，女，高级工程师，北京大学能源研究院助理研究员，从事天然气和能源相关的战略规划、政策制定和市场研究工作；杨雷，通讯作者，男，博士，研究员，现任北京大学能源研究院副院长，北京大学碳中和研究院副院长，主要从事能源转型、能源改革和全球能源治理方面的研究工作。

一、引言

天然气、石油和煤炭是人类可利用的三大支柱性能源，满足了全世界八成以上的能源需求[1]。伴随经济社会的不断发展，我国能源需求和消费量持续增加，不仅成为全球节能和新能源、可再生能源利用第一大国，也是世界二氧化碳排放第一大国。在推动绿色发展、促进人与自然和谐共生、深入推进供给侧结构性改革及新发展格局背景下，大气污染治理、节能减排和环境保护等压力逐年增大，能源利用结构转变已成为我国经济社会发展的必然要求[2]。2020 年 11 月 3 日，《中共中央关于制定国民经济和社会发展第十四个五年规划和二〇三五年远景目标的建议》明确提出要加快推动绿色低碳发展，推动能源清洁低碳安全高效利用，降低碳排放强度，支持有条件的地方率先达到碳排放峰值，制定二〇三〇年前碳排放达峰行动方案。2020 年 11 月 22 日，在二十国集团领导人利雅得峰会“守护地球”主题边会上，习近平总书记指出，中国“二氧化碳排放力争于 2030 年前达到峰值，努力争取 2060 年前实现碳中和”，并强调“深入推进清洁能源转型”。相较于石油和煤炭等化石能源，天然气属于碳排放量十分低且环保的能源，使用它可以降低 50% 左右的二氧化碳排放量、50% 左右的氮氧化合物排放量和 100% 的二氧化硫排放量，按照低碳能源逐步替代高碳能源原则，天然气成为我国能源转型的重要选择[3]。由此，大力发展天然气产业有助于加速我国能源结构绿色低碳转型。本文将在梳理我国天然气产业发展的现状、剖析存在问题的基础上，从促进天然气产业健康发展角度，提出若干建议。

二、中国天然气产业发展现状

天然气产业是指进行天然气勘探、开发、生产、贸易、运输、存储、液化、气化、压缩、销售和使用等不同企业所构成的产业[4]。如图1所示，根据天然气产业链的特点，可以将其分为上、中、下游产业。

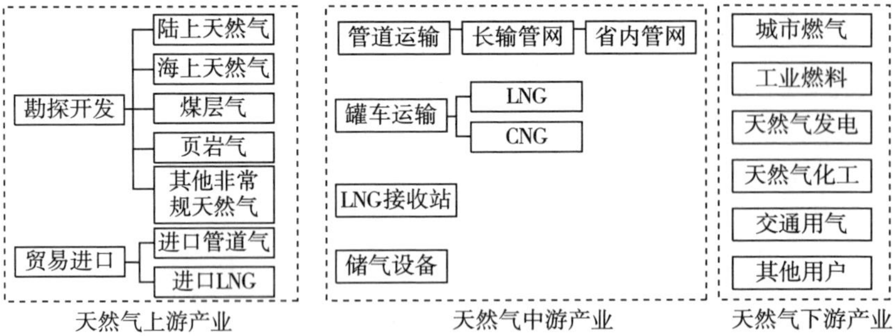

图1　中国天然气产业链示意图

（一）天然气上游产业

天然气上游产业主要从事陆上天然气、海上天然气、煤层气、页岩气等国产气的勘探开发和进口管道气、进口LNG的国际贸易。

1. 国产气勘探开发

按照“海陆并进、常非并举”的发展战略，中国石油、中国石化和中国海油相继发现并建成了塔里木、鄂尔多斯、四川和海域四大天然气生产基地，常规天然气开发保持了较高增长态势，页岩气、煤层气、致密气等各种非常规天然气勘探和开发也取得了重大进展[5]。从勘探环节看，参与主体逐渐增多，矿权登记企业已经增加至70家以上。据不完全统计。截至2023年底，中国石油、中国石化、中国海油三家石油公司登记油气探矿权区块面积大幅下降，累计退出面积已超过200万平方千米。从天然气产量看，中国天然气生产量呈现显著的上升趋势，2023年国产气总量达到了

2324.3亿立方米[6]。分公司来看，由中国石油、中国石化和中国海油组成的三家石油公司以及省属国有企业延长石油仍然为国产气供应主体。2023年4家企业天然气产量合计2266.1亿立方米[6]，占天然气总产量的比例高达97.5%。其中，中国石油是第一大供应企业，产量1529亿立方米[6]，占全国天然气总产量的65.7%。分地区来看，陕西、新疆和四川为我国天然气的主产区，分别约占国产气总量的14%、18%和25%。

2. 进口管道气和LNG

2023年，全国天然气进口量约为1668亿立方米。其中，全国管道气进口量为671亿立方米，同比增长6.4%。中俄东线供气量快速增加，全年进口气量超过220亿立方米，且几乎全部为中国石油进口。之前新疆广汇通过萨拉布雷克—吉木乃天然气输气管道从哈萨克斯坦斋桑油气田进口天然气后通过吉木乃LNG工厂（5亿立方米/年）液化后向市场供应。但斋桑油气田由于逐步从天然气开采向原油开采过渡，产量自2020年以来持续下降，目前仅生产少量天然气保障哈国民用需求。LNG进口方面，根据海关总署数据，全国共进口LNG约7119万吨（约997亿立方米），同比增长约12%。从来源看，进口LNG共涉及进口国21个。进口总量排名前五的国家分别为澳大利亚、卡塔尔、俄罗斯、印度尼西亚和美国。其中，澳大利亚LNG占比最高，进口量为2411.9万吨，占LNG进口总量的33.9%；卡塔尔LNG进口量为1664.9万吨，占LNG进口总量的23.4%；俄罗斯LNG进口量为804.4万吨，占LNG进口总量的11.3%；印度尼西亚LNG进口量为708.1万吨，占LNG进口总量的5.6%；美国LNG进口量为313.2万吨，占LNG进口总量的4.4%。LNG进口主体继续呈现多元化趋势。2023年，全国进口LNG企业多达12家，同比新增4家，其中新天绿色能源股份有限公司等企业为首次进口。三大石油公司（中国石油、中国石化、中国海油）以外的第二梯队企业LNG进口量为490万吨（约67亿立方米），同比增长47.4%，占全国LNG进口量的6.9%，较上年增长2个百分点。

（二）天然气中游产业

天然气中游产业主要提供天然气输送、存储、气化和液化等服务，包含长输管网、省内管网、储气设备、罐车运输等。

1. 长输管网

长输管网全部隶属于国家石油天然气管网集团。截至2023年底，全国天然气长输管道总里程12.1万千米。直通雄安的天然气管道蒙西管道项目一期工程（天津—河北定兴）正式投产；潜江—韶关输气管道广西支干线（衡阳—桂林）工程顺利投产；中国石油塔里木油田博孜—大北天然气外输管道投产成功；双台子储气库双向输气管道工程投产成功。中俄东线、西气东输一线、川气东送一线、青宁管道、苏皖管道5条天然气主干管道在江苏境内全面实现互联互通；国家管网集团天津LNG接收站二期二段外输干线建成并成功接入蒙西天然气管道，实现与中俄东线、陕京管道等多条天然气主干管道互联互通；中开线与平泰线互联互通工程顺利完工，为文23储气库提供了更多的通道。在建管道方面，西气东输四线天然气管道工程新疆段主线路管道焊接完成，全部工程预计2024年10月建成；川气东送二线管道工程正式开工建设，工程建成后，每年将为沿线地区输送天然气超200亿立方米，川渝管网与全国管网互联互通互保能力将进一步提升；中俄东线嫩江支线天然气管道工程正式开工建设。

2. 省内管网

各省内天然气管网建设加快推进。山东、河北、江苏、上海、重庆、天津等省份提出加快天然气管网建设、完善主干管网布局、推动管网互联互通等目标。据不完全统计，省级管道长度超过2万千米，共涉及约14个省级行政单位19家省级管网公司。目前，国家石油天然气管网集团共控股或参股16家省级管网公司，是全国控股或参股省级管网公司最多的企业，涉及的省级管道长度合计超过9000千米。

3. 储气和LNG接收站

储气设施是目前应用最广泛的天然气储存和调峰设施，储气库调峰是天然气调峰的主要方式之一。储气库调峰能力再上新台阶，中国石油长庆油田雷龙湾储气库顺利建成投运，首个水淹型油气藏改建储气库试验项目——辽河油田马 19 储气库先导试验工程投产注气，吐哈油田温吉桑储气库群温八储气库顺利试注投运，塔里木油田柯克亚储气库注气系统启运。中国石化文 24 储气库注气投产，中原储气库群增至 6 座；文 23 储气库二期工程 1 号井场投产。截至 2023 年底，全国在役储气库（群）47 座，形成储气库调峰能力 673 亿立方米，增加库容量 25.11 亿立方米，增加工作气量 10.96 亿立方米。已投产的 LNG 接收站达到 31 座，年接收能力达到 1.45 亿吨左右。

（三）天然气下游产业

天然气下游产业根据用途差异可以分为城市燃气、工业燃料、天然气发电、天然气化工、交通用气等不同类别。2023 年我国天然气表观消费量 3945 亿立方米[7]。城市燃气和工业燃料是主要的用气行业，二者之和占比约为 75%。其中，城市燃气大类包括居民生活用气、商业公共服务业用气、采暖用气和车船交通用气四类。2023 年城市燃气是主要的消费增量市场，同比增长约 13%，主要增长动力为新冠疫情后社会经济恢复激发的餐饮业和服务业消费快速回升。工业燃料用气主要供应工厂企业用户，并作为燃料用于各类锅炉窑炉加热。2023 年，工业燃料用气在国内外需求不振的拖累下缓慢恢复，全年工业燃料消费量同比增长约 3%。发电用气主要供应燃气电厂和天然气分布式能源项目。由于气电相对煤电、可再生电经济性处于劣势，其用气量主要由电力供需情况决定。截至 2023 年底，我国天然气发电总装机容量约 1.26 亿千瓦，用气量超过 600 亿立方米，约占全国总用气量的 17%。化工用气将天然气作为原料，并将其用于生产化肥、化纤和甲醇等化工品，通常用气规模与天然气紧张程度成反比。2023 年化工原料用气在行业复苏和农事需求驱动下平稳增长，2023 年我国天然气供需宽松，气头化肥、化纤企业开工率提升，春耕夏收等农事活动也带动化肥需求增长，全年化工原料消费量稳中有增，同比增长约1%。

从销售环节看，天然气下游产业可分为批发销售、中间转售和终端零售。批发销售方面，三家石油公司为绝对主体，2023年合计销售量占天然气表观消费量的比例在90%以上。其中，中国石油天然气销售量为2299.1亿立方米[8]，中国石化天然气销售量超过600亿立方米，中国海油天然气销售量约为655亿立方米。中间转售方面，省级能源公司是主力，目前大都在积极推进输售分离。终端零售方面，主要以城市燃气公司为主，参与主体超过1000家。其中由港华智慧能源、华润燃气、昆仑能源、新奥能源、中国燃气组成的“城燃五虎”是影响力最大的城市燃气公司，合计零售总量约占零售市场总量的1/3。

三、中国天然气产业发展存在的问题

（一）天然气供需不匹配，对外依存度相对较高

尽管我国天然气供给与需求均呈增长趋势，但相对于国内供给，天然气需求量和国外进口量增长更快，很容易受到国际形势变化的影响。数据显示，2010—2023年，我国天然气需求年均增速超过11%，而国内天然气产量年均增长仅约7.5%，这导致国外天然气进口量较快增长，天然气对外依存度不断提升，且近几年保持40%以上。俄乌冲突后，随着各国对能源安全的进一步重视，天然气进口依存度较高始终是制约天然气发展的原因之一。

（二）天然气管网、储气库等配套基础设施尚不能满足市场需求

天然气产业发展离不开强大的管网、储气库等基础设施的支撑。近些年，我国天然气产业基础设施建设取得了良好的进展，但与发达国家相比，仍有较大的差距。从输气管网来看，截至2023年底，我国天然气管道长度达到12.1万千米，远低于美国2013年19.8万千米和俄罗斯2016年

17.8万千米的长度，而且长输干线管网尚未覆盖海南、西藏等省份，还存在20%左右的地市和30%左右的县级行政单位没有接通管道气。从储气库建设来看，国际上储气库工作气量占天然气消费的比重在12%～15%，而我国仅为3%左右。根据国际煤气工业联合会标准，当一国天然气消费对外依存度达到30%及以上时，储气库对消费的贡献应达到12%以上，否则在天然气消费旺季很容易因储气不足而出现“气荒”现象。此外，天然气基础设施本身存在建设周期长、投资规模大等特点，天然气管网和储气库及相关基础设施建设仍然任重道远。

（三）天然气价格与天然气市场不匹配，影响该产业持续健康发展

天然气非市场定价导致我国天然气价格缺乏竞争优势。目前，我国天然气价格主要由上游井口价（进口价）、中游管道输送价和下游分销零售价组成，其中上游和中游价格制定基本都是参考政府基准定价，主要包含出厂价（进口采购价）和管输费。合理的天然气市场价格是平衡各方利益的重要杠杆，更是天然气产业健康发展的关键，但目前我国还缺乏天然气市场基准价。尽管2015年上海石油天然气交易中心已经开始运营，但由于油气体制配套改革不到位，还不能提供市场认可的基准天然气价格。政府定价使天然气价格缺乏竞争优势，进而导致天然气价格不合理（缺乏必要市场竞争，故无法得到合理的收益）。此外，天然气价格实施的是分级管理体制，从气田到用户终端需要经过长输干支管道、省域管网、城市燃气管网等多个环节，不仅抬高了天然气价格成本，也导致天然气上、下游产业之间的价格传递存在一定的时滞效应，下游价格往往不能随上游价格调整而作出及时变动。这不仅限制了上游和中游天然气产业发展的积极性和主动性，更是阻碍了资源的有效配置和合理利用，这对天然气产业的长远发展造成了不利影响。

（四）天然气相关规制管理存在缺陷，不利于该产业规范发展

从政府规制机构来看，缺乏统一的政府专门管理机构。近年来，我国为发展天然气产业制定了一系列政策。天然气规制涉及方方面面，但数量过多导致规制政策不明晰、不统一，规制管理职能交叉、分散，不同部门之间对同一天然气产业管理行为缺乏必要沟通协调机制，且没有考虑规制执行人的资质因素，往往会因为人的问题产生错误的规制决定，影响规制实施效果。同时还存在监督缺位和弱化问题，这一问题导致一些天然气企业可以从部门间不同的规制政策中找出漏洞并加以利用，进而使很多规制政策因缺乏执行力而不能落地，严重影响了天然气产业降成本、调结构、淘汰落后产能等供给侧结构性改革任务的推进。具体地说，从天然气资源管理来看，它是一个复杂的系统，包含管理机构、勘探开发利用规制、税费体制等内容，但我国天然气资源管理还缺乏统一的综合主管部门，交叉管理与管理空白同时存在，很多问题需要多个管理部门来协调处理，这导致很多问题得不到解决。此外，我国还没有制定专门且成熟的天然气相关法律，缺乏以市场化原则为基础，稳定、公开、透明、完整的法律框架，对阻碍合规合法天然气资源勘探、开发、运输的行为及违法生产行为均不能进行有效的法律制裁和约束，相关监督机构的能力和手段需要进一步提升。

四、中国天然气产业发展的政策建议

从“十四五”时期来看，中国经济进入新常态，我国天然气产业发展面临着新的挑战。按照“2030 年碳达峰、2060 年碳中和”目标，我国还需要继续多渠道增加天然气供给，持续加大管网与储气设施等天然气产业基础设施建设力度，加快形成天然气市场决定价格机制，并进一步完善天然气产业相关法治和监管工作。

（一）多渠道增加天然气供给

我国天然气总的储备量和人均天然气拥有量均偏低，为保障用气安全有序，不仅要注重国内生产，也要重视国外天然气进口。一是在国内天然气生产方面，要加大资金投入，开发和引进新的勘探、储存和生产技术，加快对已探明的天然气资源的开采，并稳步推进对剩余可采储量天然气资源的全面勘探工作。加大对页岩气、深地天然气、深层煤层气、深海天然气等非常规天然气的勘探开采力度。二是在天然气进口方面，应建立更为广泛的国际合作关系，拓宽天然气进口来源，建立多元化天然气进口渠道，积极有序推动天然气进口国家多元化、进口通道多元化、运输方式多样化和进口主体多元化。加快与天然气重点出口国的重大合作项目的推进，不仅要重视短期进口，也要注重长期合作，在巩固和扩大与土库曼斯坦天然气合作的基础上，重点推进与乌兹别克斯坦、哈萨克斯坦、俄罗斯、卡塔尔、美国及澳大利亚等重要天然气供应国家的合作。

（二）加大天然气产业基础设施建设力度

大力夯实天然气基础设施建设，在合理布局基础上，推动国家石油天然气管网公司进一步加大天然气基础设施的建设力度，这是更好满足人民日益增长的天然气需求的必然选择。首先，要加大管网前期建设规划，与城市规划和土地规划相结合，提前做好前期管网布局规划，鼓励企业管网提出有关基础设施建设的申请，最大限度地优化办事流程，简化基础设施投资项目的审批手续和程序，取消不必要的许可证审批。其次，加快列入规划的干线管道、地下储气库、LNG 接收站建设，通过提高基础设施的裕度提升天然气行业的韧性和弹性。特别是要进一步推动储气库建设，以更好地满足日常需求和保障应急，重点要在市场准入和资金方面给予支持，使更多企业能够参与进来，更好地推进储气库建设进程。此外，还应该在政策允许范围内，尽可能开放资本进入，吸引多元投资主体，特别是社会资本向天然气基础设施建设领域进行投资，向社会资本提供全面、公开、透明的投资决策信息，为各类资本营造一个公平竞争的市场环境，使它们敢投资、愿投资，乐于参与天然气基础设施建设。

（三）加快形成天然气市场决定价格机制

深化天然气产业市场化改革，推动天然气产业由“资源为王”“供给决定”转为“多元竞争”“市场决定”的全新发展阶段。一是保持战略定力，进一步推进天然气市场化价格改革，打破天然气价格机制“多轨制”格局，构建公开透明、有序、规范的天然气市场体系，形成天然气市场价格基准，使天然气价格能够根据市场的供给和需求来决定。二是发挥上海、重庆两大石油天然气交易中心支点作用，逐步建立真正公开、公正、真实的市场价格信息披露体系。加快开展天然气现货市场建设，适时引入期货、期权交易，为引领和稳定市场价格提供重要参考。三是打通上下游天然气价格疏通渠道，动态、实时、全面地披露各类价格信息，并给出市场价格指数，实现终端消费价格灵活变动。四是进一步发挥政府对价格的监管作用。特别是在价格监管相对滞后的天然气配送环节，要防止产生配气价格水平差异大、价格偏高、加重居民和企业用气负担等问题。

（四）完善天然气产业相关法治和监管工作

天然气产业健康可持续发展离不开法律法规的约束和保障。目前，国家有关天然气产业的法律法规还不健全，建议进一步完善相关法律法规，为天然气产业发展制定原则和边界，切实保证法律法规内容的落地。根据法律法规相关规定，明确市场准入范围，规范和引导天然气产业健康发展，从根本上保障天然气产业的正当生产行为，打击和约束非法生产和不正当竞争活动。此外，伴随着市场化进程的深入推进，在政府管理弱化的同时，要切实推动天然气产业政府管理与政府监管分开，使监管部门成为独立的机构，以更客观、更明确地对天然气产业发展进行有效监管，构建以市场为主、政府为辅的市场与政府联合监管机制，对天然气产业的上游、中游和下游全产业链进行监管，根据法不禁止即可为原则，为企业和消费者创造良好的市场环境，切实促进天然气产业高速发展，保障天然气供应和保护生产者及消费者的利益。

参考文献

[1]范英,衣博文. 能源转型的规律、驱动机制与中国路径[J]. 管理世界,2021,37(8):95－105.

[2]邹才能,赵群,张国生,等. 能源革命:从化石能源到新能源[J]. 天然气工业,2016,36(1):1－10.

[3]范英,衣博文. 能源转型的规律、驱动机制与中国路径[J]. 管理世界,2021,37(8):95－105.

[4]周守为,朱军龙,单彤文,等. 中国天然气及LNG产业的发展现状及展望[J]. 中国海上油气,2022,34(1):1－8.

[5]王震,孔盈皓,李伟."碳中和"背景下中国天然气产业发展综述[J]. 天然气工业,2021,41(8):194－202.

[6]罗大勇. 2018—2023年中国天然气产量[J]. 国际石油经济,2024(4):105.

[7]中华人民共和国国家发展和改革委员会. 2023年12月份全国天然气运行快报[EB/OL]. https://www.ndrc.gov.cn/fggz/jjyxtj/202401/t20240122_1366220.html.

[8]中国石油天然气集团有限公司.2023年度报告[EB/OL]. https://www.cnpc.com.cn/cnpc/ndbg/202405/5542d91273aa4e4089acae5c85a2b0a9/files/d43ceb216a074cf4b94006612ab97dfa.pdf.

天然气管网与行业融合发展的思路探讨

唐森 杨安 吴超 温文 张仲藜①

摘　要　天然气管网与天然气行业融合发展是“四个革命、一个合作”能源安全新战略，实现油气管网设施公平开放的内在要求，也是保障能源安全、促进天然气产业高质量发展的前提条件。国家管网集团的成立意味着构建“X+1+X”的天然气产业体系迈出重要一步，在天然气产业上、中、下游共同努力下，近几年我国呈现出天然气管网布局日益完善、行业从业者大量增加、资源多元化显著增强、保供能力明显提升、开放服务及平台化交易得以实现的新局面。同时，天然气管网融合也面临着上、中、下游市场化程度不一，基础设施效能未能充分发挥以及天然气基础设施面临转型的新挑战。国家管网集团持续推动天然气管网融合发展，优化天然气基础设施建设，加速“全国一张网”建设，完善天然气管网公平开放机制，推动天然气行业与新能源多能融合。

关键词　天然气管网；全国一张网；融合发展；多能融合

---

①　唐森，工学硕士，国家管网集团市场部总监、高级工程师；杨安，MBA，国家管网集团市场部副总经理、高级工程师；吴超，工学硕士，国家管网研究总院，高级工程师，主要研究方向为管道市场与经济；温文，管理学硕士，国家管网研究总院，高级经济师，主要研究方向为管道经济；张仲藜，经济学博士，国家管网研究总院，经济师，主要研究方向为国际宏观及能源经济。

一、天然气管网融合发展的重要意义

2014 年 6 月，习近平总书记在中央财经领导小组第六次会议上提出“四个革命、一个合作”的能源安全新战略，指明了油气管网设施运销分开，主辅分离、放开竞争性业务的天然气产业改革方向。2017 年 5 月，中共中央国务院印发的《关于深化石油天然气体制改革的若干意见》提出了要分步推进国有大型企业干线管道独立、实现输销分离等改革措施，更好地保障能源安全，促进油气行业市场化、竞争化的高质量发展，满足人民对美好生活的向往。

2019 年 3 月，习近平总书记主持召开了中央全面深化改革委员会第七次会议，审议通过《石油天然气管网运营机制改革实施意见》，提出要推动石油天然气管网运营机制改革，组建国有资本控股、投资主体多元化的石油天然气管网公司。2019 年 12 月 9 日，国家石油天然气管网集团有限公司（以下简称国家管网集团）正式挂牌成立。国家管网集团的成立，改变了油气产业“一体化”运营模式，逐步构建形成上游油气资源多主体多渠道供应、中间统一管网高效集输、下游销售市场充分竞争的“X + 1 + X”油气产业新体系，实现油气产业高质量融合发展。

构建“X + 1 + X”的天然气产业体系具有重要意义。一是实现管输和生产、销售环节分开。管输服务向第三方市场主体公平开放，有利于促进市场主体充分竞争，提高资源配置效率，进一步推进市场化的天然气价格机制改革，激发市场活力[1]。二是促进管网互联互通，加快构建“全国一张网”。提升天然气运输能力，将天然气高效输送储存与能源供给的安全稳定相融合，更好地在全国范围内进行资源配置，提高资源的配置效率，保障天然气安全稳定供应。三是促进天然气基础设施与多种能源融合发展。随着天然气管网建设和规模的不断扩大，天然气管网将在能源互联网中为消纳可再生能源、建设智慧能源、实现多能融合发挥重要作用，推动实现天然气与电力、热力及新能源体系的融合发展[2-5]。

二、天然气管网融合发展现状

国家管网集团成立以来，深入推动建设现代化能源管输体系，持续促进天然气管输产业上下游融合发展，统筹推进重大工程建设、管网互联互通和省级管网融入，天然气一次管输能力再攀新高，中小托运商管输量占比大幅提升，在“X+1+X”油气市场体系中的支撑带动作用日益增强。

（一）完善全国管网布局、设施能力显著增强

1. “全国一张网”架构初步形成

目前，我国天然气管网已经建成包括西气东输、陕京管道、中俄东线、川气东送、涩宁兰、中缅、秦沈、哈沈等多条大口径长输天然气管道，以及中贵、冀宁等跨省联络线工程，形成了“三纵三横”骨干管网以及西北、东北、西南和海上“四大战略通道”，全国骨干管网连接川渝、长庆、西北和中亚、缅甸、俄罗斯等51个主要国内气源和进口管道气源，以及20座LNG接收站和20座地下储气库，初步形成“全国一张网”架构。

2. 管输能力加快提升

截至2023年底，国家管网集团在役天然气管网里程5.72万千米，管网覆盖全国30个省（区、市）和香港特别行政区，直辖市及省会城市双气源双通道覆盖率达到87%，地级市和县级行政单位覆盖率分别达到85%和63%。天然气管网一次管输能力超过3400亿立方米/年，较2020年底

提升 30%。

3. 调峰能力不断增强

国家管网集团作为国内最大的 LNG 接收站运营商，所属接收站具备 LNG 接卸、存储、气化外输、液态装运和返装船能力，储气调峰设施能力居国内首位。截至 2023 年底，国家管网集团拥有总储气能力超 110.2 亿立方米，占全国已建储气能力的 1/3 以上。其中，LNG 接收站 7 座，总接收规模超 3060 万吨/年，约占全国总接收规模的 28%；地下储气库 8 座、权益工作气量 100 亿立方米。

（二）创新服务产品及商务规则，与天然气行业融合发展

1. 创新服务产品

在国家发展改革委、国家能源局指导下，国家管网集团对标国际先进服务经验，立足国内政策环境和天然气产业发展现状，从客户实际需求出发，积极开展创新服务产品研发。目前，已研发推出“管网通”“一站通”“气液通”“峰谷通”及 LNG 仓储等服务产品。此外，市场主体借助国家管网平台，也开拓了包括液卖气交、气卖液交等多种交易模式。各类服务产品体现了“全国一张网”运营、公平开放的优势，有效提升了管网基础设施综合服务能力。

2. 不断完善管网商务规则

国家管网集团以客户需求和价值创造为基本原则，构建以客户需求为导向的市场开发运营体系，设计、优化管输商务交易规则、合同模板和流程标准，通过交易平台固化商务规则，形成管容、罐容和库容良性分配秩序，实现客户准入申请、需求提报、路径分配、订单签署、合同执行等全业务闭环管理。

（三）迭代开发开放服务及交易平台

推行“一票制”合同，降低天然气行业使用管网的难度和成本。2022 年 4 月 1 日，国家管网集团开放服务及交易平台正式上线。该平台专注于

油气基础设施服务，是集客户、营销、交易、结算于一体的行业级交易平台，国家管网积极探索能源产业协作新模式，努力打造以数据为基础、服务为导向、资源整合为核心的国家级服务平台。交易平台的上线标志着以共享公司为依托的国家管网“一票制”管输服务模式正式成形，“一票制”管输服务模式对外为客户提供“一张管网、一个订单、一份合同、一张发票”的方便体验，大幅减少托运商签署、邮寄、管理合同的工作量，极大缩短了管输合同的签约周期；对内实现标准合同文本统一，管输收入结算路径清晰、量价准确，形成了管输服务由需求发起到合同关闭的完整价值创造链条。“一票制”有效地解决了托运商关注的焦点问题，提高了服务体验与托运商满意度。截至2023年底，累计签约“一票制”合同1900余份，客户需求响应时间缩短至2个自然日以内（依服务类型），为推进管网设施公平开放、保障托运商合法权益起到了关键作用。

三、天然气管网融合发展面临的挑战

国家管网集团的成立促进了天然气管网融合发展，但在市场格局重塑及构建“X+1+X”天然气市场体系过程中，我国天然气产业仍面临诸多挑战。

（一）上、中、下游市场化程度不一

1. 上游集中垄断的情况仍然凸出，但LNG、煤层气、煤制气已经成为撬动的杠杆

国内勘探开发环节投资大、风险高，导致资源方较少，市场活力不足，少数大企业优势地位明显，竞争不充分等问题依旧突出，“以大型国有油气公司为主导、多种经济成分共同参与的勘查开采体系”远未形成。LNG进口资源受价格波动影响较大，由于采购灵活，受管道运输影响小，形成了一定数量的资源贸易企业，但总数仍偏少，并未形成真正意义上的竞争。

2. 中游尚未完全打通，局部地区仍然存在一体化垄断

国家管网集团、石油公司（自有管道）、省网公司、民营管道在多区域共存，但彼此间的统筹协调能力亟待优化。尤其是相较于统一运营的天然气干线管网“大动脉”，省级管网这个支线“毛细血管”仍不够畅通，存在多主体多层级运营、运销不分离、地方垄断等堵点问题，距离国家关于天然气基础设施公平开放的改革方向还有不小差距。国家干线管网和省级管网在股权结构、调控体系、价格体系等方面仍存在较大差异，省网融入难度大，“最后一公里”仍待打通[6]。

3. 下游市场已经集中大量需求和用户，但交易方式仍未能实现真正意义的市场化

下游用户类型分为城燃企业、工业用户、化工、电厂、直供等，供应端难以灵活匹配。而天然气零售领域的市场集中度较高，对某一具体区域来说，各地政府通过城市燃气特许经营权，规定在一定期限和范围内只能有一家城市燃气供应企业，在特许经营权规定范围内，市场集中度较高。上游生产及进口、中游输储、下游销售等产业环节虽然逐步在向市场化靠拢，但是市场化程度存在差异，未能形成有效的市场化联动机制。

（二）天然气基础设施效能未充分发挥

1. 天然气基础设施规划与上下游缺乏有效衔接

天然气基础设施本身具有投资规模大、建设周期长、专用性和自然垄断性强的特点。目前存在天然气基础设施规划预期与上下游产业衔接不一致的问题，例如，西南、长庆、鄂尔多斯盆地国产气增量较大，但与管网布局规划衔接不够，造成后续资源通道未能合理匹配；下游天然气利用产业布局未能与管网规划有效衔接，用气工业企业在征地、规划、建设时所能参考的信息有限，对后期项目实施造成困难。国家已经制定“全国一张网”规划、区域发展规划和天然气发展专项规划，但各项规划衔接需要加强，如何保障资源外输通道通畅，国产气主产区、储气库、接收站应连尽

连接入“全国一张网”，下游配套产业协同布局仍是首先要考虑的问题。

2. 国家和区域天然气基础设施建设缺乏有效联动，存在发展不均衡和布局重叠的问题

目前，各省地方政府主导的省级管网公司投资和建设的天然气管道也在持续布局之中，但在局部地区存在同一区域内国家干线和省网管道重复建设、无序发展、不良竞争的情况，这无疑又给区域天然气管网的集约建设利用和未来全国一张网的高效整合对接带来难题。优化天然气管道布局，统筹衔接国家主干管道和省级管道，避免设施重复建设，影响运营效率和各方投资收益是天然气基础设施效能提升考虑的主要因素。另外，管道、接收站、储气库建设时序尚需优化，尚未明确不同压力体系联通节点，从物理层面实现互联互通、站管库融合。

3. 尚未形成因地制宜的天然气输配体系

目前，我国各省份经济发展、天然气消费存在差异，尚未形成因地制宜的天然气输配体系。以黑龙江为例，黑龙江面积47万多平方千米，常住人口仅3100万，属于地广人稀的典型省份，2023年天然气消费总量为34.29亿立方米，针对此类天然气市场尚处于培育阶段的地区，天然气管网受地势、气候、技术、下游产业布局等影响建设成本较高，采取管道“县县通”天然气输配方式并不经济。因此，因地制宜地选择最适合区域天然气产业发展的天然气输送方式，有利于资源的合理配置，用气结构上也能按照各地实际所需，实现管道气与CNG、LNG的配套，建立起协调使用体系从而协调多种天然气发展机制，率先做到多种天然气类型的使用和输送上的融合发展。

（三）“双碳”目标下亟须探索天然气基础设施转型

在“双碳”目标的推动下，我国能源结构清洁低碳转型的步伐势必加快，欧美等发达国家（地区）将大规模利用天然气和加快发展风能、太阳能、生物质能等其他绿色能源作为主要抓手，让“天然气＋其他绿色能源”的发展模式既可有效替代高碳能源，又能明显起到节能减排的效用。天然气作为最低碳、清洁的化石能源，将在我国“双碳”进程中发挥关键作用。但随着天然气消费的达峰，天然气基础设施需积极探索转型新模式，统筹天然气管网与新能源、电力、热力融合互补。

四、对天然气管网与行业加快融合发展的思考

国家管网集团将持续推动天然气管网融合发展，持续完善天然气管网公平开放机制，加速“全国一张网”建设并推动天然气管网多能融合。

（一）加速“全国一张网”建设

1. 持续优化天然气基础设施建设，完善“物理一张网”

截至 2023 年底，我国在役天然气管道里程超 12 万千米；LNG 接收站 28 座，接收能力 10200 万吨/年；地下储气库 50 座，储气能力 266.8 亿吨，国家管网集团天然气管道里程、LNG 接收能力、储气能力分别占全国的 47%、30%、41%。而我国单位国土面积对应管网里程与发达国家仍有较大差距，国家管网集团将肩负起连接全国天然气基础设施、构建“全国一张网”的使命，进一步提升天然气管网规模和覆盖率，保障资源外输通道通畅，使省级管道、国产气主产区、储气库、接收站应连尽连接入“全国一张网”。具体规划上，与上下游产业相关配套的规划需要适度超前，战略性动脉与主要气区、LNG 接收站、储气库的外输通道等基础设施要配套联动，上游资源的产能建设布局、LNG 接收站和储气库等基础设施布局、中游省级管道布局、下游天然气利用产业布局要与“全国一张网”管道设施布局配套融合，总体上做到适度超前规划。

优化天然气管道布局，统筹衔接国家主干管道和省级管道，积极引导和推进省级管网公司以市场化方式融入国家管网公司，健全组织机构和协同机制，全力推进省网融入工作，避免设施重复建设，影响运营效率和各方投资收益。合理匹配好管道、接收站、储气库建设时序，明确不同压力

体系联通节点，从物理层面实现互联互通、站管库融合。依据不同区域实际，择优选择天然气输送方式，宜管则管，宜液则液，探索欠发达地区管液协同的天然气供应体系，不搞管道“县县通”“镇镇通”一刀切，探索干线管道、支线管道、LNG、CNG 综合配送体系，提高输配系统整体效能。

2. 建立以不平衡管理为基础的管网商务运行规则，实现“商务一张网”

充分认识管网不平衡管理的规则机理，以不平衡管理规则为基础完善平衡辅助服务体系，充分利用接入“全国一张网”的储气库、接收站 LNG 储罐等设施综合储气能力和“全国一张网”互联互通的灵活调度优势，创新推出更多不平衡服务产品；在商务层面基于“全国一张网”拉通与之相连的所有接收站、管道、储气库，利用天然气基础设施开放服务交易平台，建立任意两点间或组合式的服务产品，为天然气产业用户提供包括注采气、LNG 接卸气以及管输在内的综合性“一站式”服务，最大限度提高基础设施利用率；为实现设施利用效能最大化，制定高效的新型交易规则、服务协议和流程标准，从商务规则方面科学高效分配资源。转变省网融入观念，原先片面强调股权融入形式的物理组网模式演变为统一调度的调控组网和统一商务平台上运营交易相融合的新模式。坚持总体融入的原则，尊重各省（区、市）的选择权，根据各地区不同情况进行模式引导，采取多元化融合发展模式。总体思路上平衡各方利益，将“所有权融入”“股权融入”“运营融合”三种市场化模式作为省网融入国网的基础实施方案，实现物理组网与规则组网的良好融合。

3. 推进天然气管网集中调度体系和公平开放交易平台的融合发展，形成统一商务规则下的“调控一张网”

持续开展国内主干管网与进口能源通道、省网管道、石油企业管网及储气设施调度衔接，统一国家能源进口通道、主干管道、干线管道调度标准及运行管理办法。做好全国天然气的统筹调配和调度运行，通过数据互通实现调度指令的高效传递，提高保供状态下的供应保障能力，按照“依法合规、市场运作、保障有力、公开透明”的基本原则，采用以市场化运作与政府调控相结合的方式，建立权责明确、界面清晰的天然气管网集中统一调度和分级控制体系，实现全国“调度一张网”[7-9]。按照总体设计、分步实施的原则，采用市场化方式探索建立国家天然气调度中心，建立一个能够串联整个产业链各个环节的平台，提高资源在多主体管网设施间的优化调配能力。同时，通过整合汇集天然气行业信息，对行业风险提前预判，发挥预测预警作用。

（二）持续完善天然气基础设施公平开放机制

1. 完善信息和剩余能力公开机制

对《油气管网设施公平开放监管办法》中如何及时有效地进行信息和剩余能力公开的系统性要求部分，进行更细化、更具体、更有时效性的改进和完善。在对信息安全性、有效性进行充分评估后重点解决信息公开不充分、不及时和过度保密化的问题，保证信息披露在安全的前提下能够充分、及时地进行公开。对于信息公开参数的规范性和完整性进行完善，所公开的参数应尽可能全面，以便市场更好地进行分析和判断从而制定决策。此外，还应在国家能源局2020年4月公布的《关于做好油气管网设施剩余能力测算相关工作的通知（征求意见稿）》的基础上尽快对剩余能力测算标准进行完善。参考借鉴全球典型国家的天然气基础设施公平开放模式和政策，制定并提供更具体、更及时的公平开放信息模板，增加公平开放市场透明度。同时，国家规范管输路径结算统一算法，保障不同主体使用管输服务产品路径结算算法一致性权益。

2. 明确公平开放的干线管网范围，进一步推动运销分离

一是在技术层面和功能层面明确天然气干线管网的范围。例如，明确天然气干线管网由跨省（境）和资源接入主干管道、跨地市和其他资源接入干线管道、从主干或干线管道接出的设计压力 4 兆帕以上的其他管道。

二是在明确公平开放监管设施清单基础上，完善天然气管网设施公平开放主体责任的监管，进一步推进省网运销分开，参照国家管网的监管方式强化对省级管网的生产运行、剩余能力公平开放、信息披露等各方面的监管。要求同属一个企业的管网运营部门和天然气销售部门在信息、财务、人员等方面严格隔离，以保证管网运营部门决策的独立性，真正实现第三方公平准入。

（三）加快天然气管网多能多介质融合发展

1. 通过能源互联网实现天然气管网与电力、热力融合互补

通过互联网技术，加强天然气与其他能源的互补与融合，实现彼此的相互协调和优势互补。用户的电力、热力需求通过互联网端实时进行反馈，必要时，抽调管网中的天然气进行电力和热力的转化，从而实现协调互补，形成一体化的多能互补系统。天然气作为化石能源中最低碳的部分，可以更好地服务于可再生能源。未来，在电力系统的季节性调峰过程中，还将大力发挥天然气在其中的作用。届时，天然气消费结构中，用于发电的比例将超过 50%。高峰期时，通过燃气轮机产生电能完成发电任务；低谷期时，通过 P2G 技术将电能转换为天然气或氢气用于储存，由此实现电力系统和天然气系统的良好融合，从而为间歇性的新型能源发电更好地融入新型能源体系创造时间窗口并起到“削峰填谷”的蓄水池作用。

2. 探索天然气管网输送新介质新能源的有效方式

随着国家对能源结构的调整与油气资源消费能力的变化，天然气管网需要提升新能源安全性、高效的输送能力与储存能力，需对相关技术工艺进行重点研究并对现有天然气管道进行改进，使之具有输送非常规介质的兼容性。首先，因为二氧化碳输送过程中其特性会发生改变并且其自身具有腐蚀性，而氢气具有分子量小、渗透性和扩散性强、易燃易爆的特点，所以在管道输送的过程中需要对管道材料、输送设备、仪表等进行改良，使之具有相容性和适应性。其次，超临界二氧化碳以及天然气管道纯氢、

掺氢输送都对输送工艺提出了不同程度的要求，为此，相关技术研发项目需要进一步开展。

参考文献

[1]周淑慧,王雅菲,李广,等. 对建设全国天然气统一大市场的思考[J]. 国际石油经济,2022,30(8):23－31.

[2]黄维和,沈鑫,郝迎鹏. 中国油气管网与能源互联网发展前景[J]. 北京理工大学学报(社会科学版),2019,21(1):1－6.

[3]宫敬,殷雄,李维嘉,等. 能源互联网中的天然气管网作用及其运行模式探讨[J]. 油气储运,2022,41(6):702－711.

[4]段言志,郭焦锋,李森圣,等. 天然气与其他绿色能源高质量融合发展的预期实现途径[J]. 国际石油经济,2021,29(1):64－71.

[5]孔令峰,储培麟,朱兴珊,等. 油气田与风光电力融合发展研究[J]. 国际石油经济,2020,28(4):46－53.

[6]孙慧,杨雷,李雷,等. 深化中国天然气市场改革的思考与建议[J]. 天然气工业,2023,43(2):139－145.

[7]王亮,焦中良,高鹏,等. 中国天然气管网"管容交易＋调度运行"一体化模式探讨:中国天然气管网运营机制研究之一[J]. 国际石油经济,2019,27(8):17－26.

[8]王亮,焦中良,高鹏. 中国天然气管网"专业化管理＋区域化运维"模式探讨:中国天然气管网运营机制研究之二[J]. 国际石油经济,2019,27(10):33－43.

[9]王亮,蔡林,焦中良,等. 基于"全国一张网"的天然气基础设施经营模式创新探索:中国天然气管网运营机制研究之三[J]. 国际石油经济,2022,30(1):67－76.

新能源篇

中国风电产业发展现状与前景展望

王　恰①

摘　要　风电是一种重要的绿色电力，对改善能源结构、应对气候变化和增强国家能源安全发挥着重要作用。截至2023年底，中国风电累计装机容量4.41亿千瓦，连续14年保持全球第一。2023年，中国风电年发电量8859亿千瓦时，占全国总发电量的9.4%，仅次于火电和水电的发电量，是中国的第三大电源。中国拥有全球最大、最完整和最具竞争力的风电产业链、供应链，中国风电装备制造水平具备较强的国际竞争力，中国已成为当今全球风电技术发展的“领跑者”。本文介绍了中国风电产业发展现状，分析了当前中国风电产业发展面临的问题与挑战，最后对中国风电产业发展前景进行展望，并提出对策建议。

关键词　风力发电；风电产业；风电技术；高质量发展；欧洲风电宪章

①　王恰，中国社会科学院数量经济与技术经济研究所副研究员。

风力发电（以下简称风电）是一种利用风能发电的新能源技术，也是全球能源转型的重要技术支撑。党的十八大以来（2012 年至今），中国政府对风电发展给予了高度重视和有力扶持。中国风电产业发展取得了一系列突破性进展：中国风电装机规模连续 14 年保持全球第一，中国拥有全球最大、最完整和最具竞争力的风电产业链、供应链，中国风电装备制造水平具备较强的国际竞争力，中国已成为当今全球风电技术发展的“领跑者”。

2024 年 2 月 29 日下午，中共中央政治局就新能源技术与我国的能源安全进行第十二次集体学习[1]。中共中央总书记习近平在主持学习时指出，我国风电、光伏等资源丰富，发展新能源潜力巨大。经过持续攻关和积累，我国多项新能源技术和装备制造水平已全球领先，建成了世界上最大的清洁电力供应体系，新能源汽车、锂电池和光伏产品还在国际市场上形成了强大的竞争力。新能源发展已经具备了良好基础，我国成为世界能源发展转型和应对气候变化的重要推动者。习近平总书记还强调，我们要顺势而为、乘势而上，以更大力度推动我国新能源高质量发展，为中国式现代化建设提供安全可靠的能源保障，为共建清洁美丽的世界作出更大贡献。

一、中国风电产业发展现状

（一）“双碳”目标提出以来，中国风电装机实现跨越式增长

2023 年，中国新增风电装机容量（新增并网容量）7570 万千瓦，为过去历年最高。截至 2023 年底，中国风电累计装机容量 4.41 亿千瓦[2]，

装机规模仅次于火电和太阳能发电（光电）装机，占全国发电总装机容量的 15.1%。

2012 年以来，中国风电装机增长迅速，2012—2023 年年均增长 19.6%。其中，2015 年和 2020 年受风电标杆上网电价退坡政策的影响，年增长率高达 35%及以上（见图 1）。自 2020 年 9 月 22 日中国提出碳达峰、碳中和远景目标以来，中国政府制定了《“十四五”现代能源体系规划》《“十四五”可再生能源发展规划》，启动了大型清洁能源基地建设和“千乡万村驭风行动”，中国风电进入大规模跃升式发展新阶段。2021—2023 年 3 年的时间，风电装机增长 15969 万千瓦，“风光”装机合计增长约 3.56 亿千瓦，增长规模和速度超出预期。距离 2021 年《中共中央 国务院关于完整准确全面贯彻新发展理念做好碳达峰碳中和工作的意见》（以下简称《意见》）提出的“到 2030 年风电、太阳能发电总装机容量达到 12 亿千瓦以上”目标，还剩不到 1.5 亿千瓦，预计 2024 年底即可完成这一目标。

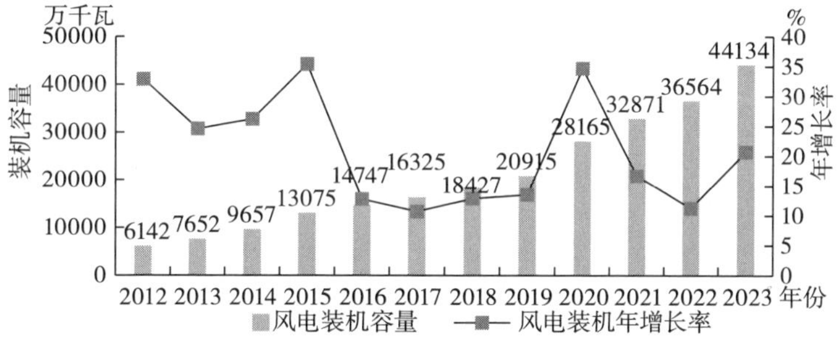

图 1　2012—2023 年中国风电装机容量及风电装机年增长率

资料来源：2012—2022 年数据来自中国电力企业联合会[4]，2023 年数据来自国家能源局[2]。

近年来，中国沿海地区风电发展较快，形成“海陆”风电开发共进之势。2010 年 7 月，中国第一个海上风电场——上海东海大桥海上风电示范项目并网发电，这是当年全球除欧洲以外的第一个海上风电场。根据中国可再生能源学会风能专业委员会（CWEA）统计的吊装数据[3]，截至 2022 年底，中国累计装机超过 18 万台，容量突破 3.9 亿千瓦。其中，陆上风电累计完成吊装 3.6 亿千瓦，占全部吊装容量的 92.3%；海上风电累计完成吊装 3051 万千瓦，占全部吊装容量的 7.7%。

中国风电开发由过去的集中在“三北”地区逐步向中东南地区发展，风电装机的区域分布更加广泛，也更加均衡。2012 年，中国风电装机规模 6142 万千瓦，除西藏之外，全国各省（区、市）均有分布，但主要集中在东北、西北和华北北部地区。其中，内蒙古装机规模最大（1693）①，装机规模在 300 万千瓦以上的地区还有河北（675）、甘肃（597）、辽宁（476）、山东（382）、吉林（330）、黑龙江（323）。2022 年，中国风电发电装机规模 36564 万千瓦，全国 31 个省（区、市）均有分布。其中，风电装机容量在 2000 万千瓦以上的地区分别为内蒙古（4568）、河北（2797）、新疆（2614）、山西（2318）、江苏（2254）、山东（2302）、甘肃（2073）。

（二）风电成为中国绿色电力的重要供给来源

2023 年，中国风电年发电量 8859 亿千瓦时，占全国总发电量的 9.4%，仅次于火电和水电的发电量，是当前中国的第三大电源。相比 2012 年，2023 年中国风电年发电量增加了 8.2 倍（见图 2）。

图 2　2012—2023 年中国风电发电量及风电发电增长率

资料来源：2010—2022 年数据来自中国电力企业联合会[4]，2023 年数据来自国家统计局[5]。

① 本段括号内数据为各地区风电装机容量，单位为万千瓦，数据来自中国电力企业联合会[4]。

从2022年各地区风电发电量来看，内蒙古风电发电量1077亿千瓦时，为全国最多。其次是新疆（588）①、河北（587）、江苏（513）、山西（466）、山东（415）。风电发电量在200亿千瓦时以上的地区还有10个，分别为河南（382）、甘肃（348）、宁夏（275）、广东（269）、辽宁（255）、福建（231）、黑龙江（228）、云南（214）、吉林（201）、陕西（200）。

从2022年各地区电力结构来看，吉林风电发电占该地区总发电量的比重为19.8%，为全国最高。其次是黑龙江，风电发电占比为19.4%，然后为上海（17.7%）、福建（17.6%）、河北（16.6%）、重庆（15.7%）。风电发电占比在10%～15%的地区有6个，分别为四川（12.9%）、北京（12.6%）、甘肃（11.9%）、山东（11.5%）、海南（11.1%）、山西（10.2%）。风电发电占比在5%～10%的地区有8个，分别为湖南（9.8%）、浙江（8.6%）、广西（7.5%）、内蒙古（7.2%）、天津（7.0%）、河南（6.6%）、贵州（5.3%）、新疆（5.3%）。其余11个地区风电发电占比不足5%。

（三）中国已成为全球风电技术发展的“领跑者”

近年来，中国风电技术发展在大功率风机、超低风速风机、深远海风电开发等领域取得了许多新的突破。据悉[6,7]，2023年中国下线生产的陆上风电机组最大单机容量为11兆瓦，比2022年提升3兆瓦；海上风电机组最大单机容量达到20兆瓦，比2022年提升2兆瓦；风力发电机叶片长度突破至126米；塔筒高度提升至185米。2023年5月20日，中国首个深远海浮式风电平台“海油观澜号”成功并网发电，其产生的绿色电力通过一条5千米长动态海缆接入海上油田群电网，预计年均发电量2200万千瓦时，全部用于油田群生产用电。2023年11月，中国首台三边形桁架塔风电机组成功并网。为提高低风速区域风能利用率，中国中车旗下中车株洲

① 本段括号内数据为各地区风电发电量，单位为亿千瓦时，数据来自中国电力企业联合会[4]。

所自主设计开发了桁架式超高塔技术，发电量相对于普通机型增加15%，基础建设成本降低显著。2023年12月，中国首个“海上风电+海洋牧场+海水制氢”融合项目——明阳智能阳江青洲四海上风电场项目首批风机并网投产。该项目用海面积为73.69平方千米，水深45~47米，中心离岸约69千米，是目前中国已建成离岸距离最远、水深最深的近海深水区海上风电项目；总装机容量500兆瓦，采用明阳智能自主研发的44台固定式风力发电机组，其中25台MySE11-230机组、19台MySE12-242机组，预计每年可提供清洁能源发电量约18.3亿千瓦时。

“双碳”目标提出后，中国风电技术发展进一步提速，主要体现在塔架高度的提升、单机容量的增加、叶片长度持续增长、风电装备价格与风电开发成本的快速下降等方面。如图3所示，2019年中国新增陆上风电机组平均单机容量为2.4兆瓦，2020年为2.6兆瓦，2021年为3.1兆瓦，2022年为4.3兆瓦；2019年中国新增海上风电机组平均单机容量为4.2兆瓦，2020年为4.9兆瓦，2021年为5.6兆瓦，2022年为7.4兆瓦。

图3　2012—2022年中国新增陆上、海上风电机组平均单机容量

资料来源：CWEA[8]。

当前，中国风电已经进入技术的“无人区”，在技术创新、产品业态等方面基本上很少有比较成熟的国际经验可供借鉴，中国已成为全球风电技术发展的“领跑者”。就海上风电机组来看，2023年中国已实现16兆瓦级风电机组的批量安装，18兆瓦级风电机组已进入批量招标阶段，4款机组已下线生产[9]。2023年10月，明阳智能发布全球单机容量最大的风电机组——MySE22MW 海上机组，同时下线全球单机容量最大的陆上机组——MySE11－233。2023 年 12 月 12 日，明阳智能下线了单机容量为 18. X～20 兆瓦、风轮直径为 260～292 米的抗台风型海上风电机组。它是 2023 年底前全球已下线单机容量与风轮直径最大的风电机型。运达股份还下线了 2023 年全球最大的漂浮式海上风电机组，单机容量达到 16～18 兆瓦，将被安装在中电建万宁海上漂浮式项目样机试验风电场中。图 4 对比了 2023 年中国和欧美整机制造商发布的最大容量风电机组，中国整机制造商发布的风电机组普遍在 18 兆瓦级，而 Vestas、Siemens Gemesa、GE 仍停留在 16 兆瓦级。

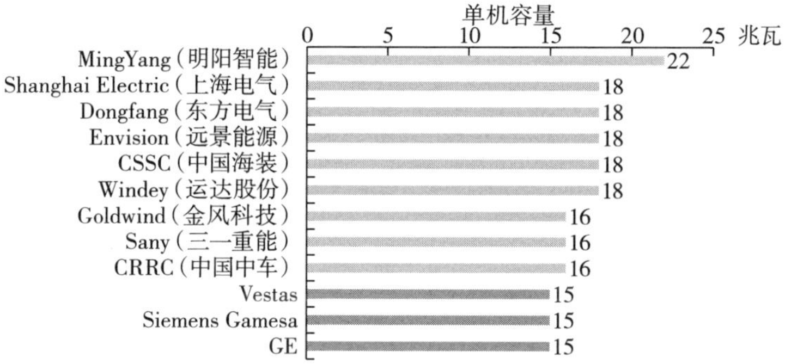

图 4　中国及海外各整机厂最大机型

资料来源：彭博新能源财经（BNEF）“2024 中国能源转型论坛”。

（四）中国已经建成全球最大、最完整的风电产业体系

“双碳”目标提出后，风电行业受到中国各级政府的高度重视和国家产业政策的大力支持。《“十四五”可再生能源发展规划》《“十四五”现代能源体系规划》《关于完善能源绿色低碳转型体制机制和政策措施的意见》等产业政策为中国风电行业的发展指出了明确、广阔的市场前景，营造出了良好的创新与发展生态环境。特别是中国的沿海省份，地方政府已经认识到发展风电产业对地方经济发展的重要带动作用。江苏的风电产业布局比较早，目前相对成熟，广东的粤东和粤西两个海上风电集群规划建

设已初见成效；山东、广西已经完成区域布局定位，福建的漳州等地也制订了庞大的海上风电发展计划。围绕“十四五”规划的山东半岛、长三角、闽南、粤东、北部湾五大千万千瓦级海上风电基地集群，大大小小的海上风电产业基地相继规划建设。截至2023年11月底，国内沿海省（区、市）已有约17个大型海上风电产业集群落地（见表1）。

表1　中国沿海地区主要海上风电产业集群

省份	城市	产业园/产业集群	入驻企业	产值目标（元）
辽宁	大连	太平湾风电母港国际产业园	三峡能源、运达股份、招商局集团、中水电四局等	超百亿
山东	东营	东营经济技术开发区海上风电装备产业园	山东能源、中国海装、上海电气、三一重能、金雷股份、天能重工、中复联众等	500亿
	烟台	中国海上风电国际母港产业园区	华能、中广核、上海电气、东方电气、大金重工、法国液化空气等	350亿
	威海	乳山海上风电装备制造基地	国家电投、明阳智能、远景能源、中车同力海工、豪迈重工、海力风电、中天海缆等	超百亿
江苏	盐城	大丰风电产业园	金风科技、中车电机、宝诚重工、锦辉机舱罩、海力风电、广茂电机、双一科技等	超百亿
		射阳港新能源及其装备产业园	中国华能、远景能源、中国中车、时代新材、天顺风能、禾望电气、亨通海缆等	超百亿
	南通	南通风电母港装备产业基地	中国海装、上海电气、重通成飞、明阳智能、中天海缆、海力风电等	超百亿
浙江	宁波	象山大型海上风电智能化装备产业园	中船海装等	167亿
	温州	温州深远海海上风电零碳总部基地	金风科技、中天科技、海力风电	600亿

续表

省份	城市	产业园/产业集群	入驻企业	产值目标（元）
福建	福清	三峡海上风电国际产业园	三峡能源、金风乐基、东方电气、LM、中车电机等	150 亿
	漳州	漳州海上风电装备产业园	中船海装、中信重工、东方电气叶片、天顺风能、洛轴轴承、南方宇航等	500 亿
广东	汕头	汕头国际风电创新港	三峡能源、国家电投、华润电力、京能集团、电气风电、金风科技等	2000 亿
	阳江	广东（阳江）国际风电城	三峡能源、明阳智能、金风科技、中车电机、中材科技、东方电气等	超千亿
广西	钦州	钦州海上风电装备产业园	华能集团、远景能源、中船集团、锦峰海洋重工、西门子	超千亿
	北海	北部湾风电零碳产业基地	金风科技、中国中车	超千亿
	防城港	防城港市新能源装备产业集群	中广核、广西投资集团、明阳智能等	超千亿
海南	儋州	洋浦海上风电产业园	中国大唐、东方电气、中国电建、电气风电、海力风电、亨通海南等	124 亿

资料来源：冉小冉[10]。

风电行业提供了包含风电项目规划和开发、风机设备制造、风机设备安装、风电场运维、风机设备的退役拆除等大量的就业岗位。2022 年中国大约有 68.1 万人在风电行业就业，约占全球风电行业从业人员总数的 50%，是 2012 年中国风电就业人数的约 14 倍（见表 2）。

表 2　重点国家和地区的风电从业人数　　单位：千人

年份	全球	中国	美国	欧盟
2012	753	48	81	270
2013	854	356	51	328
2014	1027	502	73	320
2015	1081	507	88	331
2016	1155	509	102.5	329.9

续表

年份	全球	中国	美国	欧盟
2017	1148	510	106	344
2018	1160	510	114	314
2019	1165	518	120	292
2020	1254	550	116. 8	259
2021	1371	654	120. 2	298
2022	1400	681	126	319

资料来源：根据2013—2023年IRENA发布的《可再生能源与就业年度报告》整理[11]。

（五）风电装备出口与国际风电项目合作创造佳绩

近年来，中国大型（并网型）风力发电机出口大幅提升，2019—2022年连续4年超过1000兆瓦（见图5）。截至2022年底，中国累计出口风电机4224台，总容量11929兆瓦[7]。其中，陆上风电机组4112台，总容量为11439. 2兆瓦；海上风电机组112台，总容量为489. 8兆瓦。从整机制造企业来看，金风科技出口容量超过5607. 6兆瓦，占全部累计出口容量的47%，远景能源的累计出口容量为2929. 9兆瓦，占比24. 6%。

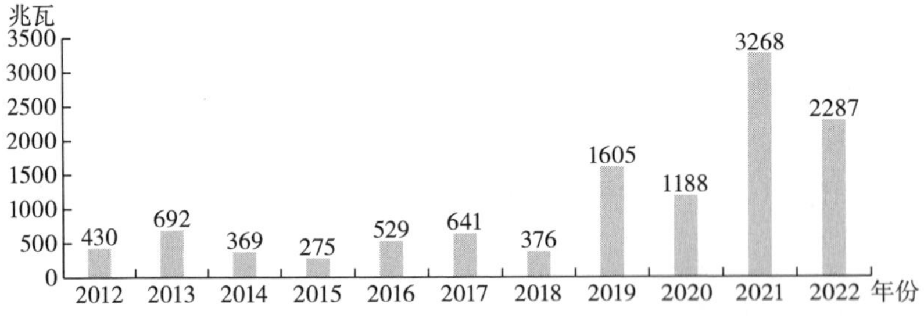

图5　2012—2022年中国并网型风力发电机出口情况

资料来源：CWEA[8]。

“一带一路”倡议提出以来，一大批中国风电开发企业积极“走出去”，承接“一带一路”沿线国家的风电建设项目[12]。在南亚，2015年至今中国电建已累计在巴基斯坦承担了22个风电总承包项目，总装机规模超过1090兆瓦，占巴基斯坦风电市场份额超过60%。在中亚，中亚最大风电项目——江布尔州100兆瓦风电项目是中国与哈萨克斯坦合资建设的。在中东欧，黑山莫祖拉风电项目由我国企业与马耳他政府共建。在非洲，我国已与南非、埃塞俄比亚、肯尼亚等国共同开展了风电项目建设，其中埃塞俄比亚阿达玛风电场是非洲最大的风电项目。

二、中国风电产业发展存在的问题及面临的挑战

（一）价格“内卷”仍将持续，整机制造企业短期内净利承压严峻

在过去3~4年的时间，中国国内风机价格一路走低。CWEA的数据显示[7]，陆上风电机组价格（不含塔筒）从2019年的3800元/千瓦，降至2022年的1770元/千瓦，2023年进一步降至1509元/千瓦。海上风电机组价格（不含塔筒）从2020年的6728元/千瓦，降至2023年的3101元/千瓦。这意味着，陆上风电机组价格在过去的4年间下降了约60%，海上风电机组价格在过去的3年下降了约55%。风机价格的“腰斩”与单机容量的增加、规模经济、国产化率的提升、业主大批量采购等因素有关，但是电价竞配政策下的企业之间价格竞争无疑是其中最直接的因素。陆上风电从2021年起，海上风电从2022年起不再执行标杆电价，也不再享受国家补贴，各地区新增核准的风电项目普遍采取竞争性配置。在竞争性配置政策下，风电开发企业为了中标通常以集采等方式压低风机价格，整机制造企业则为了拿到订单打起价格战。这导致风机销售毛利率大幅下滑，整机制造环节几乎没有利润，企业经营承受较大压力。2023年，金风科技实现营业收入504.57亿元，同比增长8.66%；归属于母公司所有者的净利润为13.31亿元，同比下降44.16%。明阳智能实现归属于上市公司股东的净利润为3.54亿~5.3亿元，同比减少84.66%~89.75%。2023年，电气风电实现营业总收入101.14亿元，同比下降16.24%；归母净利润亏损

12.71 亿元，上年同期亏损 3.38 亿元。从另一个角度看，不论是风电平价前的抢装潮，还是价格战，都容易埋下质量与安全隐患，要引起行业重视。在“价格战”下整机制造企业的创新投入也难以得到保障，需进一步完善新能源领域创新体系和激励机制。

（二）部分地方盲目“上马”新能源项目，“一哄而上”“圈而不建”等问题显现

进入“十四五”后，各地区相继出台新能源建设规划和装机目标，新能源装机规模持续快速增长。当前，新能源项目“大干快上”已蔚然成风，需警惕可能出现的“地产化”和“以产业换项目”倾向。与房地产开发逻辑相似，新能源开发可以将土地资源价值变现，并且还可以通过产业换项目，拉动地方财政税收。竞争性配置政策给予地方政府更大的主导权、更多的选择权。然而，存在大量新能源项目难以落地的情况，原因包括：生态红线、土地类型、地形地貌等限制用地面积不足、送出通道不畅、融资不及预期、政府要求的建设工期短等，一些地区还会对在建或者已建成的项目提出征收土地使用税或者耕地占用税。2023 年以来，多地政府开始加速清退光伏、风电存量项目，一大批“圈而不建”、环评不过、并网到期的新能源项目被废止。据北极星太阳能光伏网统计[13]，目前已有山东、贵州、江西、安徽等 11 地陆续公布了被废止的光伏、风电等项目名单，累计被废止项目 426 个，规模共计约 24.87 吉瓦（1 吉瓦 =100 万千瓦）。其中，风电项目 57 个，累计规模超 4.5 吉瓦。

（三）欧美加强本土供应链保护政策支持，中国新能源产品出口仍面临较大风险挑战

近年来，中国生产的风力发电机等新能源产品凭借其明显的价格优势，成功进入全球市场，一方面挤占了部分原本属于欧美企业的市场份额，另一方面也促使欧美企业降低产品价格。根据彭博新能源财经公布的数据，中国向海外销售的风机价格相比欧美整机商报价低 20%。由于本地

市场被外国企业挤占，再加上原材料价格上涨、通货膨胀压力、地缘冲突等外部因素的影响，2022 年、2023 年欧美政府出台了多项本土供应链保护政策。贸易逆全球化趋势给中国风电装备出口带来一定不确定性风险。2022 年 8 月，美国出台《通胀削减法案》，旨在鼓励购买本土制造的新能源产品，限制对国外（特别是中国）产品和技术的依赖。根据彭博新能源财经的计算[14]，包括本地含量和选址奖励在内的税收抵免总额可将美国海上风电项目的股权回报率提高至 13% 以上。2023 年 11 月，英国提高了第六轮 CfD 可再生能源拍卖的最高价格，海上风电项目的最高执行价格提高了 66%，从 44 英镑/兆瓦时提高到 73 英镑/兆瓦时。2023 年 12 月，26 个欧盟国家（不含匈牙利）集体签署“欧洲风电宪章”，提出至少覆盖到 2024—2026 年的欧洲未来风电装机计划，同时希望通过改变当前的低价中标规则，“保护”欧洲风电行业免受来自欧洲外制造商的“不公平贸易行为”的影响。

三、中国风电产业发展前景展望与对策建议

“双碳”目标提出以来，中国持续推动能源绿色低碳转型，风电等清洁能源的发展定位已从过去的补充能源，转变为现代能源体系中的重要替代能源和支撑性电源。根据 Wood Mackenzie 预测[15]，未来 10 年（2023—2032 年），中国风电市场新增并网容量将达到 771 吉瓦，其中，陆上风电市场新增容量占比超过 77%。预测期内，陆上风电市场年平均新增装机容量将超过 59 吉瓦。在中国的“三北”地区，风电开发未来仍将以集中式开发为主，重点是沙漠、戈壁、荒漠、边境、采煤沉陷、露天矿排土场等地区。在中东南低风速资源区，随着“千乡万村驭风行动”的实施，风电开发将与农村风貌、乡村产业融合，与分布式光伏等其他清洁能源形成乡村多能互补综合能源系统，风力发电以就近就地消纳为主。在中国沿海地区，海上风电开发潜力巨大，并且能够带动相关制造业、服务业发展，是

沿海地区实现碳达峰碳中和目标、发展新质生产力的关键技术支撑。

从政策导向来看，中国政府将会进一步建立健全适应新型电力系统的市场机制，包括竞争性配置机制、电力交易机制、碳排放交易机制、绿色电力证书机制等，旨在保障处于风电产业链各个环节企业的合理利润，使企业创新可持续。风电等清洁电力收购的主体也由过去的电网企业一家独大，向着电网企业、售电企业、电力用户、电力调度机构和电力交易机构等多个主体并存的模式转变。

从技术发展趋势来看，大型化、数字化、“多能互补”、风电与“农林牧渔”业的融合发展、深远海风能资源开发、风电制氢、风电装备回收利用等都将是风电技术未来发展的重要方向。特别是数字化，其可能在风电项目设计、风电项目审批、风电装备制造、风电场运营、风电出力预测、电力系统调节等领域带来大量新的变革。

从出口形势来看，短期内欧美地区本土供应链保护政策可能会持续升级，中国的风力发电机等产品出口将会转向东南亚、中东、拉美等地区。但是，欧美的本土保护政策大概率不会长期存在，因为产业扶持政策所需的资金投入是巨大的、难以负担的。从全球来看，中国风机产品的价格竞争力或将长期存在，而在风电技术、风电标准、风电与其他清洁能源协同发展等方面，中国目前尚不具有明显的优势。在风电技术创新、标准制定、风电新业态、新型电力系统的构建、电力预测与调度、电力交易规则等多个方面，各国仍然需要加强交流与合作，共同推动全球绿色低碳转型。

为提升风电产业链供应链韧性和安全水平，促进中国风电产业高质量发展，本文提出以下五点建议。第一，加强全国范围风电项目开发的中长期规划，协调区域间的能源、电力供给平衡，优化新能源产业布局，扎实提升区域间时空互济能力，避免地方上无序开发、盲目竞争。第二，完善风电项目审批机制，加强项目规划、申报、核准、建设、运营全链条信息备案与监管，简化审批流程，提高项目审批效率。第三，充分发挥碳市场、绿色电力证书等市场机制作用，引导全社会消费新能源等绿色电力。第四，在竞争性配置政策下企业主动加大风电技术研发投入的能力有限，需要政府加大关于风电技术创新投入的力度。第五，鼓励银行机构丰富金融和外汇产品，更好地满足新能源企业规避国际汇率波动、地缘冲突等风险的实际需求。

参考文献

[1]新华社．习近平在中共中央政治局第十二次集体学习时强调:大力推动我国新能源高质量发展 为共建清洁美丽世界作出更大贡献[EB/OL].[2024-05-07]. https://www.gov.cn/yaowen/liebiao/202403/content_6935251.htm.

[2]国家能源局．国家能源局发布2023年全国电力工业统计数据[EB/OL].[2024-05-07]. https://www.nea.gov.cn/2024-01/26/c_1310762246.htm.

[3]中国可再生能源学会风能专业委员会.2022年中国风电吊装容量统计简报[J]．风能,2023(4):40-56.

[4]中国电力企业联合会．中国电力统计年鉴2023[M]．北京：中国统计出版社,2023.

[5]国家统计局．中华人民共和国2023年国民经济和社会发展统计公报[EB/OL].[2024-05-07]. https://www.stats.gov.cn/sj/zxfb/202402/t20240228_1947915.html.

[6]赵靓.2023年,中国风电技术发展绘新篇[J]．风能,2024(2):54-55.

[7]中国可再生能源学会风能专业委员会．中国风能这一年[R]．北京:中国可再生能源学会风能专业委员会,2024.

[8]中国可再生能源学会风能专业委员会.2022年中国风电吊装容量统计简报[J]．风能,2023(4):40-56.

[9]赵靓.2023年中国海上风电新机型统计[J]．风能,2024(1):

34 - 38.

[10]冉小冉. 直逼万亿产值,海上风电"稳"了! [EB/OL]. [2024 - 05 - 07]. https://news. bjx. com. cn/html/20231211/1349109. shtml.

[11]International Renewable Energy Agency (IRENA). Renewable energy and jobs: Annual review 2023[R]. 2023.

[12]杨永明. "一带一路"能源国际合作报告(2023)[EB/OL]. [2023 - 05 - 07]. https://www. cpnn. com. cn/news/baogao2023/202309/t202309 22_1637305_wap. html.

[13]北极星太阳能光伏网. 426个风光项目被废! [EB/OL]. [2024 - 05 - 07]. https://guangfu. bjx. com. cn/news/20240222/1362268. shtml.

[14]彭博新能源财经. US Subsidy Bonanza Brightens Outlook for Offshore Windr [R]. 2023.

[15]Wood Mackenzie. China onshore wind power outlook 2023[R]. 2023.

中国地热资源开发利用现状与展望

吴　辉　张　锟　王宇飞①

摘　要　在“双碳”目标的背景下，地热能作为一种清洁低碳的能源形式，正受到越来越多的关注和重视。随着我国加快推进碳中和与能源结构转型的步伐，地热资源的开发利用将扮演举足轻重的角色。《“十四五”可再生能源发展规划》提出，积极推进地热能规模化开发及中深层地热能供暖制冷，全面推进浅层地热能开发，有序推动地热能发电发展。地热能具有储量大、分布广、可再生、利用效率高、供给稳定、适用范围大等优势，对于推动能源结构转型、应对气候变化、实现可持续发展具有重要意义。本文首先介绍地热能的成因和分布规律；其次对地热资源的分类方式和开发利用方法进行介绍；最后介绍地热资源开发利用的现状，并展望未来“双碳”进程中地热资源的开发前景。

关键词　地热资源；直接利用；地热发电；现状与展望

①　吴辉，北京大学地球与空间科学学院，研究员，主要研究方向为高温地热勘探开发、二氧化碳地质封存、高性能数值计算；张锟，北京大学地球与空间科学学院，助理研究员，主要研究方向为深地储层表征与模拟；王宇飞，北京大学地球与空间科学学院，助理研究员，主要研究方向为二氧化碳地质封存多场耦合数值程序开发与模拟。

一、地热能的成因及分布

地热能是蕴藏在地球内部的热能，其来源主要包括地球形成时的原始热能、物质沉淀过程中的生热、放射性物质衰变产热以及陨石撞击等。在地核处，温度能达到6000℃以上，相当于太阳表面的温度。在热传导和流体对流传热的作用下，地球内部的热能向上传导至地幔和地壳，在浅层地壳中形成可供人类开发和使用的地热资源。据估算，地球内部的地热能总量为 12.6×10^{12} EJ，50 千米以浅大陆地壳中的地热能总量为 5.4×10^{9} EJ。10 千米以浅大陆地壳中的地热能总量为 4.0×10^{8} EJ，5 千米以浅大陆地壳中的地热能总量为 1.4×10^{8} EJ，而 3 千米以浅大陆地壳中的地热能总量为 4.3×10^{7} EJ。我国地热能储量十分丰富，根据自然资源部中国地质调查局的调查结果，全国 336 个地级以上城市浅层地热资源年可开采资源量折合 7 亿吨标准煤，水热型地热资源年可开采资源量折合 19 亿吨标准煤，深埋在3～10 千米的干热岩地热资源年可开采资源量折合 856 万亿吨标准煤。2021 年，我国全年的能源消费总量为 52.4 亿吨标准煤，如果按照 2% 的干热岩可开采资源比例计算，我国 10 千米以内的可开采地热资源相当于 2021 年能源消耗总量的 3268 倍。

地热能广泛分布于全球各地，但是其分布是不均匀的。一个常用来评估地热能潜力的指标是“大地热流”，即地球表面单位时间内、单位面积上由地球内部向外传送的热能，单位是瓦/平方米。在全球各地，科学家们开展了大量的大地热流测量工作。根据国际热流委员会 2021 年公布的数据，目前全球共有 74548 个大地热流测量值，其中 55% 的数据点位于大陆地区，45% 的数据位于海洋地区。根据测量结果，大陆地区的平均热流值为 65 毫瓦/平方米，海洋地区的平均热流值为 101 毫瓦/平方米。大地热流与板块活动密切相关，大地热流值高的地区与板块边界有着很好的对应关系。在全球范围内，大地热流比较高的地区主要集中在环太平洋火山带、三大洋的洋中脊，以及非洲板块与欧亚板块的碰撞带上。在这些地区，构造运动频繁，地热能丰富，同时火山、喷泉等现象也比较普遍。而在板块内部，由于构造相对稳定，大地热流值相对较低。根据 2016 年公布的数据，在我国大陆地区共计测明了 1230 个大地热流数据。大地热流的分布整体呈“东部高、中部低，西南高、西北低”的趋势。其中，西南地区的大地热流值最高，平均达到 90 毫瓦/平方米，部分地区超过 100 毫瓦/平方米。东部地区的平均大地热流值为 65 毫瓦/平方米，而中部和西北部地区则约为 55 毫瓦/平方米。与全球大地热流值相比，我国大地热流值属于正常偏低水平。

二、地热资源的分类及开发利用现状

（一）地热资源的分类和利用方式

地热资源是指在现阶段人类科技条件下，可被开发利用的地热能，主要包括地表出露的温泉中的地热能、通过热泵技术进行开发利用的浅层地热能、通过地热井直接开采的地热流体以及深地岩石（又称干热岩）中的地热能。根据温度的差异，地热资源可以大致分为三类。第一类是低温地热资源，它是指温度在 25℃ ~90℃ 的地热资源，主要储存在浅层岩土体和地下温热水体中，通常可以直接用来供热取暖。第二类是中温地热资源，温度通常在 90℃ ~150℃，主要储存在地下岩石和高温热水中，除供热外，也可以用来发电。第三类是高温地热资源，温度超过 150℃，储存在干热岩中，其深度通常在 3000 米以上，主要用于发电。

地热资源的利用方式主要有两类：直接利用和地热发电。直接利用针对中低温地热资源，而地热发电则主要适用于高温地热资源，中低温地热同样可以通过某些技术手段用于发电。

地热能直接利用是指直接将地下储存的热能应用于生活和工业领域，而不经过发电这一中间转换过程。地热能直接利用的方式多种多样，包括为住宅和公共建筑供暖与制冷、发展温泉浴疗、为农业温室种植和水产养殖提供恒温环境、路面融雪、电缆管道加热等，地热能也可以直接应用于木材干燥、食品加工等工业过程中。直接利用地热能历史悠久、用途广泛，其主要特点是能效高，且通常对环境影响较小。

地热发电是将地热能转换为电能的过程。根据地热资源的温度和赋存特性，地热发电技术主要分为干蒸汽发电、闪蒸发电、双工质循环发电以及全流发电。干蒸汽发电，又称水蒸汽朗肯循环发电，适用于高温地热，利用高温产生的水蒸汽驱动涡轮机组进行发电。闪蒸发电，包括单级和多级闪蒸，适用于中高温地热，通过降压使地热流体部分蒸发成蒸汽，驱动涡轮发电。双工质循环发电，包括有机朗肯循环发电和卡林那循环发电，适用于中低温地热。有机朗肯循环发电利用地热流体加热低沸点的有机流体（如正丁烷）使其相变为高压蒸汽，进而驱动发电机发电；卡林那循环发电使用氨水混合物作为工质，利用地热流体通过蒸发器将热量传递给氨水溶液，从而产生蒸汽进行发电。全流发电，也称全地热流系统，是指用地热井中所有流体（包括水、蒸汽、不凝性气体等）直接进行全流膨胀发电。当前发展的地热发电技术充分利用了不同温度的地热资源，为发电转换提供了多种选择。

除直接利用和发电外，地热能还有其他潜在的应用领域。例如，地热储能技术，其将地热能转化为热能后储存，在需要时释放能量，提高地热能的利用效率，减少能源浪费，有助于能源供需平衡，推动可再生能源的发展。

（二）世界地热资源开发利用现状

随着全球对环境保护和低碳发展的重视程度日益提高，可再生能源领域的技术进步和广泛应用正在推动能源结构的转型。在此背景下，地热能作为一种清洁的能源选择，其产业也迎来了快速发展的新时期。目前，全球范围内已有超过 80 个国家和地区对地热能进行了开发和利用。近年来，地热能直接利用和发电均得到了较为显著的发展。

1. 地热直接利用

自 21 世纪初以来，地热直接利用在全球范围内呈显著增长的趋势。这种增长不仅体现在参与国家的增多，也表现在装机容量和能源使用量的大幅提升。根据 2023 年世界地热大会的统计数据，截至 2022 年底，地热能直接利用的装机容量已经增长至 173303 兆瓦，而年能源使用量也达到了 1476312 万亿焦耳。与 2019 年的数据相比（30180 兆瓦），3 年间地热能直接利用的装机容量实现了近 55% 的逐年增长率，能源使用量也有了约 45% 的逐年增长率。这一增长主要得益于地源热泵技术的日益普及。根据国际能源署的估算，预计到 2030 年和 2040 年，全球地热能直接利用的装机容量将分别达到 500 吉瓦和 650 吉瓦。

地热能的直接利用体现在诸多领域（见图 1）。根据最新统计数据，建筑物供暖与制冷是地热能直接利用的主要领域，截至 2022 年底，该领域的装机容量高达 152030 兆瓦，反映了地源热泵在提高能效和降低能源成本方面的显著优势。同时，康养、休闲和旅游业也成为地热能利用的重要分支，装机容量达到了 15751 兆瓦，通常涉及温泉度假村、疗养中心等，利用地热资源为游客提供放松和康复服务。此外，农业和食品加工领域通过地热能进行干燥、加热和保温等应用，装机容量累计为 4311 兆瓦。工业用途则相对较少，装机容量仅为 779 兆瓦，但地热能在某些特定工业过程中提供了必要的热能，如化学品的生产和木材的干燥等。与装机容量整体趋势相似，建筑物供暖与制冷直接使用的地热能量约占地热能直接利用总量的 79%。

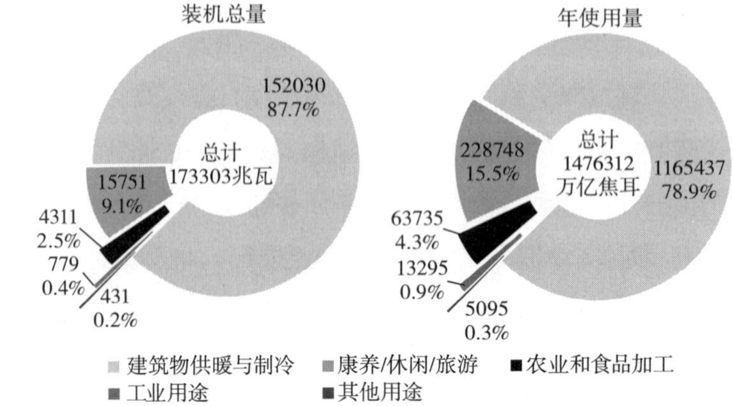

图1　截至2022年底全球地热能直接利用统计

资料来源：International Geothermal Association（IGA）。

从全球区域来看，截至2020年底，全球地热能直接利用主要集中在中国、美国、瑞典、德国和土耳其，这些国家的装机容量分别为40610兆瓦、20713兆瓦、6680兆瓦、4806兆瓦和3488兆瓦（见图2）。而在不包含地源热泵应用的统计中，土耳其在地热能直接利用的装机和使用量方面位列第二，仅排在中国之后。中国目前是全球地热能直接利用市场规模扩大最快的国家。土耳其近年来在地热能的直接利用方面也取得了显著进展，其拥有大规模的基础设施，并利用地热能为农业温室供暖，同时，温泉洗浴也成为土耳其地热利用的一个关键组成部分。

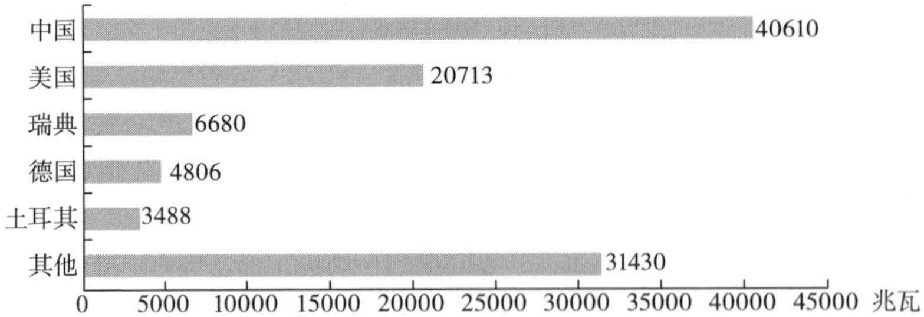

图2　截至2020年底各国地热能直接利用装机容量

资料来源：Think Geoenergy。

2. 地热发电

地热发电作为地热能开发利用的主要方式之一，其历史可以追溯到20世纪初。早在1904年，意大利托斯卡Larderello地区首次利用地热发电，随后在1913年建立了世界上第一座地热电站，标志着地热发电技术的初步探索。此后，地热发电技术在全球范围内逐渐发展，特别是在地热资源丰富的地区，如美国的加利福尼亚州、印度尼西亚的东爪哇、土耳其的德尼兹利省以及冰岛和新西兰等，这些地区的地热活动频繁，高温地热资源分布广泛，为地热发电提供了得天独厚的条件。新西兰、美国等国家相继在20世纪中叶建设了商业化的地热电站，这些早期的探索和实践为后续地热发电技术的发展奠定了基础。

近几十年来，全球地热发电装机容量和年发电量整体上呈稳步增长趋势（见图3）。根据国际地热协会（IGA）最新统计数据，2023年全球地热发电装机容量已达到16吉瓦，发电量也已达到96000吉瓦时。当前，地热发电市场集中度较高，全球地热发电累计装机容量前五的国家分别为美国、印度尼西亚、菲律宾、土耳其和新西兰（见图4），装机规模合计占比达到67%。

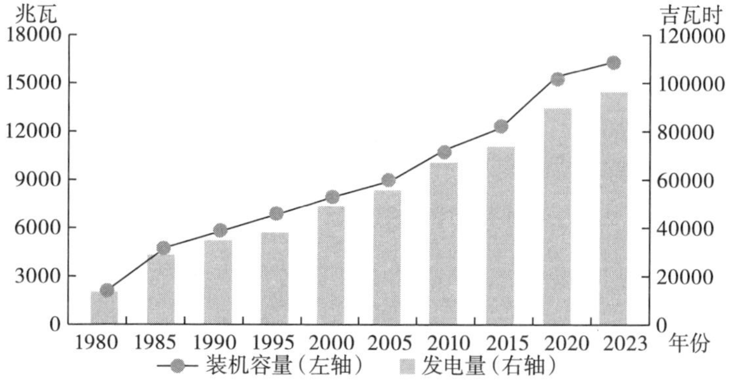

图3 2023年全球地热发电装机容量与发电量

资料来源：International Geothermal Association（IGA）。

美国已连续多年保持全球地热发电装机容量的领先地位，2020—2023年，净容量增加了186兆瓦，总装机容量达到3900兆瓦。尽管如此，地热发电仍仅占美国净电力发电量的0.4%。在2023年初，美国政府的一项研

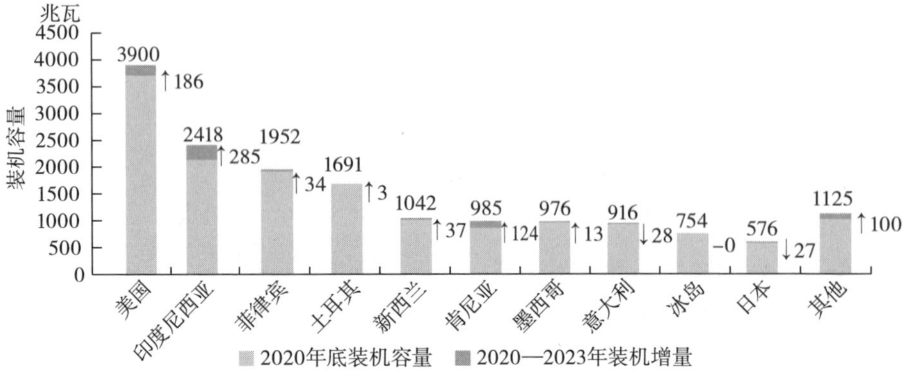

图4　地热发电主要国家装机容量

资料来源：Think Geoenergy。

究表明，美国地热发电的大规模应用将取决于增强型地热系统（EGS）技术的发展。近年来，印度尼西亚在地热发电方面发展较快，2020—2023年新增装机容量285兆瓦，新增量全球第一。按照印度尼西亚的地热开发规划，到2027年左右，印度尼西亚有可能超越美国，成为全球地热发电市场的领导者。此外，肯尼亚最近几年加快了地热发电步伐，3年间新增装机容量124兆瓦，仅次于美国和印度尼西亚。

尽管地热发电技术已经取得了一定的进展，但相较于其他可再生能源，如风能和太阳能等，其增长速度较慢。2010—2020年，受高温地热资源分布不均和开发技术不足的影响，地热发电的年均增长率仅约为4%，地热发电的潜力尚未得到充分挖掘。干热岩发电技术是地热发电领域的一个重要研究方向，它通过增强型地热系统开发深层高温地热资源，具有巨大的发电潜力。然而，EGS开发仍面临资源勘探、储层改造、环境地质风险评估等挑战，目前尚处于探索和试验阶段。

（三）我国地热资源开发利用现状

中国是全球地热能资源大国，拥有丰富的地热资源，具有巨大的地热资源开发潜力。近年来，随着国家对清洁能源的重视和支持，地热能的开发利用取得了显著进展。地热能直接利用规模居世界首位，技术不断成熟，应用领域广泛，特别是在供暖、制冷和农业等领域。地热发电虽然起步较早，但规模很小，仍在探索和发展中。政府相关部门出台了一系列政策支持地热能的开发和利用，推动了相关技术和产业的发展。总体来看，我国地热能产业正处于快速发展期，未来有望在能源结构转型和绿色低碳发展中发挥更加重要的作用。

1. 地热直接利用

规模大且发展迅速。自 20 世纪 70 年代以来，我国地热能直接利用经历了从起步到快速发展的转变，逐步构建起坚实的产业基础。随着对地热资源禀赋的深入认识和国情的实际考量，地热产业开始逐渐成形，并以供暖/制冷利用为主导快速推进。进入 21 世纪，我国地热产业的发展更是迈入了快车道。根据世界地热大会的统计，自 2004 年起，我国的地热直接利用规模稳居世界首位，并持续增长，成为全球地热发展的新标杆（见图5）。截至 2023 年底，我国地热能直接利用的装机容量已达到 100220 兆瓦，年利用热量将近 828882 万亿焦耳，有效替代了大量的标准煤消耗，并显著减少了二氧化碳排放。地热能在我国能源结构转型和推进绿色低碳发展中扮演着越来越重要的角色，这一增长趋势不仅展现了我国地热资源的巨大潜力，也为全球地热能的可持续利用提供了成功范例。

应用领域广泛。我国地热能直接利用的应用领域非常广泛，包括建筑物供暖/制冷、温泉洗浴、康养保健、农业温室种植、水产养殖等。自 2014 年底，我国地热能直接利用领域迎来了一项令人振奋的转变，地热供暖首次超过了温泉洗浴，成为主导应用。截至 2022 年底，中深层水热型地热供暖利用占据了近 50% 的比例（见图 6），浅层地热供暖/制冷也占有相当大的市场份额。此外，地热农业利用也逐渐成为新的增长点，如地热温室种植和养殖场等。

利用地域分布广。我国地热能直接利用在地域上呈现出广泛分布的特点。根据中国地质调查局等在“十二五”期间的资源评价，全国 336 个地级以上城市浅层地热能年可开采量折合 7 亿吨标准煤，可实现建筑物供暖/

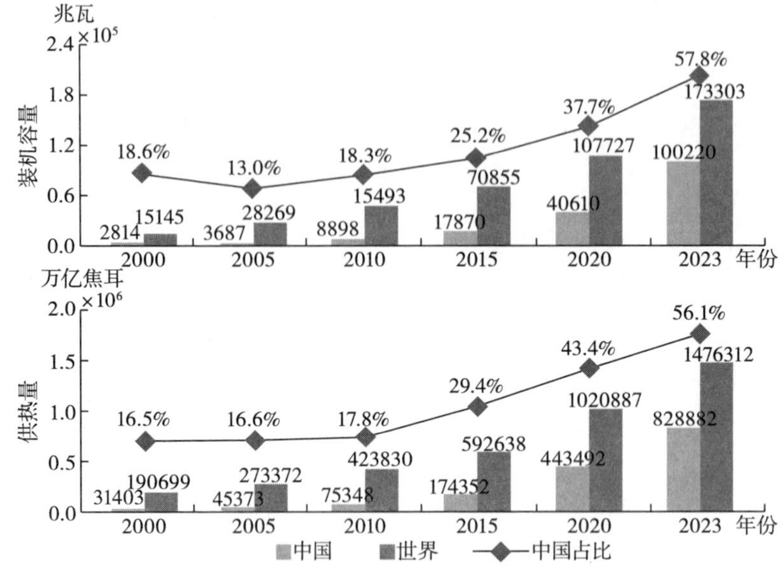

图5　21世纪以来世界及中国地热能直接利用变化情况

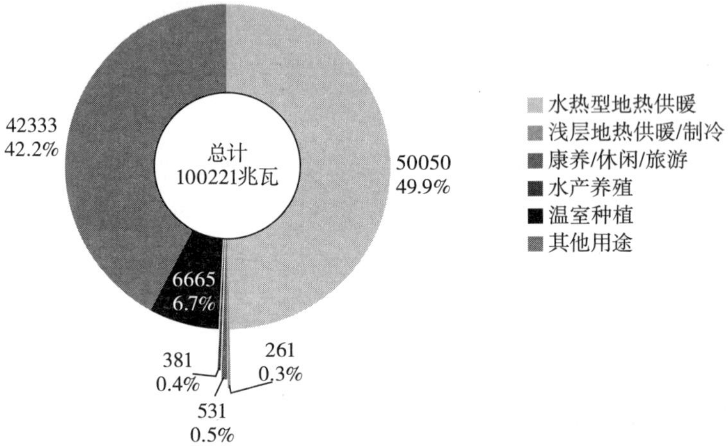

图6　截至2022年底我国地热能直接利用装机容量结构

制冷面积320亿平方米。目前，浅层地热能利用主要集中在中东部省份，其中环渤海区域发展最好，长江中下游平原地区次之。环渤海地区冬季取暖需求强烈，河北省的利用量位列第一，辽宁、山东和北京紧随其后，凸显了分布式能源在北方城市供暖中的适用性。在长江中下游沿线大城市，如重庆、武汉和上海均建设有大型水源热泵供暖/制冷项目。水热型地热能的直接利用也取得了显著进展，尤其在河北、河南、山东、陕西和天津等省份，得益于丰富的地热资源，这些地区已经成为水热型地热供暖的重要发展区域。河北水热型地热供暖能力居全国第一位，打造出“雄县模式”，使雄县成为我国第一个地热供暖“无烟城”，供暖面积已超过 1000 万平方米，成为整县推进地热供暖的典范，为地热能的区域性开发提供了可借鉴的模式。河南在水热型地热供暖方面展现出迅速增长的势头。天津则凭借其在水热型地热供暖方面的最大城市地位，为大型城市地热能的规模化开发和应用积累了宝贵经验。此外，我国北方地区的含油气盆地也蕴藏着丰富的地热资源，尤其是渤海湾盆地、松辽盆地等地。目前，油田地热能利用已在胜利油田、大庆油田等落地。

地热能直接利用技术稳步发展。近年来，我国地热产业稳步发展，已建立起涵盖地热地质、选区评价、可持续开发、工程配套等方面的地热能直接利用技术体系。在勘探思路上，我国采用了基于地热系统成因机制的“上山（潜山）”找水勘探策略，专注于隆起、凸起区的碳酸盐岩地热能资源，这一策略在渤海湾盆地、南华北盆地、鲁西隆起等地取得了显著成效。另外，发展了“取热不耗水”技术，通过间接换热系统，实现了地热水中热量的有效提取，同时确保了地热水的同层回灌，这一技术在河北大名龙景湾等地热项目中得到了成功应用。地源热泵技术也经历了快速发展阶段，目前地源热泵技术的建筑应用面积已超过 1.4 亿平方米，形成了适应我国国情的高温热泵、大型地源热泵以及多种功能热泵系统，这些技术和设备的本土化生产已基本实现。在地热尾水的循环利用方面，针对岩溶型热储，我国已经掌握了较为成熟的同层密闭回灌技术；而对于砂岩热储，尽管已经进行了大量的科学研究和生产试验，取得了显著的进步，但要实现经济高效的大规模推广，仍有待进一步的技术优化。此外，我国也在积极探索地热能的梯级利用技术，在京津冀地区以及东南沿海地区，已经开始建立集发电和供暖于一体的地热能梯级开发利用的示范项目，这标志着我国在地热能综合利用方面迈出了重要的一步。

2. 地热发电

我国地热发电的现状呈现出一定的复杂性，一方面拥有巨大的地热资源潜力，另一方面在实际开发利用上却存在诸多“瓶颈”。具体来说，我国可进行发电利用的地热资源潜力巨大，但在实际发电应用中还未能充分释放其潜力。技术层面上，虽然涵盖了从传统的水热型地热发电到前沿的干热岩型地热发电，但在效率提升和成本控制方面仍有较大的提升空间。

地热资源丰富但开发利用与装机容量增长不匹配。我国拥有丰富的高温地热资源，尤其在西南及东部沿海地区，这些地区的高温地热资源理论上具有巨大的发电潜力。早在20世纪70年代初期我国就开始探索地热发电，于1970年在广东丰顺建成了第一座地热试验电站，标志着中国成为世界上第八个利用地热发电的国家。尽管在70年代全国建成了7处中低温地热发电站，但随后的发展步伐显著放缓。半个世纪以来，我国的地热发电主要依赖于少数几个地热电站，且装机容量增长有限（见表1）。截至2020年底，我国地热发电装机容量仅为44.56兆瓦，与《地热能开发利用“十三五”规划》中设定的新增地热发电装机容量500兆瓦的目标相去甚远。这一装机容量不仅未能充分体现我国丰富的地热资源潜力，也远落后于美国、印度尼西亚等在地热发电领域取得显著进展的国家。

表1 我国主要的地热发电站统计

地点	名称	投产年份	地热温度（℃）	装机容量（兆瓦）	发电技术	运行状态
广东省梅州市	丰顺地热电站	1970	92	0.086	单级闪蒸	停运
		1978		0.20	有机朗肯	停运
		1984		0.30	单级闪蒸	运行
		2014		0.35	有机朗肯	运行
江西省宜春市	温汤地热电站	1971	60～92	0.05	有机朗肯	拆除
河北省张家口市	怀来地热电站	1971	79	0.20	有机朗肯	拆除
山东省烟台市	招远地热电站	1973	84	0.20	单级闪蒸	拆除
湖南省长沙市	灰汤地热电站	1975	98	0.30	单级闪蒸	拆除

续表

地点	名称	投产年份	地热温度（℃）	装机容量（兆瓦）	发电技术	运行状态
西藏自治区拉萨市	羊八井地热电站	1977	140～160	1.00	单级闪蒸	停运
		1981		3.00	双级闪蒸	运行
		1982		3.00	双级闪蒸	运行
		1985		3.00	双级闪蒸	运行
		1986		3.18	双级闪蒸	运行
		1988		3.00	双级闪蒸	运行
		1989		3.00	双级闪蒸	运行
		1990		3.00	双级闪蒸	运行
		1991		3.00	双级闪蒸	运行
		2008		1.00	全流	运行
		2010		1.00	全流	运行
辽宁省营口市	熊岳地热电站	1977	90	0.10	有机朗肯	拆除
广西壮族自治区来宾市	象州地热电站	1979	73	0.20	单级闪蒸	拆除
台湾省台中市	清水地热电站	1981	79	3.00	单级闪蒸	停运
台湾省宜兰县	土场地热电站	1985	226	0.30	有机朗肯	停运
西藏自治区阿里地区	朗久地热电站	1983—1985	103～105	1.00	单级闪蒸	间歇运行
				1.00	有机朗肯	停运
西藏自治区那曲地区	那曲地热电站	1993	95～114	1.00	有机朗肯	停运
河北省任丘市	留北潜山油田地热电站	2011	85	0.40	有机朗肯	停运
西藏自治区拉萨市	羊易地热电站	2011	134	0.40	全流	停运
		2012		0.50	全流	停运
		2016		2.00	全流	停运
		2018		16.00	有机朗肯	运行
云南省瑞丽市	瑞丽地热电站	2017	130～150	1.20	全流	运行
河北省沧州市	献县地热电站	2018	95	0.28	有机朗肯	运行
山西省大同市	山西高温地热示范电站	2021	173	0.58	有机朗肯	运行

续表

地点	名称	投产年份	地热温度（℃）	装机容量（兆瓦）	发电技术	运行状态
河北省唐山市	马头营干热岩示范项目	2021	150	—	有机朗肯	运行
青海省海南州	共和盆地干热岩示范项目	2022	236	—	—	运行

地热发电技术多样但效率有限。目前我国的地热发电技术包括传统的水热型地热发电和新兴的干热岩型地热发电。我国的高温水热型地热发电技术起步较早，以西藏羊八井地热电站为代表。羊八井地热电站是我国第一座也是最大的地热电站，利用当地丰富的高温地热资源进行发电。该电站自 1977 年建成以来，经过多次扩建和技术改造，装机容量曾达到 27 兆瓦以上，为当地提供了大量的清洁电力。在 2018 年，西藏羊易地热电站装机 16 兆瓦双工质发电机组，成为目前我国单机组功率最大的地热发电机组。中低温地热资源在我国分布广泛，尤其在华北、松辽等盆地。我国较早开始了中低温地热发电的探索，例如江西宜春曾建立了利用 67℃ 地热水进行发电的先例，虽然该电站已停运，但它证明了我国利用中低温地热进行发电的可行性。然而，受限于中低温地热资源的特性，我国中低温地热发电效率仍然相对较低。干热岩型地热发电技术属于国际上的前沿领域，我国也在积极探索和尝试该技术。青海共和盆地、河北唐山马头营以及海南琼北地区是我国干热岩地热能开发的示范点，目前已经开展了干热岩地热发电的先导性试验和示范项目，旨在解决干热岩地热发电中的技术难题。近几年，我国在干热岩发电方面进展显著。2021 年 6 月，唐山市马头营隆起区干热岩开发示范项目实现我国首次干热岩试验性发电。随后，2022 年 1 月，青海共和盆地也实现了干热岩试验性发电和并网。共和盆地拥有国内最优质的干热岩资源，岩体温度高，分布连续集中，开采条件优良。2023 年 8 月，中国石化的海南琼北深层地热（干热岩）福深热 1 科学探井在海口开钻，该探井设计井深 5000 米，系我国第一口深层地热科学探

井，属国际先进水平。该项目的实施将有助于探明海南的地热资源潜力，同时推进我国深层干热岩开发技术的进步。总体来看，我国干热岩发电仍处于试验阶段，但已经取得了一定的进展，为未来干热岩地热发电的商业化和规模化奠定了基础。

地热发电面临多重挑战。目前，我国地热发电产业的发展受到多种因素制约。一是政策支持不足，缺乏专门针对地热发电的激励政策和法规，使得地热发电在能源市场中的竞争力不足。二是金融投资有限，地热发电项目通常需要较高的前期投入和较长的回报周期，这使得吸引私人和公共投资变得困难。三是技术创新能力尚显不足，地热发电关键技术的突破和优化需要持续的研发投入和人才培养。四是管理监督机制有待健全，地热资源的开发利用缺乏有效的管理和监督，可能导致资源的不合理开发和环境问题。此外，环境影响评估的加强也是地热发电产业发展中不可忽视的一环，需要建立完善的评估体系以确保项目的可持续性。这些挑战的存在，要求政府、企业和研究机构等多方共同参与，采取综合性措施，以促进地热发电产业健康、规范和可持续发展。

三、地热资源开发利用展望

作为一种可再生的清洁能源，地热资源的开发利用对缓解人类对化石能源的依赖、促进碳达峰和碳中和具有十分重要的战略与现实意义。根据Jolie 等的估计，地热发电装机量在 2050 年将达到 150 吉瓦。美国能源部地热办公室在 2021 年发布了一个针对地热发电的 5 年计划，预计在 2050 年实现 60 吉瓦的地热发电装机容量。我国在地热直接利用方面一直处于国际领先地位，同时也在大力推进地热发电技术的研发和应用，例如在青海共和盆地正在开展的干热岩地热发电项目。2021 年，国家发展改革委、国家能源局等部委发布了《关于促进地热能开发利用的若干意见》，提出“2025 年地热能供暖（制冷）面积比 2020 年增加 50%，在资源条件好的地区建设一批地热能发电示范项目。全国地热能发电装机容量比2020年翻一番。到2035年，地热能供暖（制冷）面积及地热能发电装机容量力争比2025年翻一番”。我国地热资源的开发利用具有非常广阔的前景，同时也面临着技术、政策、市场等多方面的挑战，需要从多方面进行攻关和推进。

（一）加强科技创新，提高高温地热发电水平

我国拥有丰富的高温地热资源，但开发难度较大。一方面，高温干热岩的埋藏深度较深，钻井难度大，干热岩压裂效率低，面临诱发地震和流体漏失等风险。另一方面，我国高温地热资源分布非常不均，主要分布在人口和经济密度较低的西藏、云南等地区，高温地热发电东输成本巨大。在人口稠密的东部地区，高温地热资源相对较为匮乏。为了促进我国高温地热发电技术的推进和应用，需要从技术层面进行突破。

提高高温地热勘探水平。地震、大地电磁、重力等地球物理勘探技术的快速发展，为深部地热分布的精细探测提供了可能。因此，需要进一步发展利用地球物理探测仪器对深部高温地热资源进行探测的技术方法，进而在我国东部等经济发达地区进行充分细致的高温地热勘探，圈定潜力靶区，指导高温地热的开发利用。

发展干热岩开发技术。干热岩中蕴藏大量高温地热资源，其有效开发需要进一步发展人工压裂技术和水热循环优化技术，针对诱发地震、流体漏失等问题进行科技攻关，推动干热岩发电技术的发展。

（二）进一步提高中低温地热资源的开发利用

我国中低温地热资源潜力巨大，但开发利用程度相对较低。相比高温地热资源，中低温地热资源开发难度小，无论是直接利用还是地热发电都有广泛的应用前景。因此，应从供暖和发电等技术角度加快对中低温地热资源的开发进程。

（三）发展地热储能技术，攻关地热与其他清洁能源的协同应用技术

近年来，风、光等清洁能源得到了大力发展，但由于其受天气和季节影响，储能成为一个关键问题。地热在储能方面具有天然的优势，可以与风光能源进行协同使用，大幅提高风光能源的利用效率。跨季节埋管储热技术在国内外已经有较多的实际工程案例，一般是将工业余热或多余的风光能源通过地埋管内的流体循环存储在地下土体或岩石/流体中，在供暖需求增加的时候通过地埋管流体循环将热能取出进行应用。然而，跨季节储热的采热/储热效率受多种因素影响，比例通常比较低，能源利用效率不够高。因此，需要进一步加强针对地热跨季节储热技术的科研攻关，提高采热/储热比例，发挥地热的储能功能。

（四）完善地热能开发标准规范和管理流程

完善地热能资源开发利用工程的勘探、设计、建设和运营的标准规范，如《地热资源地质勘查规范》（GB/T 11615—2010）。制定科学的管理流程，确保地热开发高效运营。制定地热能利用的前期可行性分析、施工验收和后期的运行监测的参数标准，加强配套设备的检测力度，降低地热系统对区域水环境的影响。运行过程中，在确保生态环境和水资源安全的前提下，规范取水标准，坚持采灌均衡的原则，对水耗和回灌进行严格管理，最大限度降低对地下水的水量和水质的影响。

参考文献

[1] Dickson M H, Fanelli M. Geothermal energy: Utilization and technology[M]. United Nations Educational, Scientific and Cultural Organization, Paris, France, 2003:205.

[2] EPRI. Geothermal energy prospects for the next 50 years[C]. ER -

611 – SR, Special Report for the World Energy Conference. Electric Power Research Institute, Palo Alto, CA, USA,1978:4.

[3] Rowley J C. Worldwide geothermal resources. In: Handbook of Geothermal Energy[M]. Gulf Publishing, Houston, TX, USA, 1982:44 – 176 .

[4] Vieira F, Hamza V. Global heat flow: New estimates using digital maps and GIS techniques[J]. International Journal of Terrestrial Heat Flow and Applied Geothermics, 2018,1(1): 6 – 13.

[5] Jiang G, Hu S, Shi Y,et al. Terrestrial heat flow of continental China: Updated dataset and tectonic implications[J]. Tectonophysics, 2019,753: 36 – 48.

[6] 李健，武江元，杨震，等．地热发电技术及其关键影响因素综述[J]. 热力发电, 2022, 51(3): 1 – 8.

[7] 李娜娜，陶诚，孔彦龙，等．全球地热发电现状与研究进展[J]. 热力发电, 2024,53(6):1 – 11.

[8] 汪集暘，庞忠和，程远志，等．全球地热能的开发利用现状与展望[J]. 科技导报, 2023, 41(12): 5 – 11.

[9] Guo X S, Dang L Q, Liu S L, et al. High – quality development of geothermal industry in China. Proceedings World Geothermal Congress 2023. Being, China.

[10] 孙焕泉，毛翔，吴陈冰洁，等．地热资源勘探开发技术与发展方向[J]. 地学前缘, 2024, 31(1): 400 – 411.

[11] Lund J W, Toth A N. Direct utilization of geothermal energy 2020 worldwide review[J]. Geothermics,2021,90: 101915.

[12] 自然资源部中国地质调查局，等．中国地热能发展报告[M]. 北京:中国石化出版社, 2018.

[13] 闫坪卉．我国地热产业持续高质量发展[N]. 中国石化报, 2023 – 09 – 18(2).

[14] 计红梅．我国最深地热科学探井开钻[N]. 中国科学报, 2023 –

09 - 07(1).

[15] 王振，彭彬彬，李子祥，等. 碳中和目标下我国地热发电的现状与展望[J]. 科技资讯，2023，21(14)：112 - 115.

[16] Jolie E，Scott S，Faulds J，et al. Geological controls on geothermal resources for power generation[J]. Nature Reviews Earth and Environment，2021，2(5)：324 - 339.

[17] 许天福，张延军，曾昭发，等. 增强型地热系统（干热岩）开发技术进展[J]. 科技导报，2012，30(32)：42 - 45.

支撑新型能源体系：从天然气到氢的演化

朱兴珊　沈学思[①]

摘　要　我国提出了“双碳”目标并通过规划建设新型能源体系助力“双碳”目标的实现。新型能源体系中可再生能源比例较高，其间歇性和难以调度性决定了新型能源体系需要大规模灵活性支撑电源。天然气和氢能均具有清洁低碳、灵活性强、可转化、易储运的多重特性，这决定了其必然在新型能源体系中发挥关键支撑作用。本文分析了我国新型能源体系的特点，探讨了天然气和氢能在我国新型能源体系发展不同阶段的角色定位，并对天然气和氢能发展提出了建议。

关键词　天然气；氢能；新型能源体系；枢纽能源；支撑

① 朱兴珊，北京大学能源研究院，中国石油集团国家高端智库研究中心；沈学思，中国石油规划总院。

能源是人类文明进步的基础和动力。从薪柴到煤炭再到油气，能源为人类提供了生存条件和生产资料，促进了人类社会的进步，而人类对自然和科学的探索，又反过来推动了不同类型能源的开发利用，形成了能源体系的迭代演化。近年来，各类新能源开发技术呈井喷式发展，人类已站在了又一次能源体系变革的起点。在这一背景下，我国深入推动能源革命，提出“双碳”目标，并积极优化能源结构，规划建设新型能源体系。在这一能源转型过程中，天然气和氢能将发挥自身清洁低碳、灵活性强、可转化、易储存等优势，在不同阶段发挥各自的关键支撑作用，为能源安全、绿色发展作出贡献。

一、对新型能源体系的认识

能源体系演化史表明[1-5]，构建未来新型能源体系需要从当今人类发展面临的主要问题出发。今天，人类对能源的需求不仅仅局限于满足基本生活需求，同时开始关注能源生产消费过程中的外部性，力求减少人类活动对生态环境和社会的负面影响。

（一）人类社会与能源体系面临的问题

一是能源安全。能源安全不仅关乎民生保障，还影响国家经济和政治稳定。曾经的全球化使全球能源市场效率优先、成本导向、资源有效配置，各国都有所获益。但近年来，逆全球化或区域化、团伙化导致能源供应出现了一系列政治、经济问题，加以新冠疫情、地缘冲突的冲击，能源通道受阻、产业链供应链割裂、贸易保护主义盛行。20 世纪的石油危机和

2022年欧洲天然气危机等案例提醒着各国，如何获得稳定、充足、价格合理的能源供应这一问题需要引起更多重视。部分国家也陆续出台了支持本土能源和能源技术开发的政策。

二是生态环境。许多能源的开采、加工、利用会向环境排放有害物质，有些还会导致地面沉降、水土流失，进而损害生态环境和生物多样性，给人类长期可持续发展带来极大威胁。例如，煤炭燃烧后产生的烟尘、放射性颗粒物、氮氧化物、硫氧化物和固体废物，可能导致酸雨、雾霾，煤炭开采也会造成生态环境破坏。油气生产过程中如发生井喷等事故以及运输过程中的泄漏，可能导致爆炸、火灾、水土污染。值得注意的是，可再生能源的开发利用也并非绝对对环境友好。从全生命周期角度来看，有些可再生能源设备在制造过程中会排出废物废水，建设和运营过程中则会占用土地或水资源[6,7]。

三是气候变化。工业革命以来，化石能源始终占主导地位，燃烧化石能源带来的大量温室气体排放很可能是导致全球气候变化的主要原因。全球气候变化可能全面影响粮食生产、水资源和生态系统，还可能增加极端天气的发生频率和强度[8]。总之，气候变化影响的时间尺度、空间尺度是前所未有的，极有可能是人类未来面临的最大挑战之一。

（二）新一轮能源体系变革的特点

面对上述难题，大多数国家纷纷开始向多元化能源供应，提升可再生比例的方向转型，新一轮能源体系变革蓄势待发。需要注意的是，本次能源体系变革与前两次相比有三大显著的区别。

第一，驱动因素不同。世界能源体系的演化经历了三次变革，以往能源体系变革主要由经济和科技驱动，目的是降低能源成本、提高效率和生产力，而本次变革则凸显了政策驱动，即政府为保护生态和应对气候变化而推动可再生能源发展。在前两次变革中，新型能源在品质和成本上都优于上一代，促使人类在生产活动中自发地转向新型能源，而可再生能源有能量密度低、不稳定、开发成本相对较高的问题，一方面需要进一步技术革新，另一方面也需要各国采取合适的支持政策和激励措施。同时，消费者承担高成本可能也是难以避免的。

第二，时间尺度不同。在之前的能源体系变革中，一种新型能源往往需要几十年甚至上百年的发展才能占据主导地位[9]。然而，由于气候变化和生态环境问题的紧迫性，主要国家纷纷计划在2050—2060年实现碳中和。2022年新兴可再生能源（包括风、光、生物质能和其他可再生能源，不含水力）仅占全球一次能源消费的7%[2]。这意味着可再生能源需要在三四十年的时间内迅速发展为主体能源。这是迄今为止人类从未尝试过的大规模快速转向，能源系统如何快速适应将是一个巨大的难题。

第三，替代效应不同。以往的能源体系变革中，虽然主体能源的相对地位改变了，但上一代主体能源的绝对消费量往往没有降低（例如油气兴起后，煤炭消费量仍在增长），新型能源的替代效应并不显著，而是占据能源消费增量市场，最终成为主体能源。而本次能源体系变革的最终目标是在保障能源安全的前提下减少环境污染和温室气体排放，为达成这一目标，化石能源消费的存量极有可能被可再生能源大幅替代，留下的也必须结合碳捕集、封存及再利用技术（CCUS）等负碳技术和清洁化改造技术进行开发利用。

（三）对我国新型能源体系的认识

党的二十大报告提出规划建设新型能源体系对我国实现“双碳”目标意义重大。根据前文的分析，新型能源体系应理解为一种新的，覆盖全国、连接世界的，包括能源生产、储运和消费的能源体系。与原有的以化石能源为主，以集中式能源生产、储运和消费为特点的能源体系不同，新型能源体系是以化石能源清洁开发利用和高比例非化石能源为特点，多能融合、集中式和分布式并重的能源体系。新型能源体系是现代能源体系的升级版，包含新型电力系统[10]。中国新型能源体系具有如下特征。

第一，更加强调安全，是安全低碳、清洁高效的能源体系。在新型能源体系中，对新能源发展的灵活性支撑，不仅仅依靠电力系统内的灵活性电源，还依靠在整个能源体系中通过多能融合，发挥多种能源的储备功能，包括化石能源的灵活性进行支撑，特别是要通过燃料和原料之间的互相转换来获取更大的灵活性。

第二，是符合中国国情、具有中国特色的新型能源体系，不能照搬外国的模式。一是要立足中国煤炭资源丰富的国情，加强煤炭清洁高效利用。二是要针对油气对外依存度高的现实，加大油气资源勘探开发和增储上产力度，尽最大努力提高国内油气产量，尤其是天然气产量，将油气对外依存度控制在50%，甚至是40%以内。

第三，是软硬兼备的体系。不仅包含能源全产业链的物理系统，还包括相应的监管、政策体系和体制机制配套。要坚持市场化、法治化原则，充分发挥市场在资源配置中的决定性作用，更好发挥政府作用。这就需要将所有的安全、环境、气候等外部成本内部化，让各种能源公平竞争，不搞路径锁定。

第四，需要强大的科技支撑。一是需要研发化石能源清洁高效利用技术和新能源技术，如低成本CCUS技术、天然气掺氢、燃气轮机、纯氢储运和利用技术等。二是要加大国内油气增储上产的技术攻关力度，如深海、深层、非常规勘探开发技术以及中深层煤炭地下干馏和气化技术等。

为在确保能源安全的基础上，实现低碳化、绿色化发展，规划建设新型能源体系需要更加重视各类能源的协调发展和有序替代，规划合理的转型路径。

另外，目前正在规划建设的现代能源体系和新型电力系统应成为未来我国新型能源体系发展的基础[11,12]。新型能源体系要集成两者的优良特性，源网荷储互动、多能互补融合，结合智慧电网、特高压等先进技术打造远超现有体系的灵活性和稳定性，从而支撑高比例可再生能源的落地。

以上对新型能源体系的构想意味着，如果有一种能源兼具清洁低碳、灵活性强、可转化、易储存的多重特性，它将在新型能源体系中发挥关键作用。在现有能源体系中，电能是最重要的二次能源，在效率、输送速度方面有极大的优势。但电能也有明显局限性，即无法大规模、长周期储存。这导致电网为维持稳定运行需要付出极高的成本，也导致一些可再生能源发电无法得到有效利用，氢能可有效弥补这一局限性，电氢协同可以令可再生能源得到更大规模的开发利用，且氢能具有清洁、可转化的特点，兼具能源属性和化工属性，这意味着氢能可拓展现有能源网络，有望成为新型能源体系中的“枢纽”。但是，目前氢能的开发利用仍处于起步阶段，如能借助天然气产业基础和优势，便可以加速产业起步[13]。

结合国情来看中国新型能源体系的发展路径，各类能源在能源体系中的角色也将逐渐变化：①煤炭“兜底”。煤炭在我国分布广泛、储量丰富，长期以来都在我国能源结构中占据主要地位，但煤炭开发利用也带来一系列生态环境和碳排放问题，使用煤炭是不得已而为之。未来，煤炭应成为我国能源体系中的“兜底”能源。大部分时候，煤电处于“待命”状态或保持低负荷运转，尽量多使用其他更清洁的能源，但当系统需要供能而其他能源又无法提供时，煤炭可及时顶上，维持能源系统的稳定。②天然气“支撑”。天然气是支撑现有能源体系向新型能源体系过渡的承上启下的一种能源。一方面，天然气作为最清洁的化石能源，其份额可以替代一部分污染排放更严重的化石能源份额；另一方面，天然气与氢能在制取、运输、应用、基础设施等多方面有互通性和相容性，两者可以深度融合、协同发展。因此，天然气可作为连接传统能源与未来能源的纽带，实现能源体系的有序演进。③氢能“接续”。氢能几乎为零碳能源，未来将接续天然气，在多个领域发挥其清洁灵活的优良特性，成为新型能源体系最终的关键支撑。

二、天然气是新型能源体系发展初期的关键支撑

从现有能源体系向新型能源体系演化初期，天然气将起关键支撑作

用，在电力、工业等多个部门发挥作用，实现初步的清洁化、低碳化，同时为中长期深度转型“铺路架桥”。

（一）支撑电力系统安全稳定运行

在发电领域，天然气将充分利用自身清洁发电的特性，同时发挥深度调峰和快速启停的优势，扮演调峰电源的角色，成为电力系统继煤电之后的又一“压舱石”，支撑电力系统向高比例可再生能源方向演化。

目前，煤炭在我国电力体系中仍占主导地位。2023 年我国煤电装机总量达 11.6 亿千瓦，约占总装机量的 39.7%，发电量占比仍接近六成[14]。为实现“双碳”目标并向新型能源系统过渡，一方面要继续对煤电机组进行超低排放改造、节能改造和灵活性改造，另一方面需要有序引导煤电机组退出，尽量不要再上新的煤电机组。据统计，截至 2022 年底，全国达到超低排放限值的煤电机组已有 10.5 亿千瓦，占总装机量的 94%[15]。剩余改造空间已十分有限，未来应将重心放在引导煤电有序退出上。考虑到我国煤电机组平均服役时间仅约 13 年[16]，预计短期内煤电不可能大规模集体退役，而是通过降低整体利用小时数为更清洁的能源腾出空间，最终转为以可靠性和可控性为优势的辅助电源，即向煤炭“兜底”过渡，气电是替代煤电的最佳选择之一。

首先，重点城市和区域煤电退出后需要气电支撑。减碳是一个循序渐进的过程，传统能源的逐步退出需要建立在替代能源安全可靠的基础上。气电具有占地面积小、耗水量小、建设周期短、清洁高效等优良特性，非常适合在重点城市和区域的负荷中心部署。同时，众多学者的研究结果显示，我国气电机组的环保效果优于超低排放煤电机组，其碳排放和污染物实际排放远低于煤电机组[17]。因此，气电替代煤电还有利于负荷中心附近的空气质量和环境改善。鉴于负荷中心往往是人口密集地区，环境质量提高对人群健康也有益。因此，天然气应补位煤炭，承担基础能源作用，以清洁电力满足未来能源消费增长，成为经济发展的动力。

其次，可再生能源的大规模发展需要气电作为灵活性支撑电源。我国可再生能源发电装机年年攀升，已历史性地超过了传统能源装机。可再生能源发电的间歇性、随机性对电网的稳定运行是极大挑战，需要配备更多灵活性机组。尽管此前业界已开始尝试对煤电机组进行灵活性改造，但需要认识到，传统煤电调控幅度小，机组爬坡速率低，不适合参与深度调峰。而灵活性改造则可能使煤电成本大幅上升，有学者估计成本上涨可达30%。这将极大地影响煤电项目的收益率[16]，更加深度的调峰改造代价太大，得不偿失。相比之下，燃气机组调峰能力强、调峰速度快，是理想的灵活性电源。电网季节性调峰、应急保供和应对突发事件短供断供时，也可用气电保障。

（二）支撑重点领域减污降碳

除了电力系统，工业、交通等领域也是我国碳排放的主要来源，亟须进行清洁能源替代和转型。中国碳核算数据库显示，2022 年，我国工业碳排放量 42 亿吨，占全国总排放量的 38. 18%，其中仅钢铁行业就占总排放量的 15%，而交通碳排放则占总排放的 10. 4%[18]。尽管终端用能电气化是许多行业行之有效的减污降碳手段，但电气化并非万能解决方案。有一些行业或应用场景并不适宜电气化，比如目前电池的重量和电量无法满足重型长途运输的需求，一些工业高温过程如果使用电加热可能导致成本过高。

在钢铁、冶金、采暖、长途重载交通等难以电气化的领域，天然气是实现减污降碳的过渡和辅助手段，可优化用能结构，促进能源体系向清洁低碳方向发展，并提升生态效益。例如，钢铁行业消耗大量的煤炭和焦炭，有较大优化空间。许多流程，比如在高炉喷吹过程中，可用天然气替代焦炭、煤粉等材料[19]。已有研究表明，国内越来越多的钢铁企业开始使用天然气进行清洁燃料替代，且这种燃料替代有助于钢铁企业达到越发严苛的超低排放标准[20]。

采暖也是天然气可发挥作用的领域。我国“煤改气”工程已推行近 10 年，多项研究表明，“煤改气”工程降低了 PM2. 5、硫氧化物、烟尘等排放，改善了区域的空气质量，也降低了采暖、炊事、工业等活动的温室气体排放[21,22]。短期来看，“煤改气”工程的推行会继续提升对天然气的需求，但中长期天然气仍面临温室气体排放的限制，天然气需求可能在 2040 年之后进入下降通道。

（三）支撑氢能产业发展迈入“快车道”

天然气在能源体系演化过程中不仅有“承上”的用途，更有“启下”的作用，是引导现有能源体系向氢能支撑体系过渡的最佳选择。目前，我国氢能产业的发展面临多重挑战，包括绿氢制氢成本仍居高不下，燃料电池系统、氢燃气轮机和内燃机技术尚待攻关，管道和加氢站等氢能基础设施建设不足，下游商业化应用空间尚未打开等。天然气与氢能产业链有较高的关联性，从源头制取到中游储运，再到下游应用，天然气可从多个环节撬动氢能产业的发展。

天然气产业技术成熟，国内国外供应渠道多元，相对其他化石能源又更清洁。因此，天然气是一种理想的过渡能源，可在安全稳定的前提下支撑现有能源体系向新型能源体系演化。最终，在新型能源体系多能融合的框架中，天然气作为燃料仍可在相当长的时间内保留一席之地，但受到资源禀赋、能源安全、经济成本、温室气体排放等多重因素的制约，作为燃料的天然气最终将让位于新型能源。新能源和氢能将会在新型能源体系中扮演更重要的角色，尤其是氢能，将替代天然气在多个领域发挥关键支撑作用。影响天然气发挥作用的最关键的因素是国产气产量，其规模直接决定了天然气消费的规模（若将天然气对外依存度控制在 50% 以内，则消费规模就只能是国内产量的 2 倍）。目前，我国出于对天然气供应安全的担忧，实际上是用煤炭替代了一部分天然气的作用，所以要想发挥天然气在新型能源体系中的支撑作用，必须加大国内增储上产力度。

天然气化工一直是世界化工工业的重要分支，天然气可制成氨、甲醇、乙烯、乙炔及各类衍生物等产品。近期，一些高效低成本天然气化工技术及利用天然气生产高端化工品和新材料的新技术也正在探索当中，如CH_4-CO_2干重整制合成气、天然气等离子体转化制乙炔、合成气制低碳烯烃、甲烷氧化偶联制乙烯（OCM）、天然气制石墨烯和氢气、天然气催化氧化直接制甲醇、天然气制碳纳米管等。相对传统石油化工而言，天然气化工更为清洁环保。然而，受天然气供应不足的影响，我国天然气化工长期以来发展缓慢。2022 年，我国化工行业用气量仅占全国总消费量的8%[23]，而欧洲这一占比可达到约 15%[24]。尽管天然气作为燃料终将在新型能源体系中让位于新型能源，但它作为化工原料将长期发挥重要作用，并且其在燃料和原料之间的转化也将继续为新型能源系统提供灵活性支撑。

三、氢能是新型能源体系最终的关键支撑

随着能源体系的进一步演化，可再生能源的占比不断提高，氢能的重要性也将日益凸显，成为新型能源体系的关键支撑。

（一）氢能是实现高比例可再生能源的关键

气电等灵活性电源可以在一定程度上提高电网运行的稳定性和灵活性，但新型能源系统将以可再生能源为主体能源，其对能源体系的支撑能力要求更高，包括调峰能力、储备能力、外送通道能力和消纳能力等，而氢能可以有针对性地从这几方面支撑高比例可再生能源落地。

一是提高可再生能源消纳能力。我国近几年开始规划建设大型风光基地，开启新能源基地式集约化开发新格局，同时调峰和消纳问题已经显现。首先，本地电力消纳空间十分有限。风光大基地大多地处沙漠、戈壁、荒漠地区，距离东部能源消费中心较远（见表 1）。大基地周边本地用

电负荷较小，而承接中东部地区产业转移尚需时日。其次，输电通道建设受多重因素影响。目前，特高压输电是主要的外送途径，但现有规划尚显不足，并且通道资源也有限。根据国家电网发布的《“碳达峰、碳中和”行动方案》，到2025年，国家电网经营区跨省跨区输电能力将达到3.0亿千瓦，输送清洁能源占比达到50%。2030年，跨省跨区输电能力将提升到3.5亿千瓦。此外，输电线路还面临投资高、审批慢、建设周期长、跨省协调难、拆迁安置补偿工作复杂等问题。应当认识到，特高压通道推进可能不及预期，外送通道能力建设可能滞后于现有风光大基地规划，需要外送和本地消纳同时考虑。最后，配套支撑电源建设要求高，系统安全运行挑战大。大基地周边地区新能源装机占比高，风光发电情况易受局部天气影响，而电源支撑能力有限，电网结构相对薄弱，系统安全稳定运行难度较大。已公布的项目中，许多项目已明确规划将配备储能和火电调峰机组。但是，以目前的技术经济水平，如果配备过多调峰电源或电化学储能设施，又会极大地影响项目经济性和盈利能力，而且不能解决月度和季度调峰问题。

表1　我国风光大基地项目规划情况一览[25-28]

风光大基地项目	第一批	第二批	第三批（截至2023年12月）
地区	内蒙古、青海、甘肃、湖南、安徽等19个省份	内蒙古、甘肃、青海、宁夏、新疆、河北6个省份	内蒙古、甘肃、青海、山东、江苏、山西6个省份
土地类型	以沙漠、戈壁、荒漠地区为重点	均为沙漠、戈壁、荒漠地区	以沙漠、戈壁、荒漠地区为重点，延伸至油气田、采煤沉陷区、石漠化、盐碱地等
建设周期	已全面开工，截至2023年11月底已建成并网0.45亿千瓦	已陆续开工，“十四五”期间建设2亿千瓦；“十五五”期间建设2.55亿千瓦	尚在审批中，部分项目已于2023年底开工

续表

风光大基地项目	第一批	第二批	第三批（截至 2023 年 12 月）
规划装机（亿千瓦）	0.97	4.55	0.48
外送率	约 75%	约 69%	以就地消纳为主。除内蒙古有约 40% 装机计划外送之外，其余省份项目几乎都为就地消纳

基于此认识，国家在推动外送新能源大基地建设的同时，也在推动就地消纳新能源基地建设。2023 年已公布的三期风光大基地项目大多规划为就地消纳，仅有内蒙古的部分项目计划外送，外送率较前两期显著降低。根据第三批风光基地项目申报的优先级来看，源网荷储、离网制氢以及 100% 就地消纳项目，正逐渐成为第三批风光基地的重点。

氢能由于兼具燃料、原料和储能多重属性，为电力系统稳定和可再生能源消纳提供了一种新的思路，即就近消纳。在风光大基地附近发展绿电制氢，将制取的氢作为燃料或化工原料就地利用，短期内可以一定程度上缓解消纳压力，还可以起到调峰作用。“三北”地区一些化工企业的节能减污降碳需求可以通过绿氢替代化石能源制氢来满足。

二是储氢调峰。以第二批风光大基地项目为例，目前风光大基地的调峰规划以配备煤电、气电为主，水电为辅。但是，这样将可再生电力和火电打捆送出，长期来看并不符合“双碳”目标。风光大基地可以考虑配套电解水制氢储能调峰能力，采用 PEM + 碱性电解槽制氢设备能够容许较大程度的输入波动，是平抑新能源出力波动的有效途径。发电量过高时制氢储存，发电量不足时再以氢发电补足缺口，从而平抑间歇性和波动性，实现大规模、长周期、跨季节调峰。同时又清洁环保，不带来额外的污染物和温室气体排放。“风光发电—制氢—储运氢—用氢（发电）”这一技术路线将有助于推动风光大基地向零碳或近零碳排放大基地方向发展。

三是系统支撑。中长期氢能应用市场打开后，再配套储运设施的建设和氢产业链各环节的降本提效，就能更彻底地发挥氢的高效再分配能源的能力，实现大范围配置利用，支撑更多可再生能源发展。而可再生装机规模越大，平均制氢成本相对越低，整体形成良性循环。此外，还可积极发展绿氢制氨和甲醇等易储运的绿色液体燃料，更有力地支撑新能源的大规模发展和终端减碳，为未来新型能源体系提供宝贵的灵活性。

（二）氢能是实现多产业深度脱碳的关键

部分终端用能，尤其是高能耗高排放行业，对化石能源存在一定的依赖，从技术可行性和成本的角度来看难以实现电气化。前文提到先期可以用天然气替代煤等高碳能源，但这一做法只能一定程度上减碳，长期来看并不符合“碳中和”目标深度脱碳的要求。氢能可接替天然气成为新的解决方案，在多个产业有合适的应用场景。

氢能首先是绿色化工的关键。除常见的合成氨、甲醇等化合物之外，许多石油化工、煤化工过程都有高耗氢环节，比如长链碳氢化合物的加氢脱硫和加氢裂解等。目前，全球化工产业的氢主要来源于天然气制氢，我国由于天然气资源紧张，大多使用煤制氢，制取过程中造成大量污染物和碳排放。在新型能源体系中，这一问题将随着大规模绿电制氢而得到解决。

氢能也是绿色冶金的关键。以钢铁为例，目前已有高炉富氢冶炼、氢能直接还原炼铁、氢能熔融还原冶炼等多种技术路线正在探索中。未来，各个钢铁企业在项目选址时也可以更倾向于选择绿氢资源丰富的地区，从而降低氢能储运成本。“三北”地区将成为钢铁冶金产业发展最为重要的基地，这也符合我国开发西部，将产业向西部转移的国策。

氢能还是绿色交通的关键。锂电已在乘用车领域显示出极大优势，而氢能则可进一步在重型货运、轻中型物流车、公交车、航空、航运等场景得到应用。这些应用场景对动力来源的能量密度和续航里程稳定性要求较高，氢能燃料电池和氢内燃机具备载重效率高、续航里程长、便于低温启动等优势，更加符合这些应用场景的需求。尤其在我国北方地区，氢燃料电池车辆具有相当大的推广潜力，可以解决寒冷条件下电车无法较长时间行驶的问题。

除此之外，在供热和其他工业制造过程中，氢能也有用武之地，例如可以为工业过程提供高品位的热能等，促进这些领域用能的清洁化低碳化。我国城市燃气是从高含氢的人工煤气起步的，基本不存在用氢技术障碍，已有多家公司在尝试掺氢供气。

（三）氢能是打通电—热—燃料—化工网络的关键

通过前文对氢在电力、化工、冶金、交通等领域发挥关键作用的分析可以看出，氢能具备极高的灵活性，在不同应用场景下可以扮演热能、燃料、原料等不同的角色，又可以转化为电、热、化工品等。可以预想，在未来新型能源体系下，能源可以打破原有壁垒，通过氢这种"枢纽能源"将电、热、燃料、化工品等系统连接起来（见图 1），实现多种能源跨时间跨空间优化配置。

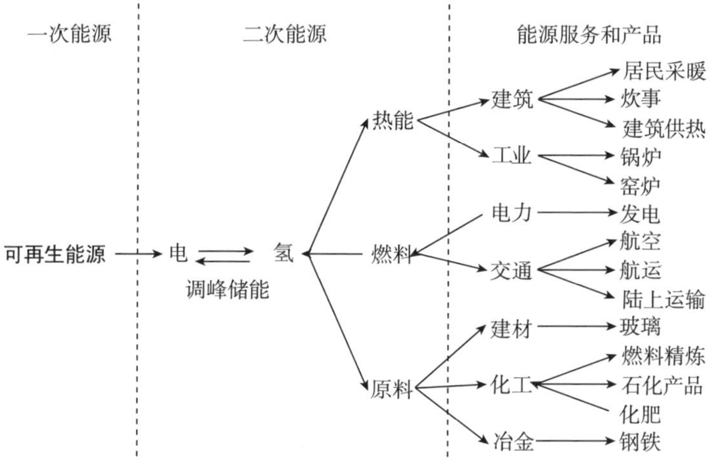

图 1　氢能在以可再生能源为主的新型能源体系中的关键作用

能源网络的拓展使大范围系统性优化配置资源成为可能。氢—电—化耦合不仅承担了可再生能源配套调节的工作，还可与更大范围的更多电源融合，在全网发挥平衡调配作用，并有利于推动电网、氢网与工业、交通、建筑、供热等行业更紧密的联系。未来可积极开发智能电网、智能氢网等技术，根据下游产业氢、电、化的需求和风光发电数据，计算优化风光配比、储氢、发电机组的规模，提高能源基础设施投资与运行效率，优化投资。同时加强对能源系统运行的控制优化，提高能源供应体系的韧性与安全性。

能源网络的拓展，还意味着能源领域的清洁化和低碳化效应能够随着产业链传递到更多行业并给能源体系提供更大的灵活性。例如，“绿电—绿氢—绿氨或绿色甲醇”产业链可以与地方工业、农业相融合，既给传统化肥、化工行业绿色带来低碳转型的重要契机，又能带动相关地区经济社会发展。

已有许多学者开始评估氢—电耦合效益并得出了积极结论。例如，美国麻省理工学院的学者以美国东北部等 6 个州为案例进行分析模拟后发现，氢—电耦合可将可再生能源发电利用率提高 13% ~56% 。在碳价继续提高的前提下，利用氢能还有利于降低度电成本，带来长期的减排效益[29]。德国慕尼黑工业大学的学者对欧洲能源系统进行模拟后发现，将氢能引入能源系统可减少约 35% 的储能和 40% 的电力传输设施的建设需求，极大地节约能源设施的投资。同时还减少了 2/3 的“弃风弃光”情况，提高了可再生能源的利用率。因此，得出氢能的加入为能源体系提供了极其宝贵的灵活性[30]。此外，氢能还适合与油田、工业园区等匹配建设，并提供显著的效益[31,32]。

四、从天然气到氢的过渡是保障新型能源体系平稳发展的关键

对于氢能的美好构想是建立在氢能相关技术和产业能够顺利发展壮大

的前提下的，如果没有优越的成本经济性和成熟的应用空间，氢能很难担当支撑新型能源体系的重任。目前，氢能成本偏高、储运设施缺乏、应用需求不足等问题是氢能产业发展最大的痛点。天然气与氢能产业链有较高的相通性，是引导氢能在多个环节破局的最佳选择。

（一）天然气制氢

制氢环节是氢能产业链的起点，没有具有成本竞争力的氢气供应，就不会有后续的中下游产业发展。目前，主流制氢路径有工业副产氢、化石能源制氢（包括煤、天然气制氢）和电解水制氢。此外，还有光解水制氢、生物质制氢等新兴技术，但还处于研发阶段（见表2）。所谓“金氢”更是遥远。

表2　主要制氢技术比较

制氢技术	主要工艺方向	优点	缺点
煤制氢	煤气化制氢 煤焦化制氢	技术成熟，成本较低，可大规模量产	原料价格不稳定，气体杂质需要提纯，排放温室气体和大量污染物
天然气制氢	甲烷水蒸气重整（SMR） 甲烷自热重整（ATR）	工艺流程较短，技术成熟，成本较低，可大规模量产，温室气体和污染物排放相对煤制氢较低	原料供应和价格不稳定
电解水制氢	碱性电解 质子交换膜（PEM）电解 固体聚合物电解 高温固体氧化物电解	产氢杂质少，电能来源多样，如为可再生能源发电，可大大降低温室气体排放	能耗较高，部分工艺使用贵金属催化剂，成本偏高
工业副产氢	焦炉煤气氯碱	氢气为副产品，成本具有优势	产量较小，难以规模化供氢

相对其他技术路径而言，天然气制氢虽然不具有最突出的优势，但却是综合考量下最合适的选择：①天然气制氢技术成熟，成本较低。根据彭博新能源的最新报告，2023 年全球天然气制氢（灰氢）的成本为 7 ~ 21

元/千克 H_2，而绿氢成本则为 16～85 元/千克 H_2[33]①。天然气制氢成本在近期还是具备相当优势的。②天然气制氢可规模化量产，实现稳定连续供应。石油化工、金属冶炼等氢能应用场景大多为连续运转工业流程，需要氢能连续稳定供应。工业副产氢不具备规模化供氢的能力，以现有可再生能源发电规模，再叠加可再生能源发电较大的波动性，也不适合大规模连续供氢。③天然气制氢温室气体排放强度较低，属于低碳氢范畴。目前工业规模的天然气制氢二氧化碳排放强度约 10 千克 CO_2/千克 H_2，几乎是煤制氢排放的一半[34]。如果为天然气制氢配备 CCUS，则可实现近零排放制取蓝氢。④天然气制氢可贴近市场分布式灵活部署，降低储运成本。

在我国，天然气的安全供应和高价格是发展天然气制氢最主要的制约因素。原料成本占总制氢成本的 80% 左右，对天然气资源丰富的国家而言，蓝氢成本远低于我国。例如，2023 年美国蓝氢平均成本约为 17 元/千克 H_2，加拿大约为 16 元/千克 H_2，阿联酋甚至可低至 13 元/千克 H_2，而我国蓝氢平均成本则高达约 23 元/千克 H_2[33]。只有保障稳定、低廉的天然气供应，才能实现天然气制取环节的平稳发展。

（二）天然气掺氢运输与应用

利用在役天然气管道进行掺氢运输，被认为是近期实现氢能长距离输送、大规模应用的重要手段。基于现有技术，将低于一定比例的氢气与天然气一同经管道大规模输送，无须过多改造升级现有的管网设施，既提高了现有设施的利用率，又在一定程度上实现了终端用能的低碳化。如果氢的来源是绿氢，不仅可以降低碳排放，还可以缓解我国天然气供应紧张的情况，提高我国能源自给率和能源安全水平。

然而不可忽视的是，天然气掺氢技术也面临着安全性、扩散性、氢脆等问题的挑战。氢气的爆炸极限范围更宽，燃烧速率也更快，小尺寸的氢

① 彭博新能源对制氢成本的估计是基于全球不同国家和不同技术的，因此结果的波动范围较大。

分子更容易逸出。氢气对管道金属材料有负面影响，存在腐蚀、氢脆等问题。此外，天然气掺氢后，还需要重新调控压缩机负荷和管道内部压力等。

针对这些问题，美国[35,36]、英国[37]、法国[38]等诸多国家开展了天然气掺氢可行性研究、天然气管道掺氢输送示范工程建设，测试了不同比例的掺氢天然气对管网基础设施、终端设备的影响。我国天然气掺氢项目起步相对较晚，但也取得了一定成绩。2023 年，中国石油利用宁夏银川宁东天然气管道实现了 24% 掺氢安全运行[39]。总体来看，国内外对于天然气掺氢安全输送的氢气比例未能形成统一认识，相关技术指标和成果大多处于前期探索研究阶段，未能得出系统性结论和统一标准。一般认为，4 兆帕以下的管道掺氢比例可以达到 30% ~40%，但高压管道掺氢还缺乏相关的试验和研究，未来还需进一步推进相关试验和研究，结合示范性项目实际运行环境，得出安全科学的掺氢比例并出台相应标准。未来新建管道应考虑掺氢甚至纯氢输送，特别是新建的西气东输和北气南下高压管道，要提前进行相关研究，开发出相应的管材。

天然气掺氢运输环节的下游是终端利用环节。目前，掺氢天然气直接燃烧的应用场景可分为民用和工业，其中民用主要针对家用燃气灶具、燃气热水器等；工业主要用于工厂内大型锅炉、窑炉燃烧和发电厂内大型燃气轮机燃烧。使用纯氢或掺氢内燃机也是可以选择的路径，但其技术成熟度较低。

掺氢燃烧也同样面临技术难题。由于氢气和天然气不同的物化特性，掺氢燃烧可能对燃烧稳定性产生影响，带来回火、自燃等风险。同时，氢燃烧产生的火焰温度较高，可能导致燃烧污染物（氮氧化物）超出排放限制。目前，三菱、西门子、GE 等燃机厂商均加速布局天然气掺氢燃烧技术，并开展了大量研究与验证工作。我国国家电力投资集团在 2022 年也实现了国内首例重型燃机商业机组高比例掺氢燃烧改造实验，经改造的机组具备 0 ~30% 掺氢运行切换的灵活性[40]。可以预见，掺氢燃烧的关键技术还将在不断开发和验证中继续进步，更高比例掺氢能力和机组灵活性的技术将不断涌现，一般预计 2030 年左右将实现纯氢燃烧的商业化。

2022 年，我国长输天然气管道总里程已达到 11.8 万千米[22]，燃气用气需求保持稳健，居民采暖、工业用气还有进一步增长空间，这些都是实现我国天然气掺氢运输利用的良好基础。根据中国城市燃气协会日前发布的《天然气管道掺氢输送及终端利用可行性研究报告》预测，“十四五”时期，我国将新增天然气管道掺氢示范项目 15～25 个，掺氢比例 3%～20%，氢气消纳量 15 万吨/年，总长度 1000 千米以上[41]。

（三）天然气退出与氢能的接续

天然气作为氢能的“孵化器”，在助推氢能产业繁荣发展之后，也面临着被氢能替代接续的情况。根据彭博新能源的预测，到 2030 年左右，全球绿氢成本预计将较目前平均水平下降 57% 左右，可低至 7～29 元/千克 H_2[31]。这也意味着，届时绿氢成本将几乎与天然气制氢成本相当，且低于蓝氢成本。随着制氢和供应体系的进一步完善，绿氢产业链的各环节成本还有可能进一步下降。最终，绿氢将在建筑、交通、发电、工业等领域替代天然气，在终端能源消费中比重明显提升，进而有利于构建多元氢能应用生态。届时，天然气将作为原料继续发挥作用。

五、政策建议

（一）天然气发展相关建议

增储上产，多元保供。天然气的稳定供应是充分发挥天然气支撑我国能源体系向新型能源体系过渡作用的前提，建议继续全面提升天然气供应安全保障水平，并控制好天然气供应成本。一方面，加大国内天然气勘探开发和增储上产力度，在资源富集区域加大投资、集中勘探、规模建产，推动页岩气、煤层气等非常规油气实现大规模生产。在天然气上游加大改革力度的背景下，走出一条适合中国国情的路子。例如，可以考虑开展两类示范来寻找有效的增储上产途径。一是通过市场化改革，允许更多的市场主体进入上游。二是充分发挥央企优势，将矿权面积与产量挂钩，增加企业增储上产的压力和动力。另一方面，加大对勘探开发技术科技攻关的支持力度，通过科技进步解决难题，增加产量，降低成本。同时积极参与全球天然气贸易，做大天然气资源池和天然气贸易，有序推进天然气进口通道、贸易形式多元化，以转口贸易和一定的海外份额气保障国内天然气安全供应。

理顺市场，完善设施。进一步推进天然气市场化改革，使天然气价格反映供求关系和供应成本。可以考虑参照成品油价格改革方案，建立国内天然气价格与国际天然气价格联动机制，同时鼓励有条件的地区建立天然气交易中心，推进市场化交易。使天然气产业链各环节的价格水平体现风险与回报的对等，适当提高或放开陆上自产天然气价格以促进增储上产，放开陆上进口气价格。持续推动油气管网设施公平开放，方便各类市场主体参与，增强市场灵活性和韧性。统筹规划天然气基础设施建设，加快储气项目落地实施，提高储气调峰比例。完善电力市场调峰容量补偿机制，保障天然气发电的灵活性价值得到体现。

低碳减排，绿色发展。促进天然气产业各环节清洁化、低碳化，积极开展各环节甲烷排放核查和检测，实现精细化管控减排。继续推进全国碳市场建设，将气电纳入碳市场交易（给予与煤电同样的度电碳排放配额），提高污染物排放标准，体现天然气低碳环保价值，为低碳能源发展营造有利环境。

（二）氢能发展相关建议

政策支持，示范先行。目前，氢能产业面临产业规模小、应用领域单一、产业链条不连续、关键技术水平不高、产业链缺乏经济性等多重问题，需要政策扶持。建议相关部门加大对氢能产业的政策支持力度，通过财税激励补贴、建立产业基金、专项科研项目等方式促进氢能相关技术和市场主体的发展，着力推进氢能各环节核心技术研发。同时应积极推进氢能在各领域的示范应用项目，为氢能产业发展积累原始经验和数据，探索形成商业化路径。

“气”“氢”衔接，合理规划。依托现有天然气基础设施与市场，大力发展天然气掺氢运输、掺氢应用，撬动氢能产业。同时开展纯氢储运和应用相关研究，为中长期氢能接续天然气奠定基础。支持开展高压气态、有机液态、液氢、管道等多种输氢路线的技术示范，疏通产业堵点，解决好氢能供需不匹配问题。

“蓝”“绿”并举，超前部署。短期内优先开展灰氢和蓝氢应用，有效地带动氢能消费侧的规模化发展，培育氢能上下游产业链。结合可再生能源发电布局，通过余电制氢和燃气掺氢技术，试点绿氢应用。随着技术发展、基础设施和产业链逐渐完善，绿氢的成本将逐渐降低，最终会长期替代灰氢和蓝氢的地位。超前规划部署建设包括高压长输管道在内的氢能基础设施，结合我国资源禀赋和整体能源规划统筹制氢基地、储运体系、加氢网络和其他领域用氢布局，实现全产业链融合一体化发展。

（三）油气企业发展相关建议

对油气企业而言，随着国家能源转型和“双碳”目标的推进，传统业务发展空间受限，天然气将是近期到中期重要的支柱业务，而氢能带来的新业务领域可能成为企业长期战略转型的重要机遇。建议油气企业：一是着力提升天然气产供能力。加大增储上产新技术攻关力度，提高国内天然气产量和储气库工作气量，将天然气做“大”。二是开辟天然气新型用途，推进天然气与新能源融合发展项目和综合能源服务项目，开拓高端天然气化工领域，将天然气做“新”。三是重视天然气掺氢储运和应用，以天然气业务为平台孵化氢能业务，提前谋划天然气替代产业，将天然气做“长”。

六、展望

本文目前讨论的氢能应用场景大多来源于能源消费存量市场。但是，回顾能源体系演化史不难发现，每一代的新型主体能源都不是仅依靠存量市场替代而发展的。煤炭开启了工业时代；石油天然气开创了庞大的石化产业链，还使交通行业得到了前所未有的发展。更大的氢能增量市场在何处？这一问题非常值得思考和探索。如今，人类可能已经处在新一轮科技爆发的前夜，人工智能、太空航天、自动驾驶、机器人、基因科学、虚拟现实、核聚变等技术都可能会成为下一阶段人类文明发展的引擎。氢能如何支持人类文明进步，新型能源体系如何与新兴产业相适配，这是未来值得每一个能源从业人员思考的问题。也许氢能的应用将超乎所有人的预料。

参考文献

[1]World Economic Forum. The 200 – year history of mankind's energy transitions[EB/OL]. [2023 – 07 – 25]. https://www.weforum.org/agenda/2022/04/visualizing – the – history – of – energy – transitions/.

[2]Our World In Data. How have the world's energy sources changed over the last two centuries? [EB/OL]. [2023 – 07 – 25]. https://ourworldindata.org/global – energy – 200 – years.

[3]Melsted O, Pallua I. The historical transition from coal to hydrocarbons: Previous explanations and the need for an integrative perspective[J/OL]. Canadian Journal of History, 2018, 53(3): 395 – 422. https://utpjournals.press/doi/10.3138/cjh.ach.53.3.03.

[4]Solomon B D, Krishna K. The coming sustainable energy transition: History, strategies, and outlook[J/OL]. Energy Policy, 2011, 39(11): 7422 –

7431. https://linkinghub. elsevier. com/retrieve/pii/S0301421511006987.

[5]Zou C, Ma F, Pan S,et al. Earth energy evolution, human development and carbon neutral strategy[J/OL]. Petroleum Exploration and Development, 2022, 49(2): 468 –488. https://linkinghub. elsevier. com/retrieve/pii/S1876380422600405.

[6]National Academy of Engineering and National Research Council . 4 environmental impacts of renewable electricity generation[M/OL]//The power of renewables: Opportunities and challenges for China and the United States. Washington, D. C. : National Academies Press, 2010. http://www. nap. edu/catalog/12987.

[7]Tawalbeh M, Al –othman A, Kafiah F,et al. Environmental impacts of solar photovoltaic systems: A critical review of recent progress and future outlook [J/OL]. Science of the Total Environment, 2021, 759: 143528. https://linkinghub. elsevier. com/retrieve/pii/S0048969720370595.

[8]Seneviratne S I, Zhang X, Adnan M,et al. Weather and climate extreme events in a changing climate[M/OL]//Climate change 2021—the physical science basis. Cambridge: Cambridge University Press, 2021: 1513 –1766. https://www. cambridge. org/core/product/identifier/9781009157896% 23c11/type/book_part.

[9]Sovacool B K. How long will it take? Conceptualizing the temporal dynamics of energy transitions[J/OL]. Energy Research & Social Science, 2016, 13: 202 –215. https://linkinghub. elsevier. com/retrieve/pii/S2214629615300827.

[10]朱兴珊，白桦，樊慧，等．天然气在中国构建新型能源体系中的作用及保障供应安全的建议[J]．煤炭经济研究，2022，42(9)：12 –18.

[11]国家发展改革委，国家能源局．“十四五”现代能源体系规划[A/OL]. China(2022). https://www. gov. cn/zhengce/zhengceku/2022 –03/23/content_5680759. htm? eqid = de9d80a60004a74d00000005647565ca.

[12]《新型电力系统发展蓝皮书》编写组．新型电力系统发展蓝皮书

[R/OL]//国家能源局．[2023－07－25]．http://www.nea.gov.cn/2023－06/02/c_1310724249.htm.

[13]朱兴珊，樊慧，朱博骐．“双碳”目标下中国天然气发展的关键问题[J]．油气与新能源，2022，34(1)：7.

[14]中国能源新闻网．中电联发布《2023—2024年度全国电力供需形势分析预测报告》[EB/OL]．(2024－01－31)[2024－03－08]．https://www.cpnn.com.cn/news/xwtt/202401/t20240131_1673806_wap.html.

[15]中国电力企业联合会．2022年中国电力行业经济运行报告[R/OL]．http://lwzb.stats.gov.cn/pub/lwzb/fbjd/202306/W020230605420997463323.pdf.

[16]王克，刘俊伶，王艳华，等．2022年中国煤电成本分析与风险分析评估报告[R]．2022.

[17]朱兴珊，陈蕊，潘继平，等．天然气在清洁能源体系中的关键支撑作用及发展建议[J]．国际石油经济，2021，29(2)：23－29，105.

[18]中国碳核算数据库．中国碳核算数据库[EB/OL]．[2023－07－25]．https://www.ceads.net.cn.

[19]Balli M F，Sel Ç. Sustainability analysis of the use of natural gas in the iron and steel industry[J/OL]．Environmental Science and Pollution Research，2023，30(2)：4531－4554. https://link.springer.com/10.1007/s11356－022－22249－9.

[20]Bo X，Jia M，Xue X，et al. Effect of strengthened standards on Chinese ironmaking and steelmaking emissions[J/OL]．Nature Sustainability，2021，4(9)：811－820. https://www.nature.com/articles/s41893－021－00736－0.

[21]Yu C，Kang J，Teng J，et al. Does coal－to－gas policy reduce air pollution? Evidence from a quasi－natural experiment in China[J/OL]．Science of the Total Environment，2021，773：144645. https://linkinghub.elsevier.com/retrieve/pii/S0048969720381766.

[22]Wang J，Li Z，Ye H，et al. Do China's coal－to－gas policies improve

regional environmental quality? A case of Beijing[J/OL]. Environmental Science and Pollution Research, 2021, 28(41): 57667 - 57685. https://link.springer.com/10.1007/s11356-021-14727-3.

[23]《中国天然气发展报告(2023)》编委会. 中国天然气发展报告(2023)[R/OL]. http://www.nea.gov.cn/2023-07/21/c_1310733569.htm.

[24]Richardson J. Europe's gas crisis: The implications for global chemicals[EB/OL]. [2023-07-25]. https://www.icis.com/asian-chemical-connections/2022/07/europes-gas-crisis-the-implications-for-global-chemicals/.

[25]华夏能源网. 19个省份,97.05GW:第一批风光大基地项目名单发布[EB/OL].[2023-07-25].

[26]365光伏. 100GW+内蒙古、甘肃:风光大基地项目清单![EB/OL].[2023-07-25].

[27]国际风力发电网. 23GW! 内蒙古第三批风光大基地项目清单出炉[EB/OL]. [2023-07-25].

[28]中国电力网. 国家能源局:第一批风光大基地已并网45GW,2024新增约200GW[EB/OL]. [2024-03-08]. http://www.chinapower.com.cn/tynfd/bwfd/20231222/229469.html.

[29]He G, Mallapragada D S, Bose A, et al. Sector coupling via hydrogen to lower the cost of energy system decarbonization[J/OL]. Energy & EnvironMental Science, 2021, 14(9): 4635-4646. http://xlink.rsc.org/?DOI=D1EE00627D.

[30]Gawlick J, Hamacher T. Impact of coupling the electricity and hydrogen sector in a zero-emission European energy system in 2050[J/OL]. Energy Policy, 2023, 180: 113646. https://linkinghub.elsevier.com/retrieve/pii/S0301421523002318.

[31]Yan F, Han X, Cheng Q, et al. Scenario-based comparative analysis for coupling electricity and hydrogen storage in clean oilfield energy supply system

[J/OL]. Energies, 2022, 15(6): 1957. https://www.mdpi.com/1996-1073/15/6/1957.

[32]Lin J, Cai R. Optimal planning for industrial park-integrated energy system with hydrogen energy industry chain[J/OL]. International Journal of Hydrogen Energy, 2023, 48(50): 19046-19059. https://linkinghub.elsevier.com/retrieve/pii/S0360319923006535.

[33]Bhashyam A. 2023 Hydrogen levelized cost update[R]. 2023.

[34]赵运林，曹田田，张成晓，等．集中式制氢技术进展及成本分析[J]．石油炼制与化工，2022(10)：122-126.

[35]National Renewable Energy Laboratory. HyBlend project to accelerate potential for blending hydrogen in natural gas pipelines[EB/OL]. [2023-07-25].

[36]Hydrogen and Fuel Cell Technologies Office. HyBlend: opportunities for hydrogen blending in natural gas pipelines[EB/OL]. [2023-07-25].

[37]Isaac T. HyDeploy: the UK's first hydrogen blending deployment project[J/OL]. Clean Energy, 2019, 3(2): 114-125. https://academic.oup.com/ce/article/3/2/114/5487479.

[38]ENGIE. The GRHYD demonstration project[EB/OL]. [2023-07-25]. https://www.engie.com/en/businesses/gas/hydrogen/power-to-gas/the-grhyd-demonstration-project.

[39]长距离输氢技术获突破！[N]．中国石油报，2023-04-18.

[40]张盖伦．我国首次成功在重型燃机商业机组上实施高比例掺氢燃烧改造试验[N]．科技日报，2022-10-01.

[41]掺氢天然气，终端咋利用？[N]．中国能源报，2023-06-10.

中国生物油气发展概况[①]

孙 慧 王乐乐 杨 雷[②]

摘 要 生物油气是基本不改变油气利用形态又能实现减碳的油气产品。2023 年，中国生物油气合计产量约 689 万吨标准煤，约占生物质能源产品的 17%。本文聚焦中国生物油气，在梳理生物油气发展现状的基础上，分析了中国生物油气发展的新形势、新要求与新问题，提出了下一步发展的相关建议。结果表明：①与传统油气相比，生物油气具有“分散式小规模”“点多面广”的生产经营特点、“就近利用”“就近入网”的运输利用特点、“跨行业多部门”“特许经营与市场运行并存”的发展模式特点。②生物油气面临“三新”形势，气候治理和碳中和目标是生物油气发展的新推力，规模提升与模式创新并重是生物油气发展的新要求，出口受阻与国内市场容量不足并存是生物柴油发展面临的新问题。③面向未来，生物油气需要实施“原料、市场、模式、技术”四大战略。进一步下大力气完善生物油气相关的有机废弃物收集、运输和储存体系，扩大生物油气原料规模。扩大国内 B5 车用燃料推广范围，拓展生物船燃和生物航煤国际市场，提升生物油气发展韧性。以生物油气分布式应用场景、低碳和绿色认证体系为抓手，拓展生物油气负碳效应。以木质纤维素乙醇、微藻柴油、可持续航空燃料、合成生物燃料为重点，加大科技创新力度，促进生物油气产业迭代升级。

关键词 生物质；生物油气；生物天然气；生物柴油；可持续航空燃料

---

① 资助项目：中国石油—北京大学战略合作协议基础研究合作项目“中国能源安全与气候变化：天然氢气与生物油气的发展路径探索”。

② 孙慧，女，博士，高级工程师，北京大学能源研究院助理研究员；王乐乐，男，中国产业发展促进会生物质能产业分会产业研究部主任，从事循环经济和新能源行业政策、技术、碳减排相关研究工作；杨雷，通讯作者，男，博士，研究员，现任北京大学能源研究院副院长，北京大学碳中和研究院副院长。

气候变化和能源安全是当今世界热度最高的两个话题。如何在确保能源安全的前提下，推动经济社会绿色低碳转型，并最终实现碳中和是大多数国家的共识。在这个进程中，生物能源逐渐成为关注的焦点之一。生物能源的生产大都立足于本地生产，自给率高，通常不存在进口依存度问题。由于生长过程中吸收的二氧化碳大于利用过程中排放的二氧化碳，生物能源是公认的负碳排、可再生能源。同时，生物能源的利用形式多样，可转换为供电、供热、供气（沼气、生物天然气、生物氢气等）、液体燃料（生物乙醇、生物柴油）、固体颗粒燃料，应用于电力、热力、交通、农业等多个领域，被公认为唯一可以多种形态能源利用的非化石能源。在电气化难以脱碳的航运、航空等领域，生物油气更是成为被寄予厚望的替代能源。本文立足中国实际，聚焦中国生物油气，将在梳理生物油气发展现状的基础上，分析生物油气发展存在的主要问题，研判未来发展面临的国内外形势，进而提出下一步发展的相关建议。

一、2023 年中国生物油气发展概况

（一）生物质资源发展概况

生物质资源的来源多样，包括秸秆、林业废弃物、生活垃圾、畜禽粪污、尾菜、工业有机废物、污水污泥、废弃油脂等。2023 年，中国各类生物质资源总量约 38. 8 亿吨，折合约 20. 4 亿吨标准煤。其中，畜禽粪污和秸秆占比最高，分别约 49. 6% 、22. 3% 。

生物质的处理利用方式相对多样，大致可分为能源化利用和非能源化

利用两个大类。能源化利用方式主要有两种。一种是通过秸秆、林业废弃物等直接燃烧，用于炊事、发电和供热等。另一种是通过转化为气体燃料和液体燃料使用。气体燃料主要指生物天然气。液体燃料主要包括燃料乙醇、生物柴油、生物航煤、生物甲醇等。非能源化利用涉及农业、化工、化肥、环保等多个产业，有生物基化学品、生物基塑料、生物表面活性剂和源自 CO_2 的生物基产品[1]四个方向。比如，秸秆除作为燃料应用于能源产业外，最主要的用途是直接还田用于农业，其余利用方式还包括饲料化、基料化、原料化等。再比如，林业废弃物除能源化利用外，部分还进入了家具制造等领域，部分通过热解为炭黑、活性炭等直接进入工业应用。再比如，生活垃圾中的部分直接填埋，部分废旧塑料、纸箱等进入了循环利用领域。总的来看，在生物质相对多样的利用方式中，能源化利用占比不高。2023 年，中国能源化利用的生物质资源约为 3 亿吨标准煤，占生物质资源总量的比例约为 15%。

分资源来源看，生活垃圾和废弃油脂的能源化利用率相对较高，其余领域的能源化利用率均在行业平均值之下。2023 年，秸秆的能源化利用量约为 0.7 亿吨，占秸秆总量的 8%，利用方式包括发电、清洁采暖、工业供热和生物天然气等。林业废弃物的能源化利用量约为 0.2 亿吨，占总量的 5%，利用方式包括发电、清洁采暖、工业供热等。生活垃圾的能源化利用量约为 2.3 亿吨，占总量的 70%，利用方式包括发电、生物沼气、生物天然气、生物柴油等。畜禽粪污的能源化利用量约为 2.3 亿吨，占总量的 12%，利用方式包括生物沼气、生物天然气等。尾菜的能源化利用量约为 0.1 亿吨，占总量的 3%，利用方式包括生物沼气、生物天然气等。工业有机废物的能源化利用量约为 0.1 亿吨，占总量的 5%，利用方式包括生物沼气、生物天然气、生物柴油等。污水污泥的能源化利用量约为 0.01 亿吨，占总量的 8%，利用方式包括发电、生物沼气、生物天然气等。废弃油脂的能源化利用量约为 0.04 亿吨，占总量的 40%，利用方式包括生物沼气、生物天然气、生物柴油等（见表 1）。

表1　2023年中国生物质能发展现状统计　　单位：亿吨

种类	秸秆	林业废弃物	生活垃圾	畜禽粪污	尾菜	工业有机废物	污水污泥	废弃油脂	合计
资源量	8.7	3.5	3.3	19.2	2.4	1.5	0.2	0.1	38.8
资源量占比（%）	22.3	9.0	8.4	49.6	6.1	3.8	0.4	0.3	100.0
能源化利用量	0.7	0.2	2.3	2.3	0.1	0.1	0.01	0.04	5.6
能源化利用率（%）	8	5	70	12	3	5	8	40	15

注：资源量和能源利用量数据来自中国产业发展促进会生物质能产业分会。

（二）生物质能源发展概况

生物质能源化利用的产品主要有发电、供热、气体燃料、液体燃料四大类。2023年，中国生物质能源产品产量合计4142万吨标准煤，约占生物质能源化利用总量的14%。其中，发电、供热/采暖是主要的能源产品，合计约占83%。生物质发电方面，截至2023年底生物质发电装机总规模约4414万千瓦，发电量1980亿千瓦时，折合年均利用约4485小时。其中，垃圾焚烧发电装机2577万千瓦，装机占比58%；农林生物质发电装机1688万千瓦，装机占比38%；沼气发电149万千瓦，装机占比4%。生物质供热方面，目前全国生物质成型燃料产量约2000万吨/年，生物质锅炉约1.6万台，二者合计供热能力超过30000GJ/h。

生物油气包括生物天然气和生物液体燃料。液体燃料又包括燃料乙醇、生物柴油、生物航煤、生物甲醇。2023年，中国生物油气合计产量约689万吨标准煤，约占生物质能源产品的17%。其中，生物天然气来自生物沼气的提纯。目前，中国生物沼气的产能已超过100亿立方米/年，2023年，生物沼气产量约26亿立方米，其中用于进一步提纯生产天然气的沼气约8亿立方米，提纯后的生物天然气产量约5亿立方米。2023年，生物燃料乙醇产能超过500万吨，产量约360万吨。生物柴油产能约300万吨，产量约220万吨。可持续航空燃料SAF规模较小，产能约15万吨，产量不超过1万吨。生物甲醇目前处于前期阶段，尚未有产量。

（三）生物油气特点分析

与传统油气相比，生物油气具有负碳排、可再生的典型特点。除此之外，生物油气在发展规模、发展模式等方面还具有三大特点。

一是在生产方式上，与传统油气生产“集中式大规模”不同，生物油气具有“分散式小规模”“点多面广”的典型特点。目前中国国内典型生物天然气工厂的产能通常为300万~500万立方米/年，典型生物柴油工厂的产能通常为10万~20万吨/年。这种相对小规模的生产方式与原料收储经济半径、特许经营范围等存在密切的关系。以生物天然气为例，生产生物天然气的原料包括餐厨垃圾、厨余垃圾、市政粪便、畜禽粪便、作物秸秆等，一方面生物天然气工厂的规模选择需要考虑政府授予的特许经营范围的大小，另一方面也需要评估特许经营范围原料收储的难度、垃圾前端分类的情况等。因此，这导致了生物天然气厂家较多。据不完全统计，全国大型沼气工程达7000个以上，生物天然气工厂数量超过200家。

二是在运输和利用方式上，与中国国内传统油气供需区域不匹配产生的跨区域输送不同，生物油气更加关注周边，主要表现为就近利用、就近入网、就近出口。这是由于生物油气具有“分散式小规模”的特点。目前，生物天然气通常是销售给附近的车用天然气企业或者就近接入燃气管网销售给燃气公司，燃料乙醇通常销售给周边的加油站，生物柴油90%以上通过就近港口出口至欧洲等地。

三是在所处行业上，与传统油气不同，生物油气具有跨行业多部门、特许经营与市场运行并行的典型特点。生物油气涉及环境、农业、林业、能源等多个部门。由餐厨垃圾、厨余垃圾、市政粪便、畜禽粪便等生产生物天然气，属于垃圾处理的一部分，通常由环境相关的管理部门赋予特许经营权。利用秸秆、非粮农作物、林业废弃物等生产生物油气则大都属于农林行业，且大都不存在特许经营。而利用餐厨废油生产生物柴油则基本靠市场发展，政策扶持不多。

二、中国生物油气发展的新形势、新要求与新问题

（一）气候治理和碳中和目标是生物油气发展的新推力

这主要体现在中短期内难以实现电气化的航运和航空领域。在航运业，国际海事组织（IMO）2023 年通过了“2023 年船舶温室气体减排战略”，提出到 2030 年国际航运温室气体年度排放总量相比 2008 年至少降低 20%，并力争降低 30%。到 2040 年，国际航运温室气体年度排放总量相比 2008 年应至少降低 70%，并力争降低 80%。到 2050 年或 2050 年左右（接近 2050 年）国际航运业达到净零排放[2]。2024 年 2 月 2 日，欧盟理事会和欧洲议会正式通过了将航运业纳入欧盟碳排放交易体系（EU ETS）的修正案。船舶运营商需要从 2024 年 1 月 1 日起遵守监测和报告排放量的要求，2024 年和 2025 年为过渡年分别按照 40% 和 70% 比例清缴碳配额，2026 年 1 月 1 日起，按 100% 比例清缴碳配额。其中，欧盟港口与非欧盟港口之间航段的碳排放按照 50% 核算。据中国船级社预计，EU ETS 全面纳入航运业后，按欧盟碳排放配额价格 95 欧元/吨测算，每吨燃油的配额成本约增加 300 欧元[2]，按照欧元与人民币汇率 7.7 折算，相当于每吨燃油增加 2310 元。在航空业，国际民航组织（ICAO）2022 年重申了国际航空碳抵消和减排机制（CORSIA），提出将国际航空二氧化碳的排放量稳定在 2019 年水平的 85%，2050 年实现净零碳排放。同时，ICAO 预测所需的减排中，65% 来自 SAF。2023 年欧盟航空燃料条例提出从 2025 年起，所有从欧盟机场起飞的航班都必须使用含有至少 2% SAF 的混合燃料，到 2030 年达到 6%，2035 年达到 20%，2040 年达到 34%，2050 年达到 70%[3]。

上述政策给生物油气的发展带来机遇，在中国主要涉及生物天然气液

化后的生物 LNG，以废弃油脂等作为原料生产的生物柴油，以废弃油脂等作为原料生产的 SAF 或生物航煤，以生物天然气为原料生产的生物甲醇、绿氢或者绿氨，生物质直接化学转化（热解或气化等）生产的生物甲醇、绿氢或者绿氨，生物天然气副产的二氧化碳与绿氢反应生产的生物甲醇，等等。

（二）生物油气面临规模提升与模式创新并重发展的新要求

欧洲生物油气发展迅速，现已成为全球最大的生物柴油生产和消费区、第二大生物天然气生产区和推动 SAF 商业化应用最激进的地区[1]。生物天然气方面，截至 2023 年 4 月，欧洲共有生物天然气工厂 1322 家，而 2022 年和 2021 年这一数据分别为 1023 家和 1067 家[4]。从产量看，2021 年欧洲生物天然气产量 35 亿立方米[4]，折合单个生物天然气工厂产量约 328 万立方米。目前，中国的生物油气产业总体处于起步阶段，2023 年生物油气产量合计仅约 689 万吨标准煤，生物天然气产量仅约 5 亿立方米，生物柴油产量 95% 以上出口，SAF 产量仅 1 万吨。对比欧洲和中国，欧洲单个生物天然气工厂的产量规模与我国相当，但其生物天然气行业总产量却在我国的 7 倍以上。可以看出，中国的生物油气仍有较大的潜力可挖。站在新的历史起点上，从服务国家经济社会发展，助力 2060 年实现碳中和看，生物油气的发展需要重点聚焦于供给规模和供应潜力的提升，需要竭尽所能发掘供应潜力，千方百计培育国内市场。这是改变生物油气在中国能源结构中“可有可无”现状的根本出路。

与此同时，生物油气发展还需要在模式和技术创新上下功夫。一是需要在促进生物油气规模化发展的同时，结合生物油气“分散式小规模”的特点，与能源绿色低碳转型大势、终端能源利用方式转变趋势相结合，创新商业模式和应用场景，提升盈利能力，不走补贴之路。二是需要加快技术的迭代升级步伐，依靠科技创新，提升中国生物油气的竞争力。特别是需要优选和改良中高温厌氧发酵菌种，提高生物质厌氧处理工艺水平及厌氧发酵成套装备研制水平，加快生物天然气、纤维素乙醇、藻类生物燃料等关键技术研发和设备制造[5]。

（三）生物柴油面临出口受阻而国内市场容量不足的新问题

根据海关总署数据，2023 年中国生物柴油出口量 195 万吨，约占产量的 93%。其中，约 185 万吨出口至欧洲国家，占出口总量的 95%。从出口国家来看，荷兰、比利时、西班牙是排名前三的出口国，出口量合计约 180 万吨，约占出口总量的 92%。从上述数据可以看出，欧洲市场对中国生物柴油产业十分重要。2023 年 8 月，欧盟宣布对原产于印度尼西亚的生物柴油通过中国及英国转运以规避反倾销关税行为进行为期 9 个月的反规避调查。2023 年 12 月 20 日，欧盟宣布对原产于中国的生物柴油进行为期 1 年的反倾销调查。目前反规避调查已经结束，但反倾销调查仍在进行。受反规避和反倾销调查的影响，2024 年 1—5 月，中国生物柴油出口量降低至 60.5 万吨，同比减少 41%。

此外，生物柴油的发展还受到废弃油脂直接出口和工业级混合油的夹击。目前，欧盟的反倾销调查只调查了生物柴油，并未涉及其原料，也未涉及工业级混合油。欧盟的意图就是打压中国的生物柴油出口，鼓励中国出口的废弃油脂[6]。这涉及欧洲生物柴油产业与中国生物柴油产业的利益分配。因为生物柴油和工业级混合油均来自废弃油脂生产，所以二者的产量存在一定的竞争。

三、中国生物油气发展相关建议

（一）千方百计扩大生物油气原料规模

原料是决定生物油气产业规模的核心和关键。**一方面，需要进一步下大力气完善生物油气相关的有机废弃物收集、运输和储存体系**。建议：一是宣传垃圾分类成效与生活垃圾处理费高低的关系，增强公众对垃圾分类重要性的认同感，让垃圾分类逐步成为生活自觉。二是总结上海等典型城市垃圾分类工作经验，进一步提高城镇垃圾分类的覆盖面和成效。三是健全农村垃圾回收和分类网络。四是进一步加强城市园林绿化垃圾回收利用力度。五是充分发挥价格信号的调节作用，按照“多排放多付费、少排放少付费”原则，逐步推广“计量收费＋分类收费”相结合的管理模式，优化生活垃圾处理费用收费方式。六是加速推动生活垃圾处理向零填埋发展，逐步提升生活垃圾资源化利用率。

另一方面，完善相关支持政策，鼓励引导更多有机废弃物流向生物油气行业。以生物柴油出口为例，我国废弃油脂量约1000万吨，若全部用于生产生物柴油，则产量最大约900万吨，是目前国内生物柴油产量的4倍以上。这中间的差距是由多方面原因造成的。以废弃油脂为原料，可以生产的产品包括生物柴油、工业级混合油、生物航煤等，这也决定了废弃油脂不可能全部流向生物柴油。因此，建议出台相关的支持政策细则，引导和推动更多有机废弃物流向生物油气。比如，为解决秸秆等生物燃料发电可能存在的亏损，可研究引导其向生物天然气、木质纤维素燃料乙醇等发展的可行性。

（二）下大力气拓展生物油气应用领域

一是扩大B5车用燃料推广范围，解决车用生物柴油企业生存问题。从全球范围看，由于生物柴油生产成本高于传统石化基柴油，初期市场启动主要靠政府强制要求。目前，欧洲国家都规定了车用生物柴油的掺混比例。我国国家层面还停留于试点层面。仅上海市有车用B5生物柴油相关要求，建立了较为完整的生物柴油产业推广链，对全市餐厨废弃油脂形成了全产业链闭环管理、价格联动、托底保障、产品应用的体系。2022年，我国柴油消费量15781.89万吨，按照掺混5%计算，生物柴油需求量超过780万吨。在生物柴油出口受堵的背景下，国内市场需求的提升对生物柴油行业发展至关重要。建议结合我国生物柴油生产技术以一代为主的特点，总结上海经验，在2024年国家能源局公布的生物柴油推广应用试点基础上，选择部分环境要求高、经济发展好的地区，扩大B5车用燃料推广范围。

二是拓展生物船燃和生物航煤国际市场，提升生物油气发展韧性。生物船燃产品主要为B24，是生物柴油与低硫燃料油按照24∶76的比例物理调和而成。二代生物柴油生产线灵活性较高，产量可根据市场变化在生物柴油和生物航煤间调节。可以说生物柴油、生物船燃、生物航煤三个市场互相关联。从国外来看，以生物航煤为代表的可持续航空燃料（SAF）市场发展迅速。这给我国生物航煤发展带来了机遇。建议从国内国外两个市场入手，推动生物航煤发展。一方面，抓住欧洲市场机遇，建立国内国际互认的生物船燃、生物航煤认证标准和机制，积极拓展国际市场。另一方面，持续推进国内市场试点示范，根据国内双碳工作的需要，适时启动生物船燃和生物航煤市场。

（三）创新生物油气应用场景和商业模式

一是以多能互补为切入点，打造生物油气分布式应用场景。结合生物天然气“分散式小规模”特点，在生物天然气工厂周边，找寻合适的工业园区、机场、楼宇等应用场景，将生物天然气与风电、光伏、地热、绿氢等其他分布式/分散式资源相结合，通过多能互补，打造低碳或零碳应用场景。

二是以建立认证体系为抓手，提升生物油气负碳效应的影响力。一方面，发挥基础设施联通作用，对于同时接入天然气管网的生物天然气与石化基天然气，通过推动上下载气量的互换和互认，实现生物天然气应用地区从周边向远端扩展。另一方面，建立生物油气碳排放核算和绿色认证体系。目前，我国已有的绿色认证和碳认证等尚未实现国际互认。建议进一步完善生物油气标准体系，推动建立国际互认的生物油气绿色认证体系及生物油气绿色价值实现机制。

（四）加大科技研发力度，促进生物油气产业迭代升级

以非粮木质纤维素为原料的第二代生物乙醇是生物乙醇（燃料乙醇）下一步应用和推广的重点，但成本仍然较高，工业化推广仍然较慢。以微藻为原料的微藻柴油，是目前生物柴油研究的重点。生物天然气的研究重心是如何提高甲烷收率，主要聚焦于干发酵、半干发酵技术，中温、高温发酵技术的成熟以及成本下降。

应用新型的合成生物燃料是未来发展的方向，即用生物质能、二氧化碳、甲烷、甲醇等合成的生物燃料，涉及的生物油气产品有生物乙醇、生物汽油、生物柴油、生物天然气等。郭姝媛等[7]将其分为了四种类型：一是太阳能耦合生物质能，以木质纤维素为原料，通过具有纤维素降解能力的微生物，直接水解并发酵，进而利用二氧化碳合成生物燃料；二是太阳能耦合光能，培养蓝藻等光合自养型微生物，直接利用环境中的二氧化碳进行生物合成；三是电化学固碳，电催化过程中产生的电能和自养微生物本身的固碳能力协同作用后产生多种中间体，从而有利于生物燃料的形成；四是垃圾或沼气再利用，垃圾填埋物等经过厌氧消化可形成甲烷或甲醇，甲基营养菌可将甲烷、甲醇等一碳物质转化为生物燃料。

参考文献

[1]慕彦君,雪晶,鲜楠莹．欧盟生物产业发展现状及趋势研究[J]．当代石油石化,2024,32(4):33－39.

[2]中国船级社．航运低碳发展展望2023[EB/OL]．[2024－06－21]．https://www.ccs.org.cn/ccswz/articleDetail? id＝202312081257422748& columnId＝202201100237247637.

[3]NOW GmbH. ReFuelEU Aviation Regulation－How does it affect the aviation sector[EB/OL]．[2024－06－21]．https://www.now－gmbh.de/wp－content/uploads/2023/11/NOW－Factsheet_ReFuelEU－Aviation－Regu-

lation. pdf.

[4] European Biogas Association, Gas Infrastructure Europe. European Biomethane map 2023 [EB/OL]. [2024 - 06 - 21]. https://www. europeanbiogas. eu/wp - content/uploads/2023/05/GIE_EBA_Biomethane - Map - 2022 - 2023. pdf.

[5]国家发展改革委."十四五"生物经济发展规划[EB/OL]. [2024 - 06 - 21]. https://www. gov. cn/zhengce/zhengceku/2022 - 05/10/5689556/files/a4f74d 7bd3a54d32a36fc30e84857bc0. pdf.

[6]渠沛然.欧盟阻挡不了中国生物柴油发展之路[N].中国能源报,2024 - 01 - 22(3).

[7]郭姝媛,张倩楠,姑丽克孜·买买提热夏提等.液体生物燃料合成与炼制的研究进展[J].合成生物学,2024,5. DOI:10. 12211/2096 - 8280. 2023 - 040.

电力篇

新一轮改革下的中国电力市场展望

殷 盛 李 涵 付广斌 彭子寅 王源航[①]

摘 要 自2015年我国电力市场化改革以来，多元竞争格局初步形成，电力的商品属性逐渐显现，市场优化配置资源的作用进一步增强，市场化交易电量规模不断提高。2023年是新冠疫情防控后经济恢复发展的第一年，我国电力改革进入"快车道"，全国统一电力市场改革取得积极成效，辅助服务、虚拟电厂等调节方式日益完善，绿电、绿证交易不断深入。至此，我国多层次电力市场体系已经形成，未来我国将继续加快建立健全市场化电价体系，优化新型电力系统建设布局，进一步推进电力绿色低碳化转型。

关键词 电力市场；现货市场；新能源；辅助服务；绿电交易

① 殷盛，学士，中国国际石油化工联合有限责任公司市场战略部副总经理，主要研究方向为原油市场分析，电力交易；李涵，学士，中国国际石油化工联合有限责任公司市场战略部业务经理，主要研究方向为国际石油市场和油价走势；付广斌，硕士，中国国际石油化工联合有限责任公司市场战略部业务副经理，主要研究方向为电力市场交易；彭子寅，硕士，中国国际石油化工联合有限责任公司市场战略部业务员，主要研究方向为电力市场交易；王源航，硕士，联化（青岛）国际物流有限公司黄岛业务部业务员，主要研究方向为电力市场交易。

一、中国电力市场概况

2023 年全球电力需求呈分化趋势，受经济活动增多影响，以中国和印度为首的新兴市场国家电力需求稳步上升。我国经济实现新冠疫情后恢复性增长，电力市场稳中向好，产业持续升级，全社会用电量稳步上升；电力总投资增长迅速，市场化建设高速发展，交易电量大幅增加。

（一）2023 年中国电力高质量发展稳中求进

1. 全社会用电量稳步上升，电力消费结构持续优化

2023 年，随着受新冠疫情影响的国内经济逐渐恢复，以及夏季高温等因素影响，我国用电量实现较快增长，全社会用电量 92241 亿千瓦时，同比增长 6.7%，其中规模以上工业发电量为 89091 亿千瓦时。各季度全社会用电量同比分别增长 3.6%、6.4%、6.6% 和 10.0%，受 2022 年同期低基数以及经济回升等因素影响，第四季度全社会用电量同比增速明显提高。分产业看，近年来电力企业积极助力乡村振兴，大力实施农网巩固提升工程，2023 年，第一产业用电量 1280 亿千瓦时，同比增长 11.3%；我国终端消费品市场呈逐步回暖态势，带动第二产业用电量小幅回升，全年第二产业用电量 60750 亿千瓦时，同比增长 6.6%；在政府促消费和夏季高温等因素影响下，第三产业用电量 16690 亿千瓦时，同比增长 12.3%，成为三大产业中增长最快的门类；城乡居民生活用电量 13520 亿千瓦时，同比增长 1.1%（见图 1、表 1）。

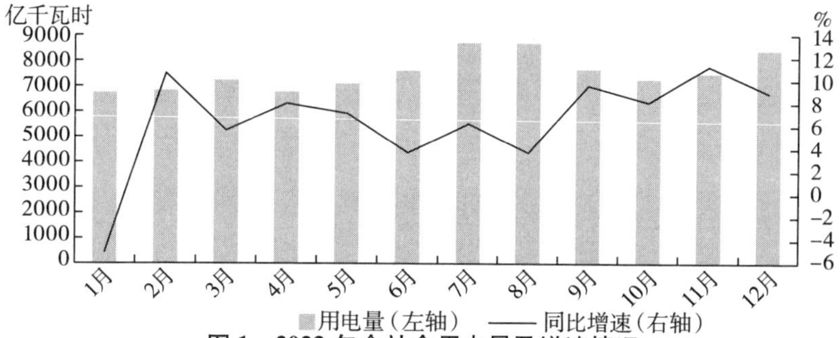

图 1　2023 年全社会用电量及增速情况

资料来源：国家能源局，中国电力企业联合会，联合石化公司。

表 1　2019—2023 年全社会用电结构　　单位：亿千瓦时

产业类别	2019 年	2020 年	2021 年	2022 年	2023 年
第一产业	1100	1100	1230	1150	1280
第二产业	68600	68200	67520	57000	60750
第三产业	16300	16100	17120	14860	16690
居民用电	14100	14600	14130	13370	13520

资料来源：国家统计局，联合石化公司。

2. 市场化交易电量大幅增加，电网代理购电价小幅上涨

2023 年，全国各电力交易中心累计组织完成市场交易电量 56679 亿千瓦时，同比增长 7.9%，占全社会用电量的比重为 61.4%，同比提高 0.6 个百分点。具体来看，省内交易电量合计为 45090 亿千瓦时，省间交易电量合计为 11589 亿千瓦时。从各区域来看，2023 年，国家电网区域各电力交易中心累计组织完成市场交易电量 44434 亿千瓦时，同比增长 6.8%，占该区域全社会用电量的比重为 61.1%；南方电网区域各电力交易中心累计组织完成市场交易电量 9318 亿千瓦时，同比增长 9.2%，占该区域全社会用电量的 59.2%。

全国 33 地（除西藏）电网企业代理购电价小幅上涨，平均购电价格为 428.77 元/兆瓦时，环比上涨 10.55 元/兆瓦时，各地电价在 251～557 元/兆瓦时波动。其中，云南省的平均代理购电价格处于全国最低水平，仅为 251.17 元/兆瓦时，广东省代理购电价为 557.75 元/兆瓦时，位列全国最高，

其他地区代理购电价格在400元/兆瓦时左右。

（二）全国发电装机规模不断扩大，非化石能源装机规模首次超过火电

2014—2023年，我国发电装机容量保持中高速持续增长，根据国家能源局数据，截至2023年底，全国发电装机容量为29.2亿千瓦，同比增长13.9%，创历史新高（见图2）。装机容量自2014年底历史性突破1千瓦/人后，在2023年首次历史性突破2千瓦/人，达到2.1千瓦/人。

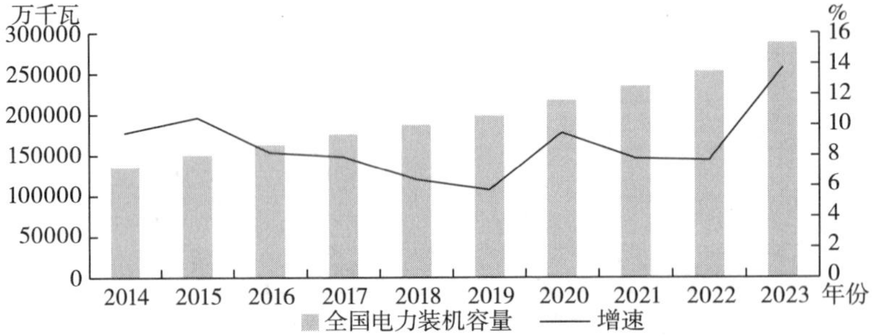

图2　2014—2023年全国电力装机及增速情况

资料来源：国家能源局，联合石化公司。

从各类型装机容量占比来看，截至2023年底，全国火电装机容量13.9亿千瓦，占我国发电装机容量的48%；水电装机容量4.2亿千瓦（常规水电3.7亿千瓦，抽水蓄能5064万千瓦），占我国发电装机容量的14%；风电4.4亿千瓦（陆上4.1亿千瓦，海上3700万千瓦），占我国发电装机容量的15%；太阳能发电装机6.1亿千瓦（集中式光伏3.5亿千瓦，分布式光伏2.5亿千瓦），占总发电装机容量的21%；核电装机5691万千瓦，占总发电装机容量的2%（见图3）。

从新增装机容量来看，2023年我国新增电力装机容量约为3.3亿千瓦。随着我国新能源发展建设步伐不断加快，可再生能源装机容量增长尤为明显，于2023年9月底达到13.84亿千瓦的装机容量，首次超过火力发电，成为引领我国电力装机容量增长的主力军。截至2023年底，我国可再

生能源装机容量再创新高，达到 14.5 亿千瓦，占全国发电总装机容量的 50%以上。

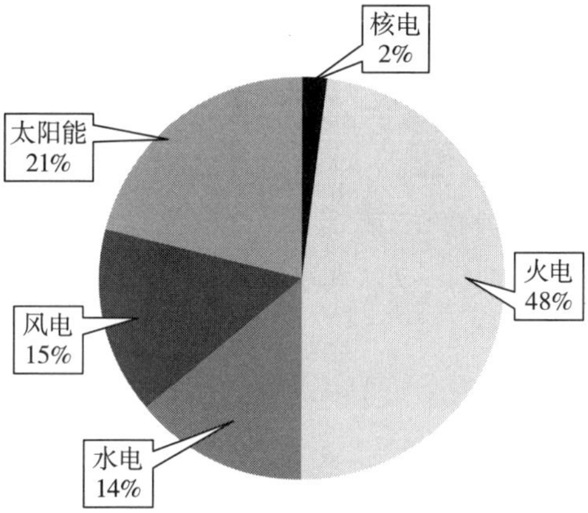

图 3　2023 年末全国装机类型占比

资料来源：国家能源局，联合石化公司。

（三）电力总投资增长迅速，电源投资占比提高

国家能源局数据显示，2023 年全国电力行业总投资 1.495 万亿元，同比增长 20.1%，增速为近 10 年最高水平。其中，电源建设投资 9675 亿元，同比增长 30.1%；电网建设投资 5275 亿元，同比增长 5.4%。从近年电力行业投资数据来看，电网投资有所减少，在国家倡导发展清洁能源的背景下，风、光等各项新能源发电高速发展，带动电源建设投资大幅增加。2023 年太阳能发电完成投资 3097 亿元，同比增长 38.7%；风电完成投资 2564 亿元，同比增长 27.5%；火电完成投资 1029 亿元，同比增长 15%；水电完成投资 991 亿元，同比增长 13.7%。2014—2023 年电网和电源投资占比情况见图 4。

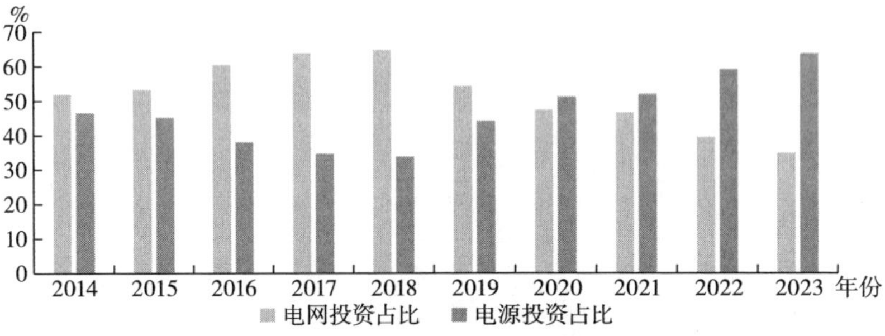

图4　2014—2023年电网和电源投资占比情况

资料来源：国家能源局。

二、中国电力市场建设情况

近年来，在电力装机规模持续提升、电网建设稳步向前、电力投资大幅增长的背景下，我国电力市场建设进入新的阶段。同时，得益于各项配套机制、政策稳步推广，市场化交易电量大幅增加，部分地区电力现货市场已开始稳步运行，大量投资涌入辅助服务市场，虚拟电厂、储能侧蓬勃发展，电力市场化建设进程进一步加快；碳电联动市场也迎来新的发展机遇，绿电、绿证交易量大幅攀升。

（一）市场化电价机制持续完善

自国家发展改革委发布《关于进一步完善分时电价机制的通知》以来，全国31个省（区、市）进行了分时电价改革。其中，北京、冀北、山东、江苏、福建、四川、辽宁、蒙东、青海、宁夏、新疆、蒙西、广西、云南、贵州15个地区在2023年更新了分时电价政策，全国分时电价的峰谷电价价差进一步拉大。各地峰谷电价浮动比例大多集中在50%～70%，尖峰及深谷电价的浮动比例增加至20%左右。峰谷价差进一步拉大后，电价更能反映实际供需平衡情况，商品属性得到体现，不仅能够更好地引导工商业用户错峰用电，还能够为新能源企业绿电消纳、减少“弃风弃光”行为以及储能企业发展提供更大的空间。

随着新型电力系统建设步伐加快，风电、光伏装机容量大幅增加，可再生能源发电方式的波动性、不确定性、间歇性以及逆调峰等特性，直接对电力系统平稳运行造成冲击。煤电企业作为我国发电业的“顶梁柱”，能够连续且稳定地提供电力，在保障国民生产用电的安全、稳定上发挥不可替代的作用。近年来，煤炭价格高企导致大量煤电企业出现亏损，对国民生产用电安全造成一定隐患。2023 年，国家发展改革委、国家能源局发布《关于建立煤电容量电价机制的通知》，将当前煤电单一制电价调整为两部制。其中，电量电价直接反映市场实际的供需情况，容量电价回收煤电发电企业的固定成本。通过设立容量电价回收在一定程度上补偿煤电企业发电成本、稳定煤电企业的收益，从而保障煤电企业稳定生产。2024 年以来，容量电价机制逐步落实，多数地区通过容量电价回收固定成本的比例约为 30%，而部分水电装机容量较高的地区，如广西、湖南、重庆，以及部分火电装机容量较低的地区，如四川、云南，容量电价回收固定成本的比例甚至达到 50%。容量电价机制的落实保障了我国电力系统向新型电力系统平稳过渡，促进了我国电力市场平稳发展。通过完善分时电价、容量电价等各项电价机制，电力市场的市场化建设进程进一步加快，我国电力市场建设水平也同步提高。

（二）电力现货市场建设进入“快车道”

2023 年 9 月《电力现货市场基本规则（试行）》出台之后，2023 年 10 月出台的《关于进一步加快电力现货市场建设工作的通知》为多地现货市场建设明确了时间表。随着交易价格机制、交易平台持续完善，全国各省份省内电力现货市场建设稳步推进。目前，首批 8 个电力现货试点地区中，山西、广东两个试点省份已分别于 2023 年 12 月 22 日、12 月 29 日转入正式运行，我国电力市场正式步入现货阶段。同时，蒙西、山东、甘肃三地也进入长周期不间断结算试运行阶段，第二批 6 个电力现货试点地区：上海、江苏、安徽、辽宁、河南、湖北已经全部启动模拟试运行。其他非电力现货试点地区中，江西、陕西、冀南、重庆、宁夏均已开展结算试运行。全国各省份省内电力现货市场正在高速发展。

我国省间现货市场建设也在稳步推进。2023 年 7 月，国家电力调度控制中心、北京电力交易中心联合发布《关于落实优化省间电力现货市场交易价格机制的通知》，将省间现货申报价格上限从 10 元/千瓦时大幅下调至 3 元/千瓦时，限价措施在一定程度上减少了市场化操纵对电力系统平稳生产的影响，有力地保障了我国省间现货市场平稳运行，完善了我国省间现货市场的价格机制。在政策发力的同时，省间电力交易配套系统也在不断完善，2023 年 7 月由中国电力科学院研发的省间电力现货技术支持系统正式投运。随着各项政策以及配套设施的不断完善，省间电力现货市场将快速发展。

（三）辅助服务市场建设关注度激增

近年来，新能源装机容量占比逐渐增加，新能源发电量与日俱增。随之而来的新能源发电间断性、不确定性对电力系统安全稳定运行的冲击也逐渐凸显。因此，为保证新能源消纳，减少新能源发电方式对电力系统安全稳定运行的影响，保障各时段发电量均能满足国民生产生活需要，电力辅助服务市场发展迫在眉睫。

目前，我国电力辅助服务在经历无偿辅助服务、计划补偿辅助服务及市场化探索阶段后，已经逐渐步入市场化快速发展阶段。电力辅助服务已实现 6 大区域、33 个地区电网全覆盖。通过电力辅助服务市场化，2023 年全国挖掘系统调节能力超 1. 17 亿千瓦，增加清洁能源消纳 1200 亿千瓦时。华中省间电力调峰及备用辅助服务市场交易量合计达 21. 08 亿千瓦时，同比增长 93%，交易规模连续 3 年翻番。

我国电力市场辅助服务主要包括调峰、调频、备用服务。从各地区电力辅助服务市场的开展情况来看，调峰服务占比最大，除南方电网以备用及调频服务为主外，西北、华东、华北、华中及东北电网电力辅助服务市场均以调峰为主。目前，为满足新型电力系统的发展需要，我国电力辅助服务主体正在趋向多元化发展，虚拟电厂及储能开始逐渐参与电力辅助服务市场。市场对虚拟电厂、储能等用户侧辅助服务投资力度也在不断加大，新型储能装机规模大幅增长。但从现阶段来看，辅助服务市场仍以火电及抽水蓄能等资源侧响应为主，虚拟电厂及储能侧发展仍需时日。

三、中国电力市场发展趋势和方向

随着2015年“中发9号文”为电力市场改革明确了方向，我国电力市场在由计划运行机制向市场运行机制转变的道路上已经走过了8年的改革历程。总体来看，全国统一电力市场雏形初现，电力现货市场加速建设，电力辅助服务市场价格机制形成、绿电交易规模进一步扩大。未来，我国电力市场建设将继续稳步有序推进，塑造多元竞争格局，凸显电力商品属性，形成价格发现机制，优化市场资源配置，扩大市场化电量交易规模，丰富电力交易品种。

（一）全国统一电力市场雏形初现

自国家发展改革委、国家能源局发布《电力现货市场基本规则（试行）》以来，我国电力市场建设进入高速发展阶段，全国统一电力市场已初具雏形。当前各省份电力交易品种主要包括中长期、现货、容量交易、可调负荷、需求侧响应等类型；交易范围覆盖省间、省内；经营主体扩大到虚拟电厂、独立储能、负荷聚合商等新型主体；交易机构实现相对独立的规范运作，市场决定电力价格的机制初步形成，市场在资源优化配置中的决定性作用逐步显现。但从整体来看，当前全国统一电力市场距离实现完善的运行大市场仍然还有很多亟须解决的问题。例如，省间与省内电力交易的壁垒，如何实现电力资源在更大范围内共享互济和优化配置，仍是未来需要面临和解决的问题。针对这些问题，在国家层面，国家发展改革委发布了《电力市场运行基本规则》（以下简称《基本规则》），在制度方面健全了多层次统一电力市场体系。其中，南方区域电力现货市场首创的“联合出清、两级运作”的管理架构，为全国统一电力市场体系的探索迈出了重要一步。此外，在交易周期方面，各省份应坚持以长周期交易稳定供需、短周期交易调节偏差，发挥好二者间的互补优势。在新能源大规模入市的背景下，继续细化交易周期的时间尺度，以日内滚动交易作为中长期交易的最细时间颗粒度，从而为市场主体提供足够的履约调偏手段；在交易品种方面，当前新型电力系统下的电力市场体系建设还处在不断完善阶段，对于各类新型交易品种的确定仍需要一个探索的过程。各省份交易市场可根据省内资源禀赋的不同设计符合自身交易特点的品种，在市场交易初期，充分挖掘各省份的电力交易潜能，为全国统一电力市场的建设提供更多的方案选择。

（二）电力现货市场加速建设

目前，全国共有29个地区开展电力现货市场（试）运行，预计2024年我国省级现货市场运行试点将进一步扩大，并向实现全覆盖迈出重要一步。根据最新预测，山东、甘肃两省电力市场将在2024年下半年转入正式运行；河北、江苏、安徽、湖北、江西等省份将开展多轮次长周期结算试运行，预计在2024年底启动连续结算试运行；上海、浙江、湖南、宁夏、重庆等省份2024年底之前开展多轮次长周期结算试运行；河南、吉林、新疆、黑龙江等省份在2024年底之前开展月度以上结算试运行；其他省份也根据自身实际情况，加快现货市场的建设，开展不同周期的现货结算试运行。可以预见，随着试点省份现货市场持续迭代完善，非试点省份现货市场积极探索实践，全国的电力现货市场有望呈现“全面推进、多点开花、局部突破”的新形势，现货机制更加完善，交易品种日趋丰富，市场交易活跃度得到有效提升，通过电价变化引导电力资源优化配置的作用越发凸显。“无现货、不市场”，现货市场作为电力交易的“指挥棒”，中长期交易作为电力市场的“压舱石”，两种交易的市场耦合机制将进一步完善。

但是电力现货市场在高速发展的同时也面临着诸多挑战，如高电价担忧、省间交易壁垒以及输电通道建设等问题。现货市场相较于以中长期市场为主的电力市场，价格更容易出现波动，但任何的转型都有一定的成本，从长远来看，只要市场机制完善，现货市场的价格发现功能显现，社会整体电价成本就更具有竞争优势。当前我国电力现货省间交易相较于省内现货交易，规模较小，主要受各省份市场的制度限制，相信未来随着统一市场的推进，电力体制改革藩篱的拆除，省间现货交易规模将得到提升。此外，省间现货还受制于电网输送通道的建设，未来随着电力现货市场的推进，电网通道建设进程也将进一步加快。

（三）电力辅助服务市场价格机制形成

随着我国新能源快速建设，新能源的大比例接入使得电力系统运行管理的复杂性显著提升，对系统安全稳定运行提出更为严峻的挑战。电力系统对调频、备用等辅助服务的需求不断增加，电力辅助服务市场发挥的作用越来越重要。2024 年 2 月 9 日，国家发展改革委、国家能源局发布《关于建立健全电力辅助服务市场价格机制的通知》，进一步建立健全电力辅助服务市场价格机制，科学确定辅助服务市场需求，合理设置有偿辅助服务品种，规范辅助服务计价等市场规则。按照“谁服务、谁获利，谁受益、谁承担”的总体原则，不断完善辅助服务价格形成机制，推动辅助服务费用规范有序传导分担，充分调动灵活调节资源参与系统调节积极性。当前我国已有 14 个地区启动电力辅助服务市场机制，已经建立了较为完善的辅助服务市场体系，电力辅助服务市场交易品种扩展为调峰、调频、无功调节、备用等多种形式。但总体上来看，我国电力辅助服务仍然呈现规模小、参与主体少、品种类型少的特点，依旧缺少电压支撑、黑启动、调峰容量等辅助服务品种，且调频市场未针对机组响应速度进一步细分。预计随着可再生能源比例的不断提升，电力系统运行呈现新的特点，我们仍需要积极探索引入爬坡类产品、系统惯性、快速调频等新型辅助服务交易品种，加强电力辅助服务市场建设与电力现货市场的统筹衔接。另外，未来需要加强跨区域电力辅助服务资源的共享互济，允许富余的调频资源参与跨区交易，实现调频资源在更大区域内的共享互济。

（四）绿电交易规模进一步扩大

当前，在大部分省份的电力市场中，绿电交易仍然是在中长期市场体系下独立开展的交易品种，自身交易机制已经相对成熟。2024 年初，随着蒙西电网实现绿电交易试点，我国已实现绿电交易试点的全网全覆盖。但不可否认的是，当前绿电交易电量在全国电力交易中的占比仍较低。中国电力企业联合会发布的数据显示，2023 年全国绿色电力省内交易量 537.7 亿千瓦时，仅占全国市场交易量的 0.95%。制约绿电交易高效发展的关键因素在于如何有效利用外部支撑手段，提升交易的规模与质量。一是加强绿电政策引导。利用优惠政策吸引存量新能源项目主动参与绿电交易，近期国家出台 75 号文，明确了带补贴新能源参与绿电交易的利益分配机制，旨在以提高补贴资金的流动性来吸引带补贴新能源主动参与绿电交易。此外，为防范补贴项目与平价项目同台竞价可能造成的绿电价格下跌，以及挤压平价项目生存空间的问题，未来新政策或对带补贴新能源机组参与绿电交易采取灵活的价格限制机制，保证带补贴项目入市后绿电市场的总体溢价水平。二是提高碳电市场联动。目前碳电市场本质相异、管理独立，不同的政策与交易体系导致在协同与互认上仍有难度，只有打破绿色电力在碳市场中的应用限制才能够真正实现碳电市场的共同资源优化配置。例如，可以考虑建立相关机制实现碳电市场数据信息互联互通。同时从国家层面出台标准，统一各地碳市场对于绿电抵扣碳排放量的计算方式，打造全国统一的绿色认证体系。从顶层设计角度保障碳电市场在政策制定、运行、监管等方面的统筹规划，提升协同效率。

整体来看，在国家政策推进以及各项配套措施逐步落实的背景下，我国电力市场正在经历又一次高速发展阶段。目前，建设新型电力系统作为引领我国电力市场高速发展的核心动力，电力市场化价格机制及配套电力交易制度、各项辅助服务均围绕保障新能源消纳展开，如何保障新能源消纳是重中之重，这给我国电力行业发展带来了新的考验。

参考文献

[1] 中国电力企业联合会.2023—2024年度全国电力供需形势分析预测报告[R]. 北京:中电联,2024.

[2] 中能传媒能源安全新战略研究院. 我国电力发展与改革形势分析2024[R]. 北京:2024.

[3] 张恒基,王海宁,袁明珠,等. 中国电力中长期交易机制分析与思考[J/OL]. 电力系统自动化,2024.

中国绿色电力交易市场发展现状与展望

吴　迪　汪若宇　王可珂　康俊杰①

摘　要　我国自2021年9月正式启动绿色电力交易试点工作后，绿色电力交易政策体系初步建立，绿电交易规模逐年扩大。绿电交易对体现电能的环境价值、提高绿色能源的有效利用水平、激发全社会形成主动消费绿色电力的意识，以及落实绿色低碳发展理念产生了积极推动作用。但目前我国绿色电力交易市场仍面临与绿证市场耦合程度较低、绿电交易机制不健全、消纳责任未有效向终端用户传导、绿电和绿证市场的国际认可度较低等一系列挑战。欧美等发达国家开展绿电和绿证交易较早，建立了较为成熟的强制市场和自愿市场，相关经验和教训对我国有较强的借鉴意义。展望未来，我国需进一步完善顶层设计，活跃绿电和绿证交易市场，加强绿电、绿证市场与碳市场的耦合协调，避免环境权益的重复计算，以及持续提高我国绿电、绿证市场的国际认可度。

关键词　绿电；绿证；可再生能源；消纳责任制

① 吴迪，硕士，北京大学能源研究院气候变化与能源转型项目高级分析师；汪若宇，硕士，北京大学能源研究院气候变化与能源转型项目分析师；王可珂，硕士，北京大学能源研究院气候变化与能源转型项目分析师；康俊杰，博士，北京大学能源研究院特聘副研究员。

一、中国绿色电力交易市场的发展现状

（一）绿色电力市场的发展背景和意义

我国于2020年9月宣布碳达峰碳中和目标后，可再生能源行业发展迅速，装机量和发电量实现大幅增长。截至2023年底，我国光伏、风电装机总量分别达6.1亿千瓦和4.4亿千瓦，较2020年分别增长57%和140%，总发电量分别达8859亿千瓦时和5842亿千瓦时，较2020年水平分别增长90%和124%，风光总发电量已占到我国全社会用电量的15%左右（见图1）。

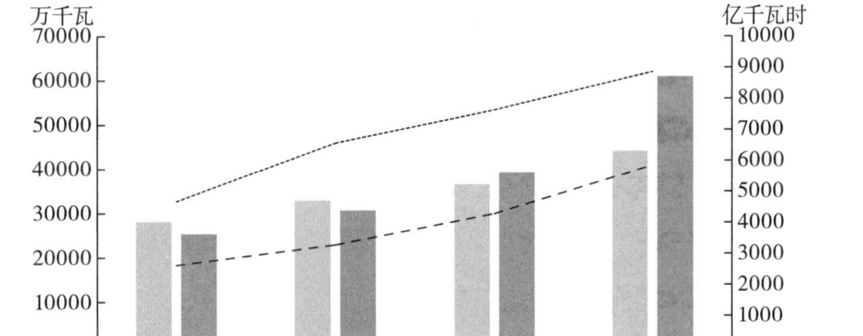

图1　2020—2023年我国风光装机与发电量变化情况

资料来源：中国电力企业联合会。

作为全球最大的可再生能源生产国，在可再生能源进入平价时代后，为了进一步贯彻碳达峰碳中和战略部署，加快建立有利于促进绿色能源生产消费的市场体系和长效机制，推动新能源更好地参与电力市场，我国于2021年8月下发了《关于绿色电力交易试点工作方案的复函》，正式同意国家电网公司、南方电网公司开展绿电交易试点。根据北京电力交易中心、广州电力交易中心有关文件，绿色电力是指符合国家有关政策要求的风电、光伏等可再生能源发电企业上网电量。根据市场建设发展需要，可逐步扩大到符合条件的水电发电企业上网电量。

绿电交易政策的出台不仅在机制上为以风、光为主的绿色能源开辟了优先交易、优先执行和优先结算的渠道，精准化匹配绿色电力消费意愿，而且同时体现了电能的绿色属性和环境价值，对提高绿色能源的有效利用水平、激发全社会形成主动消费绿色电力的意识、落实绿色低碳发展理念将产生积极推动作用。

有绿电消费需求的用电企业可以直接向省内绿色电力企业购买绿色电力和向省内或省外的电网企业购买其保障收购的绿电。交易价格由发电企业与电力用户、售电公司通过双边协商、集中撮合等市场化方式形成。绿电价格包括电能量价格和绿色环境价格，电能量价格一般对标当地燃煤市场化均价，绿色环境价格则体现绿色电力的环境价值。

绿电交易政策的出台为发电企业和对绿电有需求的用电企业搭建了连接的平台，为推动新能源消纳从政策补贴的“计划模式”转向竞价交易的“市场模式”提供了有益的探索。通过新的市场机制，以市场化手段发现绿电的环境价值，新能源发电企业和对绿色电力有需求的企业通过绿电交易市场完成交易，新能源发电企业能够获取绿电环境价值收益，用电企业能够生产有绿色属性的产品，增加出口竞争力，绿电交易市场给交易双方都带来了直接的经济效益。尤其是在近年来国际绿色贸易壁垒以及供应链绿色发展的大背景下，开展绿电交易及时地契合了外向型企业日益强烈的绿色发展诉求。

此外，绿色电力市场的建立可以实现“证电统一”，弥补绿证交易的缺陷，让用户既消费了绿色电力，也获得了相应的绿证。因此，绿电交易政策的出台有利于加强其与此前为了解决新能源补贴拖欠问题、缓解财政压力背景下出台的绿证交易政策的融合发展。

（二）绿色电力交易的现状

自 2021 年 9 月正式启动试点以来，我国绿电交易政策体系初步建立，绿电交易规模逐年扩大，形成了以北京电力交易中心、广州电力交易中心为主导的国网市场和南网市场，以及各省级行政区域内部的省内绿电市场。当前绿色电力交易以中长期交易和省内交易方式为主，购买绿电的电力用户可以同步取得绿色电力证书，实现“证电合一”交易。

2023 年，全国各电力交易中心累计组织完成省内电力直接交易 42995.3 亿千瓦时，含绿电交易 537.7 亿千瓦时，省内绿电直接交易仅占省内电力总直接交易的 1.25%，占全国市场交易量的比重约为 0.95%。从电网经营区域来看，2023 年国家电网经营区完成绿电结算电量 576 亿千瓦时、绿证 2364 万张，超额完成绿电、绿证交易年度目标任务。南方区域绿电交易电量 81.2 亿千瓦时，同比增长 120%。价格方面，2022 年上半年，国家电网经营区市场化交易绿电的平均价格较燃煤发电基准价溢价 0.08 元/千瓦时，南方电网经营区市场化交易绿电的溢价为0.05 ~ 0.06 元/千瓦时。

分地区来看，广东、江苏、浙江、上海等东部省份绿电交易实现常态化、规模化，卖方供给稳定，买方需求持续增加。其中 2023 年浙江省绿电交易成交电量突破 80 亿千瓦时，达到 82.13 亿千瓦时，同比增长 218.85%。上海市 2023 年绿电交易累计成交电量突破 20 亿千瓦时，绿证交易累计成交突破 40 万笔，仅 1—9 月，上海绿电交易量较 2022 年全年增长 220%。

从终端用户来看，科技巨头、重工业企业、车企和先进制造商目前在绿电市场中最为活跃，2023 年绿电买方五强的绿电消纳总量同比提升约 95%。其中，最大绿电买方阿里巴巴集团全年签署的绿电购买量是 16 亿千瓦时，宝钢股份（宝山基地）以9亿千瓦时位居第二，位居第三、第四、第五的分别是立讯精密、宝马集团中国、腾讯，购买量分别为6.5亿千瓦时、5.6亿千瓦时、5.34亿千瓦时。

油气企业目前也在积极开展绿电消费。2022年，中国海油通过气电集团所属中海油电力投资有限公司开展绿电交易，累计电量突破3亿千瓦时。其中，广东地区实现绿电交易1.185亿千瓦时，冀北地区实现绿电交易1.86亿千瓦时，绿电交易总量在区域电力市场中名列前茅。2023年10月17日，中海油电力投资有限公司与通威集团在四川成都正式签署绿色电力长周期双边协商交易协议，通威集团旗下的通威新能源有限公司将在较长周期内，以协议价格向中国海油提供可再生能源电力。

国际化工龙头企业巴斯夫目标到2050年在全球范围内实现二氧化碳净零排放，其在中国的湛江一体化基地目标到2025年实现100%可再生能源电力供应。目前，巴斯夫中国分别与国家电投（广东）、资管公司博枫签订了交易周期为25年的绿电相关合作协议；自2025年起，国家电投（广东）将每年为巴斯夫湛江一体化基地供应10亿千瓦时可再生能源电力，来源包括广东本省的海上风电与太阳能。

（三）绿色电力交易政策梳理

我国于2021年9月正式启动绿色电力交易试点工作之后，国家发展改革委、国家能源局等部门陆续发布多份文件，从制度规范、应用场景等层面不断完善绿电交易机制，引导绿电交易规模持续扩大，促进绿电交易和绿证交易的融合发展。

2022年1月，国家发展改革委、国家能源局出台《关于完善能源绿色低碳转型体制机制和政策措施的意见》，围绕机制体制、政策体系等提出一系列推进能源绿色低碳转型的下一步工作意见。其中，包括在制度层面“加强顶层设计和统筹协调，加快建设全国碳排放权交易市场、用能权交易市场、绿色电力交易市场”、在消费侧“完善和推广绿色电力证书交易，促进绿色电力消费”，以及“鼓励产业园区或企业通过电力市场购买绿色电力”。

2022 年 11 月，国家发展改革委、国家统计局、国家能源局公开发布《关于进一步做好新增可再生能源消费总量控制有关工作的通知》，明确新增可再生能源消费不纳入能源总量和强度控制，并将绿证作为可再生能源电力消费量认定的基本凭证。

2023 年 2 月，国家发展改革委、财政部、国家能源局联合发布《关于享受中央政府补贴的绿电项目参与绿电交易有关事项的通知》，明确了绿电溢价收益、绿证收益与国家可再生能源补贴不可兼得。明确将享受国家补贴的绿色电力参加绿电交易产生的溢价收益及对应的绿证交易收益等额冲抵补贴或归国家所有。发电企业放弃补贴的，参与绿电交易的全部收益归发电企业所有，以推动补贴项目全面参与绿色电力交易。

2023 年 7 月，国家发展改革委、财政部、国家能源局联合印发《关于做好可再生能源绿色电力证书全覆盖工作促进可再生能源电力消费的通知》，在绿证的适用范围、核发、交易、应用和鼓励绿色电力消费等方面都做了详细部署，实现了对可再生能源电量核发绿证的全覆盖，进一步明确了绿证的权威性、唯一性和通用性。绿证新规的出台，为扩大绿电供给、促进绿电消费奠定了基础。

在绿证新规基础上，2023 年 10 月，国家能源局印发《关于可再生能源绿色电力证书核发有关事项的通知》，指定了绿证核发管理过程中的部门职能分工与衔接安排。2023 年 12 月，国家能源局在北京召开绿证核发工作启动会，核发首批绿证约 1191 万个，并进一步强调要加快构建基于绿证的可再生能源消费统计体系、可再生能源消纳保障体系、产品碳足迹管理和国际互认体系，推动绿证成为我国能源清洁低碳转型的新引擎。

2023 年 8 月，北京电力交易中心发布的《北京电力交易中心绿色电力交易实施细则（修订稿）》适用于国家电网经营区域内开展的绿色电力交易。文件从市场参与主体、价格机制、结算方式、绿色电力认证等层面修订、细化了绿色电力交易规则。在市场参与主体层面，逐步推进已纳入国家可再生能源电价附加补助政策范围内的风电和光伏电量参与绿电交易，交易时高于项目所执行的煤电基准电价的溢价收益，在国家可再生能源补贴发放时等额扣减；在价格机制及交易结算方面，明确了绿色电力交易价格应充分体现绿色电力的电能价值和环境价值，绿色电力的电能与环境价值应分开报价、分开结算；此外，修订还包括了要求合同结算中包含绿色电力环境价值偏差补偿项目，细化省间绿色电力交易组织流程等，对于扩大绿电交易规模、体现绿电环境价值具有引导作用。截至 2023 年底，北京、天津、浙江、安徽、福建、新疆、辽宁等省份均已出台地方绿色电力交易实施文件，结合国家有关绿电、绿证的相关政策及国网、南网区域省间绿色电力交易细则，制定省内绿色电力交易的有关规定。

2024 年 2 月，国家发展改革委、国家统计局、国家能源局下发了《关于加强绿色电力证书与节能降碳政策衔接大力促进非化石能源消费的通知》，强调要推动绿证交易电量纳入节能评价考核指标核算，明确绿证交易电量扣除方式。在“十四五”省级人民政府节能目标责任评价考核指标核算中，实行以物理电量为基础、跨省绿证交易为补充的可再生能源消费量扣除政策。与此同时，通知提出要健全绿色电力消费认证和节能降碳管理机制。加快建立基于绿证的绿色电力消费认证机制，明确认证标准、制度和标识。研究完善绿证有效期，简化绿色电力消费认证流程，持续提高认证及时性和便利性。

二、中国绿色电力交易市场存在的问题及面临的挑战

（一）绿电、绿证市场的耦合程度仍然较低

我国的绿电交易市场于 2021 年启动，但绿证交易市场早在 2017 年就已经开展。绿电市场、绿证市场的建立时间、建立背景、政策定位、适用范围等都不相同导致了我国目前绿电、绿证市场的耦合程度较低。绿电、

绿证交易作为我国重要的市场化降碳手段，在推动全社会绿色低碳转型、体现电力商品环境外部性价值、促进可再生能源消纳等目标方面均呈现高度一致性，仅在交易模式方面存在主要不同，前者是“证电合一”的交易模式，而后者是“证电分离”的交易模式。

在政策出台背景方面，绿电交易主要是为了提高新能源消纳水平并推动企业低碳转型，而绿证交易出台目的主要是解决新能源项目补贴拖欠问题。在 2017 年 2 月，国家发展改革委、财政部、国家能源局三部委联合发布《关于试行可再生能源绿色电力证书核发及自愿认购交易制度的通知》，正式试行绿证核发和自愿认购制度。绿证制度施行伊始，主要目的包括通过绿证交易部分替代国家可再生能源电价附加资金的补贴，减轻可再生能源项目发展对中央财政补贴造成的负担；以及作为辅助工具，服务于即将建立的可再生能源电力消纳保障制度。绿证价格不高于相应电量对应补贴，绿证出售后相应电量不再获得补贴。对于含补贴新能源发电项目的企业而言，通过出售绿证获得收益，可以加快资金回笼，缓解企业现金流压力。这也直接导致了我国目前市场上同时存在补贴绿证和无补贴绿证，其核发数量、交易价格、交易规模都存在较大差异。补贴绿证虽然核发数量多，但由于其价格较高，在交易规模上远低于无补贴绿证，未能实现此前解决可再生能源补贴拖欠的最初政策目标。

在交易范围方面，我国绿电交易目前主要是风电、光伏，而绿证交易已实现可再生能源的全覆盖，既包括风电（集中式和分布式）、光伏（集中式和分布式）、水电、生物质等技术较为成熟的可再生能源，也包括光热、地热能发电、海洋能发电等新兴可再生能源发电技术。交易范围的不同导致某些绿电交易无法核发绿证，对这些可再生能源项目积极参与绿电交易产生了不利影响。

在交易价格方面，我国绿电和绿证在不同市场交易会出现同样的环境属性定价存在差异的问题。绿电的价格包含电能量价格和环境溢价，体现了绿色电力的生产运营成本和环境属性价值，绿证的价格应该为绿电的环境溢价，但有关全国环境溢价的评估目前没有明确的界定，这导致环境溢价同量不同价。例如，2022 年北京电力交易中心累计组织 25 个省份参与绿电交易，平均价格较燃煤发电基准价溢价 0.06 ~0.08 元/千瓦时，这对应绿电的环境溢价。而无补贴绿证的价格在 2022 年的平均价格为 44.5 ~48.5 元/张，换算后为 0.045 ~0.0485 元/千瓦时。

此外，绿电交易本身的定价机制尚不完善。我国不同地区对绿电交易价格有不同的规定。例如，《南方区域绿色电力交易规则（试行）》规定，绿色电力直接交易价格包括市场主体绿色电力电能量价格和环境溢价的整体价格。对于依托于中长期电力交易开展绿电交易的地方来说，交易价格是电力用户通过市场化方式与发电企业成交的价格，并没有明确规定包括环境溢价。部分地区的绿电交易规则和实施方案还会参照燃煤发电上网电价设置绿电价格的上限和下限，对绿电交易价格进行约束，这无法有效体现绿电的环境溢价。由于绿电定价锚定煤电基准价，在煤电价格受煤价高涨的影响下，绿电价格也随之上涨，但是绿电运行成本并没有上升，绿电因此失去了价格竞争力，电力用户更愿意购买价格更低、更稳定的煤电。

（二）绿电交易机制不健全，消纳责任未有效向终端用户传导

我国绿色电力市场仍处于试点阶段，其交易机制存在诸多问题。

一是绿电价格机制不够市场化。目前，绿色电力的定价往往由政府指导或干预，缺乏一定的市场竞争机制来形成合理的价格体系。这导致绿电价格无法真实反映市场供需关系，不利于激发市场活力和增强消费者的购买意愿。

二是绿色电力交易的信息不对称和透明度不足也是交易机制不健全的表现。由于缺乏有效的信息公开机制，消费者难以获取关于绿电产品的详细信息，如电力来源、环保效益等，这增加了消费者的决策成本，降低了他们参与绿电市场的积极性。

三是电力市场交易机制的不健全、电网输送能力限制等因素，导致我国省间绿电交易规模小。我国绿电资源主要分布在“三北”地区，而主要的绿电需求分布在经济社会发展需要大量电力支撑的东南沿海地区。目前，绿电跨省交易的市场准入尚未充分放开，不同省份市场规则差异较大，跨省绿电交易存在壁垒，省间绿电的直接交易案例不多且规模有限。一方面，绿电交易试点省份的交易规则存在差异化、交易手续相对烦琐、交易主体众多、跨省供需匹配困难等因素增加了市场主体参与交易的难度；另一方面，对于用能企业而言，跨省绿电交易较高的电网通道费也导致交易成本增加，一定程度上削减了跨省绿电交易需求。跨省交易不足也是我国电力市场长期存在的问题。当前绿电省间交易还处于试点阶段，并未常态化展开。企业需求通常由电网企业汇总上报，而实际交易展开还有赖于电力交易中心不定期的组织。

此外，我国可再生能源消纳责任未有效实现向用户传导，这不利于最大化激发终端用户的绿电需求。自2020年起，我国虽制定了可再生能源消纳责任权重，但消纳责任权重一般通过电网公司保障消纳完成，以省份为主体进行指标考核，并没有把责任权重真正分解到终端用户和售电公司，不利于激发企业自主消费绿电的积极性。这在一定程度上导致了我国绿电市场的参与主体单一，主要集中在大型发电企业和一些大型工商业用户，中小型企业和普通消费者参与度低，进而限制了市场的规模和发展潜力。

（三）绿电、绿证市场的国际认可度较低

我国绿电、绿证市场在国际上的认可度较低，这主要是由于市场的成熟度、透明度，以及与国际市场接轨程度不高。这种局面限制了我国绿电产品的国际市场拓展，同时也影响了国内外投资者的信心和可再生能源领域的国际合作。

一是我国绿电、绿证市场的成熟度不足，市场规模较小，交易活动相当有限。由于市场流动性不足、市场监管体系尚不健全、相关法规和

标准体系未能完全与国际接轨等，我国绿电、绿证产品的交易效率较低，难以吸引更多国内外投资者参与，进而使市场参与者难以进行长远规划。

二是我国绿电、绿证市场的透明度不足。市场的操作和监管信息不够公开透明，使得外部投资者难以获取关键的市场数据，如交易量、价格变动和政策调整等信息，从而增加了市场的不确定性和风险。我国绿电、绿证市场缺乏有效的信息披露和追踪机制，外部市场参与者无法准确验证绿电产品的环保属性和真实来源，这直接影响了绿电产品的信誉和国际市场的接受度。特别是国际市场对我国绿证、绿电、CCER 等减排权益有是否存在环境权益重复计算的担忧。目前，RE100 等机构对仍要求使用中国绿证的企业提交可信声明，声明绿证拥有全部的环境属性，并且这些属性没有被出售、转让或在其他地方声明。

三是我国绿电、绿证交易市场与国际市场接轨程度较低阻碍了国际合作与交流，限制了我国在全球绿色能源市场的影响力和话语权。我国在国际绿电、绿证市场的参与度相对较低，缺乏与国际市场的深入合作和交流，这不仅限制了最佳实践和先进技术的引进，以及中国企业和研究机构获取国际前沿技术和市场动态的机会，也减少了国际合作伙伴对我国市场结构和运作机制的理解与信任，降低了我国在国际能源政策制定过程中发挥领导作用的可能性。

三、绿色电力交易的国际经验

（一）美国

美国绿色电力零售和批发交易属于电力交易市场的一个组成部分。绿电市场参与主体包括发电厂及分布式电站，公共事业公司（传统管制市场），独立输电商及区域输电组织（竞争市场或半管制市场），售电公司以及电力用户等，现阶段各州电力市场及第三方市场存在的绿电交易品种包括公用事业绿电定价机制、公用事业定向电力合同机制、社区集采（Community Choice Aggregation，CCA）、竞争性供应机制、PPA 购电协议（Power Purchase Agreement，PPA）、非捆绑型绿证（unbundled RECs）市场等。

公用事业绿电定价机制下，由公用事业公司根据电力用户需求，直接向用户提供可再生能源电力及捆绑销售的可再生能源电力证书（RECs），电力用户在零售电价基础上支付绿色溢价；公用事业定向电力合同机制主要存在于大型电力用户与公用事业公司之间，双方通过中长期购电协议约定绿色电力来源、绿色溢价支付方式等信息。社区集采机制目前也仅存在于部分传统管制市场，是适用于零散居民用户的绿电代购机制，具体操作中，由当地政府部门或类似实体汇集用户需求，代表用户签订绿色电力购电协议。

在允许私营发电部门进入的竞争性电力市场覆盖地区，电力用户可以选择绿电零售公司及其产品，也可以指定绿电供应来源，相关机制可归类为独立电网绿电定价机制和独立电网定向电力合同机制。PPA 购电协议也主要存在于竞争性电力市场，由电力用户直接与发电企业签订可再生能源购电协议，约定可再生能源的电量、电力供应曲线及相关计价方式等，并同时转移相应的 RECs。

此外，美国允许可交易 RECs 与电能量分开销售、交付或购买，通常被称为非捆绑型绿证市场机制。美国联邦交易委员会（Federal Trade Commission，FTC）将可再生能源电力凭证 RECs 定义为“代表可再生能源技术和环境效益的产权”，RECs 的交易价格代表市场所接受的产权价值。可交易 RECs 又分为自愿性市场 REC 以及符合地方配额制合规性要求的 REC。自愿性市场的 RECs 主要由第三方组织提供认证。由非营利组织资源解决方案中心（Center for Resources Solutions，CRS）建立 Green－e ®认证项目，是目前美国公信力较高的第三方标准和认证体系，主要提供适用于美国及加拿大区域的可再生能源电力及凭证标准。运营全球 TIGR 绿证体系的第三方认证服务商 APX 公司，在北美地区也按照 Green－e ®规则优化其管理的北美可再生能源注册体系 NAR，从而提高客户认可度。

地方配额制存在于建立可再生能源配额制度（Renewable Portfolio Standards，RPS）的部分州，根据州政府出台的可再生能源发电配额管理及交易管理制度运行，并颁发符合合规性要求的 RECs。RPS 通过设定各年可再生能源或清洁能源消纳目标并将该目标按照一定原则分解至各个责任主体，造成电力来源、电力消费总量不同的主体间产生配额盈余或配额短缺，从而产生配额交易需求。目前美国共有 29 个州以及哥伦比亚特区建立了可再生能源配额制度。

根据美国能源部门的统计数据，2022 年绿色电力市场的总用户数量约 960 万个，各种绿电产品的总交易量约 2720 亿千瓦时；自愿绿电交易量占全美电力零售量的 6%，占全美非水可再生能源发电量的 38%。交易电量方面，以非捆绑型绿证类型占比最高，其次是 PPA 购电协议（见图 2）；用户参与数量方面，以社区集采机制 CCA 占比最高，其中大部分是居民用户（见图 3）。总体而言，到 2022 年，因 RPS 制度发生的绿色电力交易占当年绿电总交易量的 56%，自愿性绿电采购在市场中的影响仍然有限。

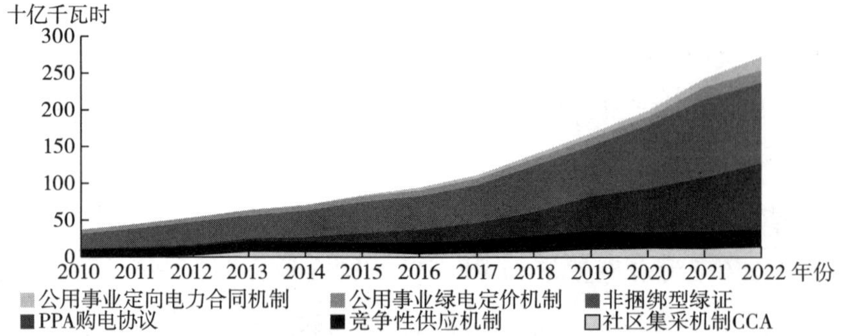

图 2　美国绿色电力市场的分类型电力交易量

资料来源：美国国家可再生能源实验室。

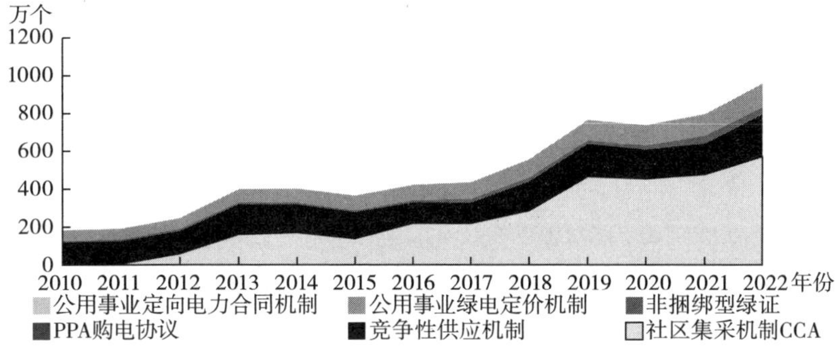

图3　美国绿色电力市场的分类型交易用户数量

资料来源：美国国家可再生能源实验室。

（二）欧洲

欧洲大陆自1996年开始实施电力市场自由化交易，为促进有效市场建设开展了一系列结构性改革及调整。目前，欧盟电力市场具有长期电力交易、日前现货交易、日内现货交易、电力平衡服务等并行市场机制。随着可再生电源占比增加，可再生电力成本下降，欧盟在电力市场机制基础上逐步整合可再生能源电力，并加速完善相关机制，推动系统持续增强对可再生能源发电量的整合能力。同时，欧盟建立了独立于电能量市场的凭证交易市场，以供各成员国及电力提供商说明供电结构。

目前，欧盟成员国以及实行可再生能源配额制度的挪威、瑞士主要认可覆盖所有类型发电技术的电力来源担保证书（GO证书，Guarantees of Origin），并建立自愿性GO证书登记和注销制度。GO证书市场自2001年欧盟出台第一版“可再生能源指令”（2001/77/EC，Renewables Energy Directive）——《关于在内部电力市场促进可再生能源电力生产的指令》开始引入建立，用于支持电力供应商在电力用户账单或其他材料中明确其电力来源构成。目前，根据欧盟各国差异性的可再生能源电力市场机制，GO证书可以通过集中拍卖获取，也可以通过在场外签订电证交易合同或GO证书交易合同进行双边交易获取。

GO证书的登载信息包括使用的能源类型、发电设施位置、装机容量、上网日期、是否获得国家补贴等，登载信息有助于GO证书的追溯和质量控制，同时也对市场需求及交易价格产生一定影响。各个欧盟成员国指定本国证书的发行机构，各国发行机构组成签发机构协会，并共同运营“欧盟能源认证体系”（European Energy Certificate System，EECS）。GO证书可以在EECS成员国家内部以及允许GO证书进出口的国家间使用，各成员国登记处与电力生产商之间的数据交换遵循统一的签发和登记格式。目前EECS有来自欧盟成员国以及挪威、瑞士等28个国家的35个官方授权发行机构加入。

欧盟的来源担保证书由各个欧盟成员国的国家签发机构发行和登记。通过各国国家登记处，可追踪每一个GO证书的发行、转让和撤回。如果电力消费者购买了GO证书，并将其作为交付或消费绿色电力的证明，则在证书登记处就相应取消GO证书，避免重复计算。GO证书有效期为自出具之日起12个月，即颁发的GO证书必须在12个月内交易或取消，否则证书过期，从系统中撤回。针对挪威、瑞典等国家同时建立了有配额义务的绿色证书强制市场，其与GO证书系统是相互独立的，且明确GO证书不能用在管控特定电力消费者的配额机制上。此外，因为德国不允许收到补贴的风电厂和太阳能电厂申报来源担保证书，所以有意申报绿电采购的德国公司通常会从欧洲其他国家购买来源担保证书。

AIB披露，2022年设在各国的发行机构共签发了8100亿千瓦时电力来源GO证书（以上网日期计）。由于GO证书交易主要在非公开平台进行，关于GO证书交易价格的资料有限。丹麦、芬兰、冰岛、瑞典、挪威等地认证的北欧水电GO证书交易量较高，一般作为价格基准，因此其价格、可获得性也较高。自引入EECS以来，大多数GO证书价格相对稳定，范围在0.5～1.5欧元/兆瓦时；但偶发事件可能通过影响能源价格、市场预期等，造成GO证书市场价格波动。例如，2022年2月爆发的俄乌冲突导致各种类型GO证书价格大幅上涨（见图4）。

具体到电证交易合同类别，近年来欧洲可再生能源PPA购电协议交易

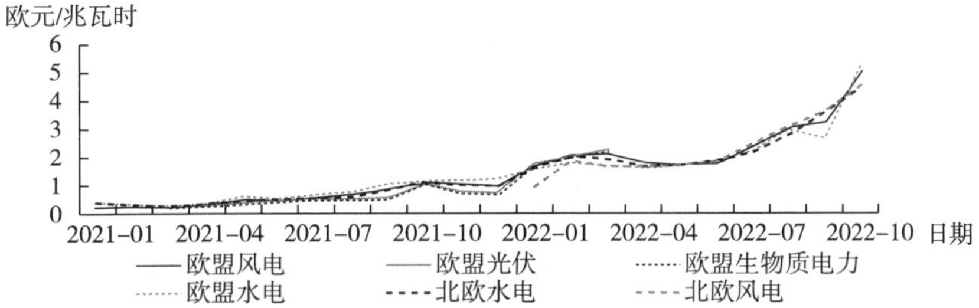

图 4　2021—2022 年欧洲地区不同技术类型 GO 证书价格趋势

资料来源：挪威 Greenfact 公司。

频率逐步增加。根据欧洲企业可再生能源采购平台 RE－Source 的数据，欧洲 PPA 购电协议交易电量在 2023 年达到 10.4 吉瓦，相比 2022 年的 6.7 吉瓦继续增长（见图 5）。对于设立减碳目标的企业而言，PPA 购电协议有利于确保相关目标如期完成。从交易行业来看，2023 年的 PPA 购电协议市场以重工业为主导，共新增签约 2.9 吉瓦，其次是信息和通信技术行业（2.5 吉瓦）和零售业（0.8 吉瓦），并且在汽车、食品饮料和零售行业显著增长；从合约签订所在国来看，2023 年西班牙市场 PPA 购电协议新增 8.0 吉瓦可再生能源，其次是德国（4.6 吉瓦）和瑞典（4.2 吉瓦），法国和德国的 PPA 购电协议市场自 2021 年以来迅速成熟。

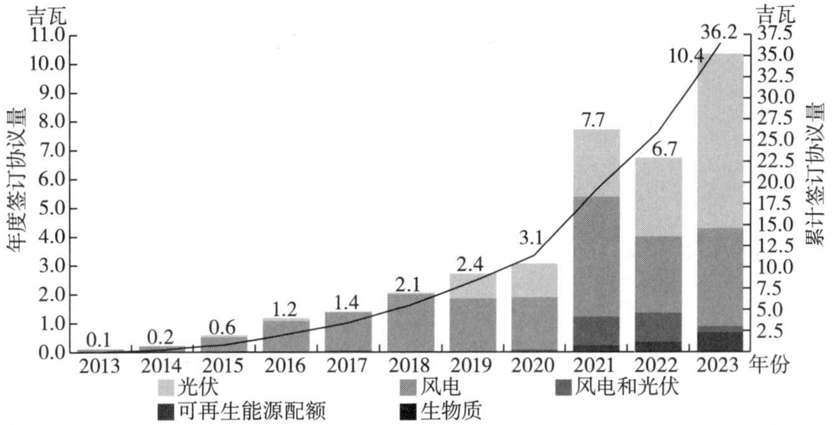

图 5　2013—2023 年欧洲地区可再生能源 PPA 购电协议市场规模

资料来源：欧盟 RE－Source 平台。

（三）相关经验与教训

欧美等发达国家经过多年来的实践，建立了相对完善的绿电、绿证交易机制。首先，欧美等发达国家明确了绿电、绿证市场的目标和相关关系。绿电、绿证交易在强制性市场中是为了满足可再生能源配额制的要求，在自愿性市场中是为了满足企业低碳发展和个人支持清洁能源发展的需求。与碳市场为了降低化石能源外部成本、提高可再生能源的竞争力、倒逼电力企业低碳清洁发展不同的是，两者都是推动可再生能源发展的直接手段。

其次，可再生能源配额制对绿电、绿证交易产生了强大的推动力。美国各州的可再生能源配额制设定要求较高，对各州电力公司发展可再生能源、促进绿电交易（“证电合一”）形成了强大的推动力，而且各州根据自身实际情况，还额外设定了针对风电、光伏、地热等清洁能源的配额要求，以促进本地可再生能源的多元化发展。绿证交易制度也在这种背景下应运而生，以减少电力公司履约成本。大多数国家规定1000千瓦时的可再生能源电量可核发1个绿证，但部分国家和地区引入“乘数”规则，以支持特定可再生能源发展。同时，绿电交易也可以是用户自发行为，用户可以通过购买绿电（绿证则被电力公司持有）或直接购买绿证满足自身低碳可持续发展的需求。美国较为成熟的电力市场机制也保障了绿电交易渠道的畅通。

此外，保证绿证核发、交易、认证环节的独立性。在绿证核发方面，绿证由特定政府机构颁发，每个证书一般包括发电企业名称、可再生能源品种、技术类型、生产日期、可交易范围、唯一识别编号等信息，尤其是有唯一编号用于该证书追踪且确保不会重复购售。在绿证交易方面，绿证交易有两个截然不同的市场，既可以参与可再生能源配额制下的强制市场，也可以自发地参与绿证自愿市场。相关交易价格也主要由市场供需因素决定。在绿证认证方面，通常由政府机构或者其他第三方机构，对绿色电力消费和无法被追踪系统追踪的绿证进行认证。在绿证溯源方面，通过对电力的生产和消费全过程进行追踪，实现记录绿电产生、避免重复计算和追踪交易的功能。

与此同时，欧美等发达国家的绿电、绿证交易目前仍面临一定的挑战。一是绿电、绿证交易面临环境权益重复计算风险。在欧洲地区，各成员国在GO证书的使用和监管方面拥有一定自主权，造成部分地区可再生能源电力存在“双重声明”风险。以冰岛为例，冰岛国内几乎100%的电力来源于水能、地热能等可再生能源，由于地理区位限制，这些可再生能源电力无法以物理形式输送至欧洲大陆电网，仅在本地进行消纳。由于冰岛国内对可再生能源使用的声明没有严格限制，一方面，冰岛境内以电解铝为代表的能源密集型公司，基于物理使用公开声明100%使用可再生能源；另一方面，冰岛加入欧盟GO证书交易市场后，通过签订交割协议大量“出口”本国GO证书，购买方将依据GO证书所有权计算可再生能源电力占比，即产生了大量可再生能源电力的重复计算。这一潜在风险经媒体报道后，引发欧盟签发机构协会AIB以及气候类组织的关注。2023年4月，AIB公布了关于冰岛GO证书使用的合规性审查结果，并决定暂停冰岛GO证书的出口。尽管该决定仅持续约1个月，但引发了相关行业对于可再生能源电力凭证的普遍讨论，并影响了北欧地区GO证书的市场需求。

二是企业绿电交易规模和价格受到市场波动的影响，存在违约风险。2022年，受俄乌冲突及极端天气影响，欧洲能源供应紧张加剧，电力市场价格波动较大，现货价格上涨，已签约的PPA和大量筹备项目的PPA购电协议无法兑现，不仅无法发挥本来的避险作用，还给企业如期完成可再生能源使用承诺带来风险。为应对可再生能源电力协议未如期执行带来的绿色承诺风险，部分企业通过修订合同条款及增加临时采购绿证的备选方案，确保成本可控，降低企业声誉风险；例如，Google等大型企业提出全天候绿电购电协议方案，使储能技术精准匹配可再生能源电力的供需，但该方案执行成本较高、标准不一，大面积推广仍需要等待储能系统成本继续降低以及统一标准的出台。

三是单一绿证交易满足可再生能源配置机制的合理性受到质疑。例如，在美国一些与RPS制度相关的诉讼认为，被纳入可再生能源配额制度的公用事业企业仅通过购买单一绿证实现可再生能源电力占比目标，这违反了美国宪法《商业条款》。对此美国联邦政府贸易委员会指出，应以绿证的所有权作为使用可再生能源电力的证明；如果一家公司在出售非捆绑型绿证后，仍对采购不含证电力的用户声明该部分可再生能源发电量，则涉及潜在的重复计算以及伤害绿证的公信力问题，发电企业在向电力用户提供可再生能源发电信息时必须慎重考虑这一问题。为避免同一REC所代表的环境权益被法定产权所有者及其他相关方重复声明，Green－e®认证项目标准规定，如果公用事业公司披露其可再生能源发电比例的语境具有明显的营销导向，则可能导致电力用户依据该比例直接计算自身用电环境影响，或误导消费者认为公用事业公司保留了相关RECs的所有权，该公司需要对声明进行澄清，否则应当认定该公司所认证的所有RECs不合格 。

四、中国绿色电力交易市场的展望

（一）完善顶层设计，活跃绿电、绿证交易市场

第一，扩大绿电交易范围，优化交易机制。将水电、光热、地热能、海洋能等纳入绿电交易范围，实现绿证核发范围的统一，满足全社会快速增长的绿色电力消费需求。绿电定价应体现电量价值和环境价值，绿证价格应体现环境价值。建立绿证的有效价格发现机制，使绿证的绿色属性价值充分释放，绿证的市场价格能够真正体现其环境权益属性。在绿证核发方式上，可考虑引入相应的证书系数及不同类型的新能源，同样1兆瓦时的电量可考虑颁发不同数量的证书。此外，建立全国统一的绿电交易大市

场和交易机制，编制全国性绿电交易规则，形成具有高标准市场体系的新发展格局，进一步提升绿电交易市场的稳定性和灵活性，促进绿电资源在全国范围内畅通流动。

第二，持续优化可再生能源消纳责任制，充分激发需求侧绿电消费潜力。促进绿证交易和可再生能源消纳责任制协同发展，将绿证交易作为完成消纳考核的重要方式之一。鼓励地方省份综合考虑资源条件、经济发展水平等因素，设计构建新型电力系统目标、比中央更加严格且非技术中立的可再生能源消纳责任权重，并进一步细化考核对象，将考核指标落实至重点行业企业和售电公司，定期公布考核主体的履约情况和相关惩罚措施，提高终端用户绿电消费的积极性，推动全社会加快形成绿色低碳生活方式。

第三，鼓励终端用户与可再生能源发电企业签署长期 PPA 购电协议，促进形成新能源规模化稳定发展的商业模式。在 PPA 购电协议中明确电力的购销期限、购销价格、购销量等，设定期限从我国目前的年度和月度提升至 10 ~ 20 年，使双方在一定期限内对电力交易形成稳定预期。PPA 购电协议不仅能为发电企业提供稳定的收入来源，减少现货市场对可再生能源收益稳定性的冲击，还能够为终端用户锁定电价，从而规避市场价格波动带来的风险，提高运营效率。

（二）加强绿电、绿证市场与碳市场的耦合协调，避免环境权益重复计算

碳市场主要是为了降低化石能源外部成本，提高可再生能源的竞争力，倒逼电力企业低碳清洁发展。碳市场是推动可再生能源发展的一种间接手段。目前，国外拥有成熟碳市场的地区均较好地区分了绿电、绿证市场和碳市场的相关关系。例如，加利福尼亚州的碳市场不允许绿电项目进行碳抵扣，而欧盟的碳市场在进入第四阶段后（2021—2030 年）也不再允许任何形式的碳抵扣。

我国目前仍允许光热风电和海上风电参与碳市场抵扣，光热和海上风电项目成本的持续下降将会造成越来越多可再生能源项目环境权益重复计算。未来，我国应不断完善碳市场交易机制，尽快推动从“基于强度”的配额分配向“基于总量控制”的配额分配转变，并逐步提高配额拍卖比例。随着终端电价逐渐反映碳成本，考虑将电力间接排放剔除出碳市场的覆盖范围，进而取消新的新能源发电项目成为 CCER 备案项目的规定，并明确规定已完成备案的新能源发电项目仅能在 CCER 和绿电、绿证之中选择一种方式出售。着重加强 CCER 对林业碳汇、甲烷利用等其他自愿减排项目的激励机制。

此外，建立全程追踪机制。建立明确的环境价值转移路径，建立起对环境价值的形成、流转的全过程追踪机制，在各环节明确环境价值的归属，从而防止同一环境价值的重复出卖。打破不同市场制度间信息壁垒，防止重复计算。加强不同市场交易数据库之间的数据共享，并在此基础上充分利用区块链等技术，建立针对环境价值转让全流程的统一监管平台，厘清环境价值所有权流转路径。

（三）持续提高绿电、绿证市场的国际认可度

一是加强与国际标准的对接。一方面，调整和完善国内的绿电和绿证标准，使之符合国际通行的标准，如国际可再生能源认证系统（I－REC）等。另一方面，建立与国际市场兼容的认证和追踪系统，确保绿电和绿证的质量和可追溯性，提升国际市场的信任度。

二是提高市场透明度和信息公开。加强市场的数据披露，定期发布绿电生产、交易量、价格等信息，建立开放的信息查询平台，供国内外投资者和消费者查询。确保相关的绿电、绿证政策及市场规则、激励措施透明化，及时向公众和国际社会通报政策调整和市场发展状况。

三是加强监管和法律支持。完善绿电和绿证相关的法律法规，确保市场运作的合法性和规范性，保护投资者和消费者的权益。设立专门的监管

机构或强化现有机构的职能，监督和管理市场运作，确保市场的公平、公正与透明。

参考文献

[1]中电传媒研究院．年度重磅丨我国电力发展与改革报告(2024)[EB/OL]．[2024-04-01]．https://mp.weixin.qq.com/s/BJko9a4n_lHJZ8Go407UIA.

[2]中国电力企业联合会．2023年1—12月份全国电力市场交易简况[EB/OL]．[2024-01-23]．https://www.cec.org.cn/upload/website/detail/index.html?3-330063.

[3]张文佺，袁敏，等．绿电简报Ep01:7张图概览中国2022上半年绿电交易[EB/OL]．[2022-11-23]．https://wri.org.cn/insight/shuyu-greenpower-EP01.

[4]彭博新能源财经．2023年中国企业绿电交易排行榜[EB/OL]．[2023-11-10]．https://mp.weixin.qq.com/s/e-jJaqOOmDJufu6ejeWZnw.

[5]中海石油气电集团有限责任公司．中国海油完成首笔绿证交易[EB/OL]．[2023-12-07]．https://gaspower.cnooc.com.cn/art/2023/12/7/art_26161_15341885.html.

[6]通威新能源．通威新能源与中国海油首次签署绿电长周期协议[EB/OL]．[2023-10-19]．https://mp.weixin.qq.com/s/9BIaqpWnRJOmMlaneBxaLQ.

[7]巴斯夫中国．巴斯夫气候保护目标[EB/OL]．[2024-04-16]．https://www.basf.com/cn/zh/who-we-are/sustainability/we-produce-safely-and-efficiently/energy-and-climate-protection/climate-protection-goal.html.

[8]南方能源观察．我国绿证绿电交易概况[EB/OL]．[2023-04-15].

https://mp.weixin.qq.com/s/2jsQp8EgLFYdzCH9os7sLQ.

[9]翁爽．三问绿电交易[J]．中国电力企业管理,2022(10):22 –25.

[10]袁敏，苗红，等．美国绿色电力市场综述[R]．北京:世界资源研究所，2019.

[11]U. S. Federal Trade Commission (FTC), Guides for the Use of Environmental Marketing Claims; Carbon Offsets and Renewable Energy Certificates; Public Workshop. Announcement of public workshop; request for public comment [M/OL]. Federal Register, 2007. https://www.govinfo.gov/content/pkg/FR – 2007 – 11 – 27/pdf/FR – 2007 – 11 – 27.pdf.

[12]美国能源部可再生能源实验室．Status and Trends in the Voluntary Market (2022 data) [EB/OL]. [2023 – 09 – 20]. https://www.nrel.gov/analysis/assets/pdfs/status – and – trends – 2022 – data.pdf.

[13]中国环境．激活绿证市场的关键是什么？[EB/OL]. [2024 – 03 – 31]. https://www.cenews.com.cn/news.html? aid = 1118810.

[14]侯安德,Philipp Geres. 绿证:欧洲及北美的趋势与理念 [EB/OL]. [2021 – 07 – 08]. https://transition – china.org/zh – hans/energyposts/green – certificates – trends – and – ideas – from – europe – and – north – america/.

[15]欧盟认证机构联盟．AIB – "guaranteeing the origin of European energy" [EB/OL]. [2024 – 01 – 10]. https://www.aib – net.org.

[16]ROBERT L. Guarantees of origin market developments: October 2022—GO market review [EB/OL]. [2022 – 11 – 01]. https://portal.greenfact.com/News/2154/October – 2022 – GO – Market – Overview.

[17]RE Platform. PPA deal tracker [EB/OL]. [2024 – 04 – 01]. https://resource – platform.eu/buyers – toolkit2/ppa – deal – tracker/.

[18]AIB. Regarding the compliance assessment of Landsnet's possible breach of EECS Rules N9.1.1, A2.1.2, C3.3.1 and E3.3.14 [EB/OL]. [2023 – 04 – 27]. https://www.aib – net.org/sites/default/files/assets/

news – events/press – releases/2023/AIB – 2023 – BD – 05 – 02% 20press% 20release% 20compliance% 20assessment% 20Iceland% 20% 28final% 29. pdf.

［19］杨萌．我国绿证体系下 PPA 模式创新思考［EB/OL］．［2023 – 03 – 07］．https://mp. weixin. qq. com/s/nduZoAxDGvmeLTz8Yet2Gg.